教育人間学への
いざない

EINFÜHRUNG IN DIE ANTHROPOLOGIE
DER ERZIEHUNG　Christoph Wulf

クリストフ・ヴルフ────［著］
今井康雄／高松みどり────［訳］

東京大学出版会

Einführung in die Anthropologie der Erziehung
Christoph Wulf
First published in 2001 by Beltz Verlag, Weinheim and Basel, Germany
Copyright © by Christoph Wulf
Japanese translation rights are arranged by courtesy of the author.
Translation by Yasuo Imai and Midori Takamatsu
University of Tokyo Press, 2015
ISBN 978-4-13-051328-9

日本語版への序文

　英語で「教育のアンソロポロジー」といえば，それは普通，教育のエスノグラフィーを意味している。こうした理解は，人間学(アンソロポロジー)を一つのパラダイムに還元してしまうことになる。しかし私の理解では，これには多くの日本の読者も同意してくれるのではないかと思うが，教育の人間学は複数の人間学パラダイムとの対話のなかで自らを構築しているのである。その目標は 21 世紀初頭の人間と人間の教育の複雑性をよりよく理解することにある（Wulf: Anthropology. A Continental Perspective, Chicago: University of Chicago Press 2013）。人間の意味解釈・世界解釈・自己解釈の多くが，重要性を失いつつある。そうした解釈の普遍的な妥当性要求はもはや維持することができない。文化的多様性を考慮することを通して，普遍的な妥当性要求を補完することが必要なのである。

　グローバル化した世界の状況は，対立する二つの傾向によって特徴づけられており，これが教育や人間形成や社会化についてのわれわれの理解に直接影響を与えている。一つの傾向は，人間の同質化に，さらには画一化に向かっている。それは，市場や現代的な生産様式やグローバル化した金融経済の帰結である。もう一つの傾向は，文化的アイデンティティの形成にとって文化の多様性が重要であることを強調する。この傾向は 2005 年のユネスコ条約（文化的表現の多様性の保護および促進に関する条約）に表明されており，そこでは文化的な多様性への権利が人権として定礎されている。この両方の傾向は人間学のなかでも区別することができる。人間学においては，それぞれの傾向にそれぞれ二つのパラダイムを帰属させることができるが，この計四つのパラダイムは教育の人間学にとっても中心的な重要性をもっている。

　第一のパラダイムは，ホモ・サピエンスが登場するに至る人間化の長期的プロセスを含む進化に焦点を合わせる。このパラダイムに属する諸研究は，直立歩行や生理的早産といった人間の普遍的な特徴を，教育と人間形成の前提条件として究明することをめざしている。20 世紀前半のドイツで展開された哲学

的人間学（シェーラー，ゲーレン，プレスナー）という第二のパラダイムも，人間と動物を比較したり，生物学的人間学の研究に依拠したりして，どこに動物と比較した人間の特性があるのかを見出そうと試みた。人間の特質は，誰もが教育と学習と形成なしには生きていけない，という点に求められる。文化は，またそれとともに教育と形成と社会化は，人間的生の本質的な条件なのである。

　以上の二つのパラダイムとは違って，20世紀前半のフランスで成立した歴史的人間学は人間の歴史性の究明をめざしている。人間は，その歴史性を把握する場合にのみ自らを理解することができる。同様のことは教育と人間形成についてもいえる。教育と人間形成の個別的な性格は，歴史的な次元を考慮することによってのみ把握可能となるのである。この第三のパラダイムにおいては，傑出した人物のみならずすべての人間の生活条件や日常が探究の対象となる。歴史的人間学が通時的な研究をめざすのに対して，第四のパラダイムである文化人類学ないしエスノロジーは，様々な文化に関する共時的な研究に焦点化する。文化的な境界を越え出るような研究の場合には，文化間の共通性と差異にとりわけ関心が向けられる（鈴木晶子／クリストフ・ヴルフ『幸福の人間学』ナカニシヤ出版，2013年）。

　人間学一般にとっても教育の人間学にとっても中心的な重要性をもつのは，できる限りこれら四つのパラダイムを互いに関係づけ，教育の歴史的・文化的人間学のパラダイムのなかで結び合わせることである（ヴルフ編『歴史的人間学事典』勉誠出版，2005-2008年参照）。これはたやすいことではない。しかし，こうした要請から，グローバル化した世界の必要に応えつつ，様々な文化がもつ伝統の多様性を抑圧しないような，十分に開かれた人間学の構想が生じてくる。そうした教育の人間学は，世界の同質化と世界の文化的多様性を相互に関係づけ，グローバル化した世界の課題に創造的に対応する力を年若い人々が身につけるために寄与することになる。

　本書が日本で出版されるうえでお世話になった方々にぜひとも謝意を表しておきたい。まず高松みどり氏に。ベルリン自由大学に学んで博士学位を取得した彼女は，労を惜しむことなく翻訳を完成させてくれた。今井康雄氏にも感謝したい。アレクサンダー・フォン・フンボルト財団の支援によって幾度もベル

リン自由大学に研究滞在し，また私を東京大学に客員教授として招聘してくれるなど，彼とはほとんど20年来の交流となる。客員教授として東京大学に滞在した期間，私は私自身の人間学研究を大いに推し進めることができた。本書に関しても，今井氏の支援がなければ翻訳がこれほど質の高いものとなることはなかっただろう。長きにわたって交流のある同僚，大阪大学の藤川信夫氏にも感謝したい。彼は『歴史的人間学事典』全3巻の翻訳を指揮し監修してくれた。長年共同研究を続けている京都大学の鈴木晶子氏と，以前から活発な意見交換の機会をもってきた佐藤学氏に，私は日本人の心情を理解するうえで多くのものを負うている。最後に，東京大学出版会の後藤健介氏にも，本書を日本において出版することの意味を洞察し出版に尽力されたことに感謝の意を表したい。

　日本および日本文化に対する，エモーショナルなものも含めた私の長年の関係，そしてここでは名前を挙げることのできない学生・同僚諸氏との交流を思うとき，教育の人間学に関する私の考察と研究を日本の読者諸氏と共有できることは，私にとって何よりの喜びである。

クリストフ・ヴルフ
2014年春　ベルリンにて

目　次

序　1

Ⅰ　改善不可能なものの完全化 ………………………… 7
1. 教育の夢　8
2. 近代の教育学的ディスクルス　31
3. 個人的なものの完全化　45

Ⅱ　社会的ミメーシス ……………………………………… 63
1. ミメーシス，身振り，儀礼　65
2. 労働の身振りと労働の儀礼　88
3. イメージとファンタジー　105

Ⅲ　グローバルで多文化的な教育 ………………………… 121
1. 暴力の背後遡及不可能性　122
2. 他者　131
3. 教育におけるグローバル化　154

Ⅳ　歴史性，文化性，超領域性 …………………………… 169
1. 歴史的教育人間学への転回　170
2. 複数性と歴史性　175
3. 文化性・遂行性・多文化性　179
4. 超領域性　186

文献リスト　193

訳者解説（今井康雄・藤川信夫・高松みどり）　215
索引　229／訳者紹介　233

序

　本書は，近年著しく数を増してきた人間学的な研究の一環をなすものである。人間学的な研究のうちでも，歴史的人間学に関するものは特に注目を集めている[1]。近年，歴史的人間学は文化学的研究の中心的な分野となっている[2]。こうした関心の高まりは，文化学・社会科学の認識論的な状況に起因する。パラダイムとなってきた準拠枠の多くが問題視されるようになり，その結果としてラディカルな多元主義が登場したのである。この傾向は教育学にも現れ，人間学に関わる研究，とりわけ歴史的教育人間学に関わる研究がかなりの重要性を獲得することになった[3]。こうして，歴史的教育人間学は理論的教育学の中心的な研究分野となった[4]。この動向にはいくつかの理由がある。一つには，教育と人間形成が暗黙の人間像に沿ってなされており，つまりその根底には必ず何らかの人間学的な想定があり，したがってその研究のためには人間学的考察が必要だということがある[5]。もう一つの理由として規範的人間学の意味喪失があり，またこれと関連して，教育と人間形成の根底にある人間学の妥当性要求はその歴史的・文化的被制約性の意識によって相対化されるのだ，という洞察がある。以上二つの理由からしても，歴史的教育人間学の研究は，完結した研究領域・テーマ領域に結びつくことなく，動的で発展的な，開かれた研究フ

---

1) Wulf 2009, 2013.
2) このことはクリストフ・ヴルフが1997年に編集した『歴史的人間学事典』（Wulf 2011. この事典はイタリア語，フランス語，日本語，中国語で翻訳されている）からも読み取ることができる。また，Wulf/Zirfas 2014; Anderson-Levitt 2011 も参照。
3) このことを明瞭に示すものとして，ドイツ教育学会の教育人間学部会（理論教育学部門に属する一部会）で行われた諸研究がある。以下を参照のこと：Bilstein/Miller-Kipp/Wulf 1999; Diekmann/Sting/Zirfas 1998; Liebau/Miller-Kipp/Wulf 1999; Liebau/Schumacher-Chilla/Wulf 2001; Lüth/Wulf 1997; Mollenhauer/Wulf 1996; Schäfer/Wulf 1999; Sting 1998; Wulf 1996a; Zirfas 1999.
4) 歴史的教育人間学の入門書としては，Wulf 1994 参照。教育人間学の歴史については，Wulf/Zirfas 1994 参照。教育人間学の今日的状況については，Wulf/Zirfas 2014 参照。
5) Wulf 1996.

ィールドを構成しているのである。

　歴史的教育人間学の研究は，人間の全体解釈と，そうした全体解釈に根拠を求める教育学を，意識的に断念する。このため，歴史的教育人間学の研究においては，子ども一般，教育者一般，家族一般はもはや問題とならない。歴史的教育人間学の研究で問題となるのはむしろ，特定の歴史的な時代や文化の子どもであり，教育者であり，家族である。したがってここでは，人間と動物との比較もまた，シェーラー[6]，プレスナー[7]，ゲーレン[8]の哲学的人間学や，彼らを引き合いに出す教育人間学研究において果たしたような役割を演じることはもはやない。歴史的教育人間学は，人間一般についての言説それ自体が，特定の時代や文化と，その時代や文化に対応した人間学的な考察方法の成果であり，そうした言説による複雑性の縮減は今日からすれば容認できない，ということを前提とする。複雑性の縮減に屈する代わりに，今日の人間学的考察が強調するのは，多様でときに異質な局面を考慮に入れることで，考察する現象の把握や理解の複雑性を増大させなければならないということである。そのために必要なのは，既成の知識の吟味であり，整理であり，場合によってはその新たな解釈であり，新たな知識在庫の産出である。こうした過程を通して示されるのは，人間学的・認識論的問題設定と観点が変革されることで，いかに教育学の中心概念がそれまで知覚されなかった意味を獲得するか，いかに新たな歴史的関連が視野に入ってくるか，またそうしたことによっていかに教育的思考や行為の新たな準拠点が生じるか，ということである。

　教育人間学的な知は，それぞれに一貫してはいるものの全体としては対立し合う様々な言説として構成されており，この言説が，教育学のコンテクストを様々な形で明るみに出すことになる。これらの言説は，教育学的な知覚，事態，構造，概念の構築に貢献する。そうしたもののなかには，社会が，科学が，また教育行為の制度がもつ，権力構造が現れる。そうした言説は，後続世代の教育の構成に一役買っている以上，人間の自己理解や自己解釈の問題と不可分に結びついている。こうした人間学的な言説のなかでは，学問領域間・学問パラ

---

6) Scheler 1955.
7) Plessner 1928, 1983.
8) Gehlen 1978.

ダイム間の境界が流動化し、その結果、複数的な知の新たな形態が生じる。自らの根底にある歴史的文化的な諸制約への依存が歴史的人間学の研究においては主題化される。このため、教育と人間形成の分野における歴史的人間学の研究は反省的であり、建設的意図をもって自身に向けられた人間学批判の目論見をも考慮に入れることになる。

　以下では、「改善不可能なものの完全化」、「社会的ミメーシス」、「グローバルで多文化的な教育」という三つのテーマ群に即して、歴史的教育人間学の豊穣さを明らかにしていきたい。本書第Ⅰ章で問題となるのは、人間の形成可能性であり、教育と人間形成について構想したり概念的に彫琢したりする際に想像力と言語が担う意味についてである。「教育の夢」が論じられる第1節では、人間の形成可能性の様々なあり方がテーマとなる。すでに近代の初めに、コメニウスは、あらゆる人間の形成を目標とする教育プログラムを展開している。コメニウスによって具体的に示されたあらゆる人間の形成可能性というビジョンは、その後の歴史のなかで繰り返し取り上げられ、修正され、いっそうの発展を見た。それに比べて抑圧されたのは、人間のままならなさや改善不可能性である[9]。人間の形成可能性という夢は、近代の教育学的ディスクルスによって彫琢される（第2節）。第Ⅰ章を締めくくる第3節では、ヴィルヘルム・フォン・フンボルトに即して個人と人間形成の関係について考察することになる。

　本書第Ⅱ章では、ミメーシス的過程の意義が考察の中心となる[10]。「ミメーシス」は、ここでは美学的な概念としてだけでなく、人間学的な概念としても捉えられる。ミメーシス的とよばれるのは、模写や模造の過程ではなく、創造的な模倣の過程である。教育と人間形成から見たとき、このミメーシス的過程には傑出した意味が認められる。まず示されるのは、身振りの知や儀礼の知がどのようにミメーシス的過程のなかで学ばれるか、また、社会的なものの成立にとってどのような——しばしば過小評価されてしまう——意味が儀礼と儀礼化に認められるか、である。長年見落とされてきた儀礼と儀礼化の創造的な側

---

9) Kamper/Wulf 1994, 2002 参照。
10) Wulf 1994, 特に第1章の「教育におけるミメーシス」(S. 22-44, 邦訳21-45頁) 参照。またミメーシスについて原理的に述べたものとして、Wulf 2005 および Wulf 2009 の第7章、さらに Gebauer/Wulf 1992, 1998, 2003 を参照。

面が論じられる。それに伴って，共同生活や共同体の創出および変容[11]にとっての儀礼の意味についても新たな評価が出てくる。ただし儀礼と儀礼化についてのこの新たな評価は，儀礼と儀礼化がもつアンビバレンスを十分に意識したものである。歴史を，そして現状を一瞥すれば，人々を抑圧し，またそうした画一化（グライヒシャルトゥング）と抑圧の過程を隠蔽するために，いかに簡単に儀礼と儀礼化が濫用されるかは明らかである。

　社会変革をやり遂げるためにも儀礼が必要だということは，ほとんど見過ごされている。抵抗儀礼と青年期の儀礼が社会変革的な儀礼の重要な例である。それに続いて労働が身振りおよび儀礼として捉えられる。ヨーロッパ史が下るにつれ，労働は，世界の完成とそれに向けての人間の完成のための，唯一の戦略となる。労働が稀少な時代になると，人間生活のほぼ全領域への労働の身振り・労働の儀礼の拡張はそれ自体が問題として現れる。これまで述べてきたようなミメーシス的・身振り的・儀礼的な過程のなかでは，想像力が重要な役割を果たす。イメージは人間の社会的な振る舞いにも個人的な振る舞いにも大きな影響を及ぼすため，イメージとファンタジー，そして内的なイメージ世界の形成には，教育と人間形成の過程にとって中心的な意味が認められる[12]。

　本書第Ⅲ章では，グローバル化とヨーロッパ共同体の進展によって教育と人間形成の領域で重要性を増してきた様々なテーマについて論じる[13]。出発点となるのは，異なる国民相互の関わりにおいては暴力が決定的な役割を果たすという認識であり，また，顕在的・構造的・象徴的な暴力が人々の関係に影響を与えるという認識である[14]。それに続いて他者がテーマとなるが，他者の

---

11) これに関して，ベルリン自由大学における特別研究領域「パフォーマティヴなものの諸文化」の枠組みで行った「ベルリンにおける儀礼・身振り研究」を参照されたい。本プロジェクトでは，エスノグラフィーによる手法を用いて，12年間にわたり，四つの重要な社会化領域（家庭・学校・仲間文化・メディア）に見られる儀礼や身振りの役割に関して，ケース・スタディーおよび多くの個別研究が世界で初めて行われたのであった。Wulf u.a. 2001, 2004, 2007, 2011; Wulf/Göhlich/Zirfas 2001; Paragrana 2003; Wulf/Zirfas 2003, 2004, 2007 を参照。

12) Wulf 2014; Wulf/Zirfas 2005; Hüpphauf/Wulf 2006.

13) Wulf 1995, 1998; Dibie/Wulf 1998; Hess/Wulf 1999; Wulf/Schöfthaler 1985; Wulf/Merkel 2002; Wulf 2006.

14) Wimmer/Wulf/Dieckmann 1996; Dieckmann/Wulf/Wimmer 1997; Paragrana 2011a.

存在なしには人間の発達は不可能であり，他者の存在をより強力に考慮することは，現代に即応した教育と人間形成の課題に属する。最後に教育のグローバル化の可能性と限界がテーマとなる。このとき問題となるのは，教育と人間形成のヨーロッパ的・全地球的(グローバル)な発展のなかの共通性と差異をどう見つもるか，である。

　本書を締めくくるのは，教育人間学のこれまでの展開の総括である。歴史的教育人間学としての教育人間学は，ドイツで展開した哲学的人間学，フランスで「アナール学派」と関連して成立した心性史，そしてアングロサクソン諸国で生まれた文化人類学（エスノロジー）から今日多くの示唆を得ている。そうした影響はコンセプトの面でも方法の面でも現れる。歴史的人間学は様々な学問分野に準拠点をもち，また様々な文化的文脈に出生地をもっており，そこからコンセプトと方法における開放性が帰結する。この開放性が，超領域的な指向や多文化的な連携に対応可能な資質を歴史的人間学の研究に与えているのである[15]。

---

15) Wulf 2009, 2013.

I

改善不可能なものの完全化

教育と人間形成の歴史は，子ども，若者，大人を完全化する一連の持続的な試みとして捉えることができる。そのために提案され適用された方法は，その根底にある人間像によって異なる。異なる方法に共通するのは，改善不可能なものの完全化への持続的な従事である。以下，教育の夢の節では教育の可能性についての想像上の構想が，近代の教育学的ディスクルスの節ではその思想的な練り上げと厳密化が，それぞれ焦点となる。教育の夢は，すべての人にすべての事柄を徹底して教えることを目指したコメニウスの壮大なユートピアで始まる。そのラディカルさは今日に至るまで教育学的思考に影響を与え続けている。続いて，教育学にとって重要な思想家たちの分析を行う。最後に扱うのは，教育の夢が悪夢となるような教育行為の次元である。そこから生じる近代教育の問題・アポリア・視点が，近代の教育学的ディスクルスの節ではテーマとなる。そこでは原則的な問いが浮上する。例えば，近代と教育制度の成立との間の連関をいかに捉えるべきか。教育の計画可能性の，また教育学における目的・手段思考の，限界はどこにあるのか。個人の完全化に関する節では，ヴィルヘルム・フォン・フンボルトを引き合いに出し，個人の人間形成の可能性と限界について論じる。ここで注目するのは，フンボルトによる個人中心の人間形成の根拠づけであり，言語人間学的な研究と国家観との，フンボルトが示して見せた連関である。

1. 教育の夢

　睡眠研究がわれわれに教えるところによれば[16]，夢は必要不可欠である。夢がなければ人間の脳は損耗する。夢が妨げられると，人間は理由もなく笑い始め，神経過敏となり，最後には妄想を描くようになる。睡眠は循環的に進行するが，そのなかで，ほとんど夢を見ない位相と，急速眼球運動によって特徴づけられる夢を見る位相とが交互に訪れる。成人の場合，睡眠時間の約5分の1が夢位相である。この夢位相は，約90分ごとに出現し，それぞれ10分から30分間続く。朝方にはこれが60分間に及ぶこともある。この間に起こされると，われわれはたいてい夢を覚えている。

16）　Borbély 1984.

1. 教育の夢

夢と現実とを区別する能力は，意識が一定の発達水準を超えることによってはじめて手に入れられるものである。1828年5月26日にニュルンベルクの中央広場で発見されたカスパー・ハウザーは，その能力をいまだ有していなかった。彼についてアンゼルム・リッター・フォン・フォイアーバッハは次のように述べている。

> 「(……) ベッドでの睡眠が，この世で彼に起こる唯一の快適な出来事であり，それ以外のことは全く不快なことであるという。ベッドで眠り始めてようやく，彼は夢を見たが，彼はそれを当初は夢として認識することはなく，目覚めた時，彼の教師に，現実の出来事として話したのであった。というのも，彼は目覚めた状態と夢とを区別することをようやく後になって学んだからである。」[17]

古来，多くの文化のなかで知られてきたことであるが，論証的な思考によって引かれる夢と現実，ファンタジーと実在の間の境界線は確実なものではなく，夢を現実から排除することによって繰り返し境界線を設定する必要がある。このことの適切な証言となっているのが道教の本のなかにある荘子の夢とそれについての省察である。

> 「むかし，荘周は自分が蝶になった夢を見た。楽しく飛びまわる蝶になりきって，のびのびと快適であったからであろう。自分が荘周であることを自覚しなかった。ところが，ふと目が覚めてみると，まぎれもなく荘周である。いったい荘周が蝶となった夢を見たのだろうか，それとも蝶が荘周になった夢を見ているのだろうか。荘周と蝶とは，きっと区別があるだろう。こうした移行を物化（すなわち万物の変化）と名づけるのだ。」[18]

夢と現実の境界は明確なものではない。それは部分的には社会的な権力としての言説の産物である。語ることや身振り同様，夢もまた人間の不可欠の表出となる。ノヴァーリスは次のように述べた。

> 「夢は，規則にしばられた生活や，ありきたりの日常からの防壁となっていて，抑えつけられていた想像がのびのびと気晴らしをする場のように思われますが。なにしろあれこれ思い浮かぶ日常のあらゆる情景が，そこへ投げこまれてごちゃまぜになって

---

17) Hörisch 1979, S. 164 からの引用。
18) Jockel 158, S. 47 からの引用。〔邦訳：金谷治　訳注『荘子　第一冊（内篇）』岩波書店（岩波文庫），1971年，89頁。〕

います。例えば四六時中変わらない大人の世界の生真面目さが，陽気な子どもの遊びで中断されるという具合に。夢がなかったら，ぼくらはきっと早く老けてしまうことでしょう。夢は直接天から授かったものでないにしても，やはり神の贈り物として，聖なる墓に向かう巡礼の親しい道連れではないでしょうか。」[19]

ゲーレンは，「夢の山塊や，植物的生殖の太古の時間など，といった想像力の故郷」に，幻想の源泉が，すなわち原ファンタジーがあるとさえ述べている[20]。精神分析の解釈はさらに明確である。われわれが何者であるかは夢から判断できるというのである。精神分析家にとって，夢は，無意識へと，人間の深層構造へと導く最適の道である。深層構造について，夢は，それ以外の方法ではほとんど手に入れることのできない知を仲介する。とはいえこの知を直接手に入れることはまずできない。顕在的な夢の内容は，潜在的な夢内容を，すなわち夢思考を指し示しており，この夢の思考が，フロイトの見解によれば，夢のメッセージの核となるものである。夢内容と夢思考は，「同じ一つの内容を違う二つの言語で言い表しているもの」として理解されるが，夢思考は意識に対しては隠されており，夢工作（夢の作業）のなかで取り出される必要がある。

「夢内容のほうは，いわば絵文字で書かれているから，その記号の一つひとつを，われわれは夢思考の言葉に転移させていかねばならない。もしわれわれがその記号を，記号の連関ではなくて絵としての価値によって読み解こうとすれば，明らかに誤りに導かれてしまうだろう。」[21]

夢は意識が行う日常経験を新たに構造化する。それは，願望を充足させ，生の多彩さと活気を高揚させる。白昼夢の作用も同様である。それなしには誰も生きることができない。しかし問題は，ブロッホが述べているように，

「（……）その夢をますます広く知り，そのことでごまかしのきかない，的をはずすことのない，有効性を保つことである。白昼夢はもっとさらに充実したものになってほしい。それは，白昼夢がまさにその醒めた眼差しだけ豊かになることを意味するからである。それは悪い意味で目が肥えるのではなく，目が冴えてくることである。事物

---

19) Novalis 1953, S. 20-21.〔邦訳：20-21 頁。〕
20) Gehlen 1978, S. 325.〔邦訳：329 頁。〕
21) Freud 1972, S. 280.〔邦訳：第 5 巻，3-4 頁。〕

をそのありようのままに受け取る単なる観察的な悟性の意味ではなく，事物の進みぐあいを，そこでまたよりよい可能性までも，見てとる参加者の悟性を意味している。したがって，昼の夢は本当にいっそう充実したものとなってほしい。つまり，一段と冴えて，勝手気ままなものでなく，納得のいった，理解のゆきとどいた，事物の経過に媒介されたものに。熟そうとする小麦が育成され，収穫されて，実際に手にもって帰れるように。」[22]

　白昼夢のなかで人間は自分の生を構想する。人間は危惧されることや期待できることを予見する。人間は，既存のものに縛られることのない別の可能性を夢みる。人間は「まだ意識されていないもの」，「まだ現実となっていないもの」を見つける。そこでは，より良い生の希望が明確な形で現れるが，この生は，過去のユートピアの場にではなく，未来にある。そのように夢見られた未来を背景にすることではじめて，願望も心情的な支えを得ることになる。白昼夢のなかには，事物の自然な成り行きをより良い未来へと変えるチャンスが存在している。

　白昼夢や夜の夢のなかでファンタジーは展開する。両方の夢の形態は異なるものの，構想力は願望の充足へ，別の筋書きやより良い生活条件の構想へと向かう。夢を見ながら，人間は新しい生活形式や筋書きを先取りする。メルヘンの世界は，こうした願望イメージを映し出す鏡であるが，歪曲像をもあわせもっている。そこには，変身の無数の形態が，つまり衣服，仮面，魔法による変身が示されている。勇敢な仕立屋は策略を使って強大な巨人に勝つ，賢者は王国を獲得する，故郷を出て見知らぬ国で運を試すなど，童話の想像の世界では日常では禁じられている実に多くのことが可能となる。しばしば演劇や映画は，生活形式の多様性を高めるような，夢のような代案の構想を提供する。ユートピアの多くもまた，より良い社会状況の，より良い生の，夢として捉えることができる。エデンの園，『オデュッセイア』のパイエケス人の島，プラトンの国家，アウグスティヌスの神の国，トマス・モアの社会的自由のユートピア，カンパネッラの太陽の都，フーリエの諸構想を想起されたい。

　教育の夢もまた，こうした連関のなかに存在する。社会の史的起源にまで遡

---

22)　Bloch 1967, S. 1 f.〔邦訳：第1巻，18頁。〕

りつつ、それは完全な形成可能性と可塑性の夢として近代の開始以来大いなる発展を遂げる。

　教育の夢は人間学的な所与への回答である。その人間学的所与をハイデッガーは 1929 年に次のように定式化している。

「いかなる時代も、現代ほど人間について多くのことまた多様なことを知っていた時代はない。(……) しかしまたいかなる時代も現代ほど、人間とは何かを知ることの少ない時代はなかった。」[23]

　ゲーレンはニーチェに依拠して「理論的には確定することのできない人間」について、プレスナーは、「哲学的に究明できない人間」について述べた。この理論的に究明困難である人間の性質の一つの前提としては、ポルトマンの「子宮外胎児期」と、それに関わって本能が本能残滓へと縮減したことで与えられる人間の世界開放性がある。これについてシェーラーは、1929 年の小冊『宇宙における人間の地位』のなかですでに指摘している。本能の縮減と、種に特有の「環境世界」(ユクスキュル) からの解放によって原則的に与えられる「環境の束縛からの解放」に、教育の必要性の根拠がある。ただし、この人間学的な所与は、どの社会的諸条件が望ましいものとみなされるかについて情報を与えてくれるわけではない。したがって教育の夢がどのようなものになるかは開かれている。一般的な人間学的所与から教育人間学的な帰結を導き出そうとする数々の試みがなされているが、こうした試みは説得力をもちえない[24]。そうした試みに対しては、人間の脱中心的な地位から導き出されるプレスナーの命題を対置する必要がある。つまり、「世界のなかにさらされているものとして人間は自らに隠されている——すなわち隠れたる人間である」[25]。結局のところ、この主張においては、第二の戒律の要求〔偶像の禁止〕が、かつては神に適用されたのに対して今や人間に転用されている。つまり、汝は汝自身に対していかなる偶像も模像も作ってはならぬ、というのである。

　この偶像や模像の禁止に、教育は繰り返し違反してきた。教育を可能にするために、人間のイメージを案出し、多くの夢を構想してきた。その多くは忘れ

---

23) Heidegger 1929, S. 200.〔邦訳：204 頁。〕
24) König/Ramsenthaler 1980.
25) Plessner 1983, S. 353 ff.〔邦訳：54 頁。〕

られたが，依然として生き続けているものもあり，いくつかは繰り返し浮上することになった。——そのなかには広く受容された構想の背後に隠れているものもある。どの時代にも特有のタブーと禁止があるが，夢はそれを，権力の門番に気づかれることなく乗り越えてしまう。

コメニウス

　近代の初め以降繰り返し浮上する教育の夢の一つにコメニウスの夢がある。いくつかの点で，それは近代教育の夢見がちな始まりを具現している。

　コメニウスの教育観は，汎知学の調和の観念に組み込まれ，また途方もない楽観主義によって支えられて，まるでより良い世界の夢のように三十年戦争の恐るべき経験を背景として際立っている。

　1632年にチェコ語で，1657年にラテン語で出版された『大教授学』のとびらには，綱領的に次のようにいわれている。

　「あらゆる人に　あらゆる事柄を教授する・普遍的な技法を　提示する大教授学。

　　別名
　いかなるキリスト教王国のであれ　それの集落　すなわち都市および村落のすべてにわたり，男女両性の全青少年が，ひとりも無視されることなく，学問を教えられ　徳行を磨かれ，敬神の心を養われ，かくして青年期までの年月の間に，現世と来世との生命に属する・あらゆる事柄を
　僅かな労力で　愉快に　着実に
　教わることのできる学校を　創設する・的確な・熟考された方法。

　ここで提示されるものすべての
　基礎は　事物の自然そのものから発掘され，
　真理は　工作技術の相似例によって論証され，
　順序は　年　月　日　時間に配分され，
　最後に，それらを成就する・平易で・的確な道が　示される。

　私たちの教授学のアルファとオメガは，教える者にとっては　教える労苦がいよいよ少なくなり，しかし　学ぶ者にとっては　学びとるところがいよいよ多くなる方法，学校に　鞭の音　学習へのいや気　甲斐ない苦労がいよいよ少なくなり，しかし，静

寂とよろこびと着実な成果とがいよいよ多くなる方法，キリスト教国家に　闇と混乱と分裂とがいよいよ少なくなり，光と秩序と平和と平安とがいよいよ多くなる方法を，探索し発明することでなくてはなりません。」[26]

　近代の教育プログラムを，これ以上明確に表現することはまずできないであろう。もっとも，そのプログラムは，コメニウスの場合，見事にキリスト教の教えに取り込まれ，その点では全く中世的なものである。がコメニウスにとって疑いなく確実であったのは，神に創造され望まれた事物の秩序があり，また，人生の混乱を通って至福へとたどり着く個々人の道がある，ということであった。確かにアダムの罪は存在したが，キリストはその受難を通して人間に救済をもたらした。こうして今再び，人間の善き本性を発展させる，つまり人間を教育し形成する可能性が生まれた。「汎知とは普遍的な知である」――このようにコメニウスは『汎知学百科事典』のなかの汎知に関する項目を始める。汎知とはつまり，一般的な知恵であり普遍的な知なのだが，神によって創られた世界と，聖書と，自分の良心とを源泉とする全知でもあり，そのためそれは認識へと導くとともに敬神へも導くのである。世界の認識と神の認識は区別することができない。両者は互いを指し示す。そこから，世界を知り，事物の秩序を見通し，神の働きに気づくという，コメニウス教育学の原動力も生じる[27]。

　この構想には百科全書的な要素が含まれていることは間違いない。『世界図絵』はその雄弁な証言になっている。『世界図絵』はおそらく最も有名なコメニウスの著作であり，ずっと後年のゲーテが幼少期に出会った本であり，1835年になっても，ガイラーによる改訂版が『若者のための新しい「世界図絵」』として出版されたのであった。『世界図絵 Orbis sensualium pictus』は，その題名が示唆するように「目に見える世界」を描いている。「それは，世界の事物と人生の活動におけるすべての基礎を，絵によって表示し，名づけたもの」である。

　この著作は，神で始まり神で終わる円環状の世界を，挿絵入りで表現したものである。つまり，円環状に構想された意味連関としての世界であり，その連関の始めと終わりの間を埋めるのが，神の意図の解明としての自然および人間

26）Comenius 1960.〔邦訳：第1巻，13-14頁。強調は著者による。〕
27）Schaller 1962.

の作品なのである。たしかにこの絵本は百科全書的であるが、とはいえ事物は、個別的なものとしてではなく、ある連関のなかで表現されている。言葉と事物ないし図像の関連づけや、事物のアルファベット順の配列が次第に姿を現し、今日ではそれは不可欠の秩序原則となっている。しかし『世界図絵』の全体構想のなかでコメニウスにとって重要だったのは、どの事物も観念も、人間およびその生活実践の秩序との関連で知られるようにする、ということであった。中世のラテン語学校では強力な言語主義が支配しており、その枠組みのなかでは直観よりむしろ正確な記憶が決定的な役割を担っていた。それとは異なり、コメニウスが主張したのは——普及しつつある印刷技術を背景として——事実の知識への転回、すなわち世界の対象への転回であり、また認識能力としての直観への転回であった。『世界図絵』のなかで根拠づけられ、それ以降教育学にとって不可欠となった直観の原則によって、コメニウスは——イギリス感覚論の影響も受けながら——感覚の新たな評価を導入することとなった。

『世界図絵』によって試みられたのは、子どもや若者のために、意味のある全体を作り出すような形で世界を表象する、ということであった[28]。重要なのは、若者に対して世界を特別な仕方で表現するということである。事物の単なる提̇示̇ではもはやなく、教育学的意図をもってなされる表象（代表的提示）が今や目標となる[29]。『世界図絵』のなかで与えられる概念やイメージは、事物そのものを表現するだけではなく、むしろ事物を指し示しているのである。子どもや若者には、彼らのために作り出された世界という構築物が伝えられる。それは教育的に仕上げられた世界であり、その構成は教育的意図によって導かれる。この教育的に仕上げられた世界は、他の世界の見方と並ぶ一つの見方であるとともに、他の見方の上に立つものでもある。決定的に重要な問いは、世界のどの部分が、どのような形で、子どもに向けて前世代によって表象されるのか、ということである。フーコーが『言葉と物』のなかで指摘した展開、もはや押しとどめることができず、近代教育学の根拠づけの一要素ともなる展開が開始される[30]。『世界図絵』とともに——と極言できるかもしれない——こ

---

28) Comenius 1992; Gailer 1835 も参照。
29) Mollenhauer 1983.
30) Foucault 1974, S. 78 ff.〔邦訳 71 頁以下。〕

の展開が始まり，それは今日，教育意図をもったシミュレーションについて語ることができるほどにまで進んでいる[31]。以上のような考えを背景に据えることで，上述の『大教授学』のとびらの文章——それは近代の教育の夢を特徴づけるものである——が理解できるものとなる。教育学とは，あらゆる人に，あらゆる事柄を教授する・普遍的な技法なのである。

　完全なる形成可能性の夢——教育学的ユートピア。つまり，人間は，神によって秩序づけられた世界に含まれるものすべてを学ぶことで，神に似る者となる。そのために人間に必要なのは正しい方法のみである。正しい手段によって，人間に自分自身を越えさせ，真の人間にすることができる。教育的な営みは神の命において行われる。教育学は神への奉仕（＝礼拝）である。選別された若干の人間を教えるだけではもはやなく，原則上すべての人間を教えなければならない。というのも，すべての人間が神の創造物であり，したがって教育への権利をもっているからである。こうして「男女両性の全青少年」のための，キリスト教によって根拠づけられた教育制度の拡大という原則が定式化される。教育者を襲う多幸症である。つまり，教育は，単になされるだけでなく，迅速に，快適に，そして徹底的になされるべきだというのである。このとき，学習が努力と克服をも意味するという経験は忘却ないし抑圧されている。包括的な新たな方法によって，コメニウスは学習のこの困難な側面を克服しようとする。疑いなく，教育学の大いなる自己欺瞞であり自己過信であり，失望を招く他はない教育者の全能幻想でもあった。

　コメニウスにとって確実なのは，教育がフォーマルな知識の獲得のみを目指すのではない，ということである。教育はまた「行儀の良さ」や「信心深さ」をも，その目的としている。すなわちそれは，正当とみなされる価値を仲介することを課題としている。知識を正しく獲得し正しい価値や態度を伝えることによって，青少年期に，現世の生活と「将来の生活にとって必要なこと」すべてを学ばせるべきなのである。将来のために必要な知識というこの規定によって，今日まで通用する二つの規準が教育理論に導入される。教育という枠組みのなかで，一つには子どもの目下の生活に必要な知識が，もう一つには彼らの

---

[31] Baudrillard 1978, 1987.

将来にとって重要な知識が，伝えられるべきなのである。この必要性という視点は，教育と教授の正しい内容および価値の選択に関する問いや，その選択の規準と根拠に関する問いと結びついている——1970年代の教育改革およびカリキュラム改革が集中的に取り組んだ問いである。コメニウスにとっては，事物の秩序を教えることが問題であった。彼は，全知識の基盤をなす諸原則を規定し，それによって原則上可能な知識の多様性を制限しようとした。のちにペスタロッチはこの考えを知識の要素化の概念のなかで受容し，それ以降，この知識の要素化は教育学の不可欠の部分となっている。これに劣らず重要なのは，教育は子どもの将来を考慮するべきだという，コメニウスが定式化したもう一つの規準である。しかし，教育が未来に関わるとはどのような意味であろうか。近代の開始以降，教育学はこの問いから逃れることができない。人間の生が未来に至るまで神によって決定されるものとみなされていた時代には，この問いはまだ比較的容易に答えることができた。ヘーゲルやマルクスのように，目標に向かう歴史の過程を前提としていた時代にも，この過程を通して少なくとも人類の未来はおおよそ決定づけられていると思われており，上の問いはまだ解答可能のように見えた。今日，人類がますます進歩していくことに意味があるという信念に根本的な疑義が生じ，また後続世代の未来への問いと人類一般の未来への不安とが重なるようになって以降，この問いに明確な答えを与えることはほとんどできなくなっている。

　教育によってよりよい人類を作り上げることができるというコメニウスの夢は実現しなかった。教育された人間はコメニウスにおいては光り輝く夢であった。それが，特に18, 19世紀に発展していく教育制度の学校実践のなかでは，違った姿を見せる。「教える者にとっては教える労苦がいよいよ少なくなり，しかし学ぶ者にとっては学びとるところがいよいよ多くなる」ような教授の方法を規定するという，輝かしい教育の夢は変形してしまう。その方法とは，学習過程の正確な順序を確定するものであり，そうした学習過程を現実化することで，「真理は工作技術の相似例によって」，「基礎は事物の自然そのものから」示して見せるものであったが，それが変形してしまう。こうして，成立しつつある教育制度は大いに評価の分かれる制度となっていくのである。

　明らかに，コメニウスの夢のユートピア的な要素が，その夢の実現を妨げる

ような抵抗を軽視するという結果をもたらしている。したがって，人間の形成可能性と矛盾する様々な要素の抑圧，という言い方を用いることも許されよう。これには，以下のような理由もある。つまり，三十年戦争のなかで経験された苦悩は，コメニウスの人間学にほとんどネガティヴな影響を与えていない。このことから，コメニウスの教育の夢を無条件の願望充足の試みとして捉えることができる。確かに人間は原罪を背負わされたものとしてみなされるが，そのようなものとして知覚された否定性はそのまま保持されはしない。それはより良い人間の実現可能性の夢によって補償されるのである。

　神の名において教育はなお行われるが，神はそれが生起するための表面的な枠組みを作り出すにすぎない。要するにコメニウスはすでに，教育によって完全になることができるような，自分自身に全権限を与える人間の夢を構想している。ここで排除されるのは，無力の経験であり，自分のことさえ満足に制御できない，人間の至らなさについての知である。

　世界の秩序が神の御心にかなっており有意味であること，そして世界と自己を認識する能力を人間がもつことについて，疑いが許容されることはない。したがって人間の学習能力の限界性についての知もまた抑圧され，人間の完全な形成可能性という観念に取って代わられることになる。

　誰の目にも明らかなように，抑圧された人間学的・政治的要素——教育にとっても重要な意味をもつような——は顕著な影響力を獲得しており，その後の数世紀にわたる教育制度の発展のなかでコメニウスの教育の夢のユートピア的な要素の上に多方面にわたって重くのしかかっている。

　教育の夢のなかの排除された要素を明るみに出す以上のような私の分析には，確かにイデオロギー批判との接点がある。とはいえ，コメニウスの教育の夢は誤った意識という意味でのイデオロギーだなどと想定しているわけではない。この点で私の分析はイデオロギー批判から区別される。ロラン・バルトの神話分析との類似性も出てくる。ただしバルトの神話分析においては，一次的な言語学的な対象言語のシステムと，その上位にある二次的で記号学的なメタ言語的なシステムとが区別されることになる[32]。

---

32) Barthes 1982.

敬虔主義教育学と勤労学校運動

　人間の教育がキリスト教徒の義務であるという，すでにコメニウスが先鞭をつけていた考えは，18世紀のアウグスト・ヘルマン・フランケの敬虔主義の教育学に受け継がれる。コメニウスとは異なり，ここではむしろ悲観的な人間学に出会う。原罪——それは善行によってではなく信仰それ自体によって(sola fide) 解消可能となる——の結果，どの子どもも当初は本性からして悪，すなわち邪悪な我意を備えているのであり，教育は，「内」への悔い改めを可能にし，「真の心の敬虔」を展開させるために，その我意を打ち砕かねばならないのである。「心の敬虔」と「行いによるキリスト教信仰」の展開が教育の中心的な課題となる。身体の誘惑に対して精神を鍛えるために，祈りと労働，遊びの禁止と過ちを犯した際の厳しい罰が，教育の手段となる。教育は禁欲と義務遂行のための教育となり，ルターが言う意味での身分教育・職業教育となる。ルートヴィヒ・フォン・ツィンツェンドルフ伯爵は，ヘルマン・フランケの弟子であり，ヘルンフート同胞教会の創設者であるが，生活の目標を以下のように表現している。

> 「人は生きるためにのみ働くのではなく，働くために生きるのである。そして，もはや働くべきことがなくなってしまうと，苦悩するか，永遠の眠りにつくかするのである。」[33]

　こうした見解に基づいて，ヘルンフート孤児院の日課は，3時間の礼拝，6時間の肉体労働，5時間の授業，というものであった。

　労働のための教育という点に関して見れば，主要な教育目標を「勤勉」（インドゥストリオジテート）に置く勤労学校運動と敬虔主義の教育理論との間にはいくつかの共通点がある。ただし，前者の勤労学校運動の場合，後者の敬虔主義よりも，学習の経済的な有用性がなおいっそう中心にくる。農園領主であったロヒョウが彼の農場に設立した模範学校もまたこの考え方に依拠しており，そこでは，農村での生活領域に関連する諸能力の育成がめざされた。

ルソー

　1762年に出版されたジャン・ジャック・ルソーの『エミール』とともに，

---
33) Ludwig v. Zinzendorf, Blankertz 1982, S. 53 からの引用。

新たな教育の夢が始まる。この著作をぬきにして近代教育学を語ることはできない。ルソーの新しさは，上位の目標設定に到達するための手段として教育を捉えるのではなく，はじめて教育固有の目標を問うたという点にあった。教育を前もって与えられた規範の道具にするのではもはやなく，教育によって子どものなかにある固有のものを尊重し，展開させようとするのである。この目標設定によって，ルソーによれば，教育は広範囲にわたってその存在理由と正当性を認められる。それによると，教育された人間の成熟や自立性や判断力は，大人となったときに，自分を教育した人の観念や判断に適う人間になっているという点に現れるのではなく，自分固有の見解をもつようになるという点に現れる。子ども自身に，また発達に対する子どもの権利に，源泉をもたないような教育に対する，懐疑や批判が述べられているわけである。その背景になっているのは，社会に順応した生は，それがどんなものであれ，人間の若干の能力を発展させることと引き換えに他の可能性を排除してしまう，という認識である。この立場を，『エミール』の冒頭の数頁以上にラディカルに定式化することはまずできないだろう。

> 「万物をつくる者の手をはなれるときすべてはよいものであるが，人間の手にうつるとすべてが悪くなる。（……）わたしたちは弱い者として生まれる。わたしたちには力が必要だ。わたしたちはなにももたずに生まれる。わたしたちには助けが必要だ。わたしたちは分別をもたずに生まれる。わたしたちには判断力が必要だ。生まれたときにわたしたちがもってなかったもので，大人になって必要となるものは，すべて教育によってあたえられる。」[34]

一方では，教育への人間の人間学的な依存性が認識されている。つまり，生の必然性としての教育，という夢である。他方で，夢のなかでは可能に見えた教育と引き比べて，現実の教育の不十分さが強調される。一方でこの認識は，原理的な改善可能性を含意しており，教育に関して楽観的である。しかし他方で，この改善を繰り返し妨害する，どんな社会関係のなかにも働いている否定的なものの力もまた認知されている。

教育は人間の能力を，ただし自然な欲求を満足させる可能性を与えるような

---

34) Rousseau 1981, S. 9.〔邦訳：27-28 頁。〕

人間の能力を，促進しなければならない。「人工的」な欲求を引き起こすことや，独力で到達できない欲求を生み出すことは避けるべきである。というのも，それによって子ども自身の幸福が妨げられるからである。子どもへの愛が教育の原則となる。愛の助けを借りることで，将来到達すべき目標のもとに現在を従属させることによって子どもの現在の幸福を未来のための犠牲にすることのないような，子どもに対する態度を展開することが可能になる。子どもが同時に未来にとって重要な経験もするような，子どもの充実した現在の生活へと至る道は遊びである。遊びにおいて身体的・精神的な諸機能が訓練されるのであり，こうして遊びは教育の中心に躍り出る。遊びに熱中するように，学習においても子どもは対象に熱中するべきなのである。

　子どもは，彼の環境――ただし教育的に配置されたものであるが――によって間接的に教育される。このような形で子どもは作業することをも学ぶことになる。

> 「かれの仕事が仕事そのものによって評価され，かれがしたことだからといって評価されないようにしよう。よくできたものについては，「これはよくできている」と言うがいい。しかしそれにつけくわえて，「だれがこれをつくったのか」と言ってはならない。満足して得意そうに，かれが自分から「ぼくがそれをつくったのです」と言ったら，冷やかにこうつけくわえるがいい。「あなたでもほかの人でも，それはどうでもいい。とにかくこの仕事はよくできている。」」[35]

　子ども期から成人期への移行期としての青年期の重要性をルソーが見出したこともまた，彼の教育の夢の一つに数えられる。ここでもまた強調されるのは，思春期がもたらす特殊な生の条件であり，青年期の独自の権利の発見であり，人間の発達にとっての青年期の心の重要性である。全体として，この人生の時期には，幸福感にとって非常に重要な，欲求と能力とのバランスを作り出すことが問題となる。

　教育の固有の目標についてのルソーの夢，教育が促進すべき子どものなかの固有のものについてのルソーの夢は，次のようなヘルダーリンの言葉を思い出させる。「人は夢見ている時には王であり，思慮する時には乞食である。」明ら

---

35) Rousseau 1981, S. 201.〔邦訳：470-471 頁。〕

かに，ルソーの要請は近代における教育についての反省の不可欠の構成要素である。このことは，教育と人間が有する固有のもの，に対する疑義がますますぬぐい去りがたくなっているとしても変わらない。というのも，この固有のものは，むしろ人工的に構成された異他的なものとして，様々な形で人間を捉えて離さないからである。夢はしばしば目覚めを予告するものであるが，新たな教育についてのルソーの夢は人がまだ目覚めていないことを前提とする。ベンヤミンは次のように述べている。

> 「個人の生と同様，世代の生にも行きわたっている一つの段階的過程としての目覚め。眠りは世代の一次的段階である。ある世代の青春期の経験は，夢の経験と多くの共通点をもっている。この青春期の経験の歴史的形態が夢の形象である。どの時代もこうした夢に興味を示すという側面を，つまりは子どもの側面をもっているものである。」[36]

さらに，ルソーの『エミール』は，彼の生きた時代との緊張関係にあるような夢でもある。彼の生きた時代は，理性が自ら権力を握ることを求めはするが，その理性の名の下で他者の排除が行われもするような時代であった。この過程のなかで価値を奪われるのは，自然の自己活動性であり，夢であり，神的なものであり，言語では到達できないものであり，謎めいたものである。これは，「規律訓練社会」（フーコー）において近代生活の統一性・普遍性・抽象性を獲得することに対して支払われる代価なのである。規律訓練社会は，自己を統御する主体，自己自身と同一である主体，自己全権化の過程のなかで植民地化された主体，を必要とする。そうした主体の癒えない傷口は，生の別の諸形態への幻想的記憶のために，なおもうずき続ける。

バセドウが1774年にデッサウに設立した模範学校施設である汎愛学舎においても，また汎愛主義全体においても，ルソーの多くの考えが典拠として取り上げられる。たとえば，子ども固有の権利という考えや，可能性を発展させる権利という考えがそれである。さらにこれに加えて——言語主義のなかで硬直化したラテン語学校とは違って——近代語，数学，自然科学を授業のなかに取り入れ，世間に開かれた教養を子どもにもたらそうとする試みがなされた。同様に，教育と職業世界との関係や，教育と子どものそのつどの状況との関係に

---

36) Benjamin 1980, S. 490.〔邦訳：第3巻，5頁。〕

も，意味が与えられた。目標は，有益な生き方の前提として，年若い人々のなかに欲望と能力の均衡状態を作り出すことなのである。

フンボルト

　次の大きな教育の夢は，ドイツの古典主義において見られた。新人文主義がこの時期の方向性を決定する。新人文主義のなかでは美学的要素と文献学的要素が働いている。1755年に出たヴィンケルマンの『ギリシア人の絵画作品・彫刻作品の模倣についての考察（ギリシア美術模倣論）』は，理想化されたギリシア像へと向かう美的な方向性の出発点を記すものといえる。こうした理想化されたギリシア像に対して，ニーチェは1世紀後に激しく論戦を挑むことになる。他方の文献学的要素は，とりわけ，誕生しつつあった古典学によって形成された。そこでは，ギリシア語もひとつの歴史的な現象として再評価されたのであった。新人文主義は，狭い意味での教育学を展開したわけではないが，独自の人間形成論を生みだした。古典研究のなかにフンボルトは人間形成的価値を見出したが，これは，古典研究が個々人にとって自己自身へと至るための力になると考えられたからであった。コメニウスや敬虔主義者や汎愛主義者にとってもなお教育の中心的な課題であった，教養の基準としての有用性は退けられる。有用性という視点を超越するような教養が夢見られる。言語研究と古代研究においてこそ理性は展開する，とされるのである。そして，そのようにして身につけた教養は人間の全面発達へと結びつくはずなのである。この夢は，原則的に到達不可能なため，人間にとって生涯にわたる課題となる。人間形成の過程において，人間の内的な力は自分の取り組んでいる対象を同化し，それを自己の存在の一部とする。人間形成は，個人と世界の間の出会いにおいて進行するわけである。目標は，個人の全体を均等に発達させるような人間形成である。個人がもつ形成力が形式的な力として把握される一方で，人間形成過程の実質的・素材的側面――それに携わることで力が形成されるような――が古典的なもののなかに見出される。ルソーの場合に自然がそうであったように，フンボルトの場合は古典的なものが人間形成の内容的な準拠点となる。ギリシア人について学ぶなかで，人間は，何が人間の本質をなすのかを要素的な形態で知る。したがってギリシア人との取り組みは一般的な人間形成（一般教養）

に特に適している。

　この人間形成の夢は，1960～70年代に厳しく批判された。というのも，そこにとりわけ内面性への主体の退却が見とがめられたからである。この内面性への退却は，とりわけプロイセン教育改革という文脈のなかで影響を及ぼし，知的市民層の政治からの退却と，そこから生じた政治的帰結に責めを負うものと考えられた。確かに部分的にはこの批判は正当である。とはいえ，その批判は，人間の有用性や機能性を求める社会要請に対して，人間形成過程における主体の強調によって距離をとることが可能になる，ということのもつ批判的な側面を覆い隠してしまう[37]。それに加えて，市民的な民主主義のための包括的な一般的な人間形成（一般教養〔アルゲマイネ・ビルドゥング〕）という目標像は，不可欠の反事実的な準拠点を含んでいる。ちなみにそれは，旧東ドイツでも，全面的に形成された社会主義的人間という教育目標のなかで欠くことのできないものとなったのであった。

　コメニウスの夢が人間の完全な形成可能性を目指し，ルソーの夢が愛によって決定づけられた環境のなかでの発達への子ども固有の権利の実現を目指し，そしてフンボルトの夢が，狭い有用性の考えに囚われることのない，ギリシア文化によって教育された人間を目指したとすると，これらの夢が完全に実現することは，むしろ悪夢のような結果を生むのではないかという問いがもち上がる。コメニウスの夢が文字通り実現した場合には，完全に教育学化された世界が生じ，そこでは，知識の普遍化とともに，包括的な画一化と平準化が生じるであろう。その枠組みのなかでは，異他的なものが同化され，すでに全面的に既知であるようなものの犠牲となるであろう。一種の学習社会ではあるが，そこでは人間は絶えず新たに獲得される知識によって自己を完成させ，またこのような形で世俗化された救済を求める途上にあると考えられるのである。それに伴い，あらゆる生活分野の教育学化と，それに内在する機能化が生じるであろう。これらの夢のいくつかは，多くの国で実現された全員就学義務によって，そしてとりわけ，世界規模の学習社会における生涯学習というユネスコによって唱導された観念によって，実現したかのように思われる。文化産業や学問経営もまた，それに貢献する。にもかかわらず，学習と知識獲得によって自己自

---

37) Heydorn 1971.

身に対する全権を掌握する人間というこの夢は，繰り返し障害にぶつかる。正しい手段と方法がありさえすればこの夢の実現が可能であるかのような対処が至る所でなされるが，現実化はまず無理のように思われる。同様のことは，自己決定に基づく教育と発達への子どもの固有の権利を求めるルソーの要求にも当てはまる。その要求は，確かにそれ以降，近代教育学の価値基準・目標基準のなかに確固とした位置を得た。しかし，あらゆる年長世代がこの要求に──しばしばそうとは望まぬままに──違反してきたのである。この要求が完全に実現されれば下の世代がカオスに陥るかもしれないことを年長世代は知っているかのようでもある。反権威主義的教育や反教育学の周辺に，こうしたカオスへの道の実例を見出すことができる。それに加え，ルソーが『エミール』のなかで展開した，最善の教育のための実験室的条件のなかに表れているのは，教え子の全生活領域への教育の完全な浸透を求める教育学の要求であり，それと結びついた全能妄想である。形成された人間というフンボルトの夢もまた，実現の際には相対化が必要であろうと思われる。なぜなら，ここに示されているのもまた，ありうべき教育の理想像にすぎず，具体的に教育が行われる場合には補完が必要だからである。

　もしも教育がその夢を隙間なく実現することに成功したとすれば，この夢が悪夢に転化する危険が生じるであろう。単に教育がその夢を完全に実現できないために，そのユートピア的な美は人を魅了するのである。夢と夢の実現との間にある裂け目が，夢の救済となり，夢の内容によって変形された現実の救済となる。夢と現実というこの二つのものが一つに重なってしまえば，それは内破を，そしてそれとともにおそらくは教育の終焉を，もたらすのである。

悪　夢

　18, 19世紀は，教育の夢だけではなく教育の悪夢をも作り出した。カタリーナ・ルチュキーによるテクスト集成『闇の教育学』は，その証言となっている。そうした悪夢は，教育事象に常に併存するもう一つの側面をなしている。ここには，教育学的な検閲によって抑圧され，努力を伴ってのみ意識化することができる教育者の衝動が現れている。規律化・合理化・従属化への要求が次第にあからさまに表現されるようになる。教育学は，このファンタジーのなか

では，子どもを産出する一手段，ますます全制的施設へと発展しつつある学校の助けを借りて子どもを産出する一手段と化す。こうした過程の進行とともに，教育者は，文明化の過程が子どもの感情の馴致と引き換えに求めてくる巨大な犠牲に目をつぶる必要に迫られる。精神分析の一般原理に従うなら，子どもを規律化するだけでなく自らの無意識の葛藤を消散するためにも教育者は子どもを必要とするのだ，と推測することができるだろう。カンペの著作の二つの例によって，教育の，またそのファンタジーや幻想や夢の，こうした側面を明らかにしたい。

「優れた身体教育，とりわけ子どもの身体訓練を入念に行いなさい（……）。
若者を孤独と無為から守りなさい。（……）
若者に多くの仕事を与えてはならないし，また彼らが疲労するかもしれないような仕事も与えてはならない。（……）
若者には誘惑に警戒させなさい。（……）
子どもが一定時間起きた状態でベッドに横たわることがないように，あまり早くベッドに入ったり，遅くに起床させてはならない。（……）
暖かい羽布団は，全く無益で有害なものとして拒否しなさい。（……）
少年がズボンのなかに手を入れる習慣を幼い頃から妨げなければならない。（……）
少女が座る際に足を組むことを許してはならない。（……）
二人の子どもを，異性の子どもも，同性の子どもも一緒に寝かせてはならない。（……）
性器の接触につながるあらゆることを子どもたちに禁止し，彼らをそういったことから遠ざける試みがなされなければならない。（……）
同性の子どもも異性の子どもも，決して彼らのみにしてはならない。（……）
若者には幼い頃から羞恥という規則をたたき込まなければならない。（……）
想像力に悪影響を与えるようなあらゆるイメージを若者から遠ざけなさい。（……）」[38]

自慰に対する断固とした闘いのなかで，カンペはわずかな開口部を残して陰唇を縫合する鎖陰の可能性を指摘しているが，それは衝動に対する教育の闘いの頂点をなす。この概念を解説するために，カンペは，「自己衰弱を招く有害な習癖」に対して，彼の目から見て賞賛に値するような断固とした闘いを展開

---

38) Oest/Campe: Vollständiges System zur Verhütung der Selbstschwächung (1787), Rutschky 1977, S. 304 ff. からの引用。

した彼の生徒について報告している。

> 「彼は一本の釘を手に取り，（陰茎の）包皮を少し引き出して机の上に載せ，その上に釘を当てた。この少年の徳の高い剛胆を尊敬せよ。彼は本によりずっしりと重い一撃を加え，釘で自己を固定した。続いて彼は釘を抜き取り，気絶した。彼が再び正気に戻った後，彼はまだ血痕のついている穴にカンフルチンキに浸した糸を通した。ピアスの穴を開ける際に人々がよくやるように。彼が外科医から手に入れた治療用バルサムによって，傷は再び徐々に塞がり，そして糸が通った所に2つの穴が残った。これらの穴に，彼は真鍮製の針金を通し，陰茎を圧迫しないように針金にカーブをつけた。それから彼は小さなペンチを用いて針金の先を反対側に曲げて両端をくっつけ，包皮の一部をその穴を通して囲み，針金をそこに固定したのであった。」[39]

懲罰のファンタジーもまた教育の悪夢の一つである。そこには教育者の極めて嗜虐的なファンタジーが現れている。それと同時に，処罰の身体関与が薄れて，子どもの精神の内面に関わるような処罰形式を用いる傾向も暗示されている。

シュライアマハー

コメニウス，ルソー，フンボルトは，教育現実に対して，より良い教育，より良い人間，より良い世界の夢を対置したが，彼らの教育構想とは異なる別の道をシュライアマハーは選んだ。このシュライアマハーが選んだ道は，ディルタイの教育学構想にとっても，ディルタイに立脚する精神科学的教育学にとっても，また教育理論の最近のアプローチにとっても重要なものとなっている。そのため，ここで最後にこのシュライアマハー的な道について手短に述べておくことにしたい。シュライアマハーにとって，教育の出発点は教育学の理論ではない。出発点となるのは教育現実であり，彼の見解によれば教育現実は理論に先立って存在する。教育現実は歴史的・社会的過程の所産である。この過程は，かなりの部分が全体社会的な権力要因によって規定されているものの，権力要因を規制する理論的理念もまたそこには多く入り込んでいる。したがって，教育理論は——同様にまた教育の夢も——その出発点を教育現実にもつはずな

---

39) Campe, Die Infibulation (1787), Rutschky 1977, S. 318 からの引用。

のである。教育現実は、理論や夢に対して独自の価値を有しており、一挙に展開される理論ないし一挙に夢見られる夢によって一義的に造形できるようなものではない——教育学の目的合理的なテクノロジー的パラダイムではそのような造形が可能だと考えられているようだが。シュライアマハーの著作ではこの認識は以下のように表現されている。

> 「(……) 外的な影響力が非常に重視されていたのであり、理論は後になってはじめて生じたのではあるが、その教育的な活動には技術の性格が欠けているわけではなかった。とにかく一般に、技術とよばれるもののすべての領域において、実践は理論よりもはるかに古いものであり、実践はその明確な性格を理論によってはじめて獲得するものだなどということはできない。実践の権威は、理論から独立したものである。実践は理論によってより意識的なものとなるにすぎないのである。」[40]

コメニウス、ルソー、フンボルトがその新たな教育についての夢を反事実的に構想したのに対して、ここでは教育現実の固有の価値が問題となる。それは、理論とは相当程度無関係であり、理論によってより意識化されたものにできるにすぎない。ハイデッガーやプレスナーの場合と同様、ここではすでに、理論によっては人間の現実に追いつくことができないということが意識されていた。理論は、現実を原理的に探究し、より意識的にできるにすぎない。シュライアマハーにとって教育現実は、ひとまとまりのテクストのように、解釈学的な方法で解読され理解されなければならない。現実のなかに作用している理論的想定が認識されなければならず、そのうえで、場合によっては修正されなければならない。エーリッヒ・ヴェーニガーは、この考えを取り上げ、第一段階の理論を第二段階の理論から区別した。第一段階の理論とは、実践のなかに含まれているが多くの場合実践家には意識されていない理論であり、第二段階の理論は、実践家の行為様式を全体として捉えるものであるが、常に顕在しているわけではなく、しばしば潜在的なままにとどまる。最後にヴェーニガーは、「実践のなかでの理論と実践との関係」を対象とする第三段階の理論を区別する。その課題は、教育的実践の行為関連における理論と実践の関係の解明にある[41]。

シュライアマハーは、歴史的に形成された教育現実の理論的な探究を可能に

---

40) Schleiermacher 1983, S. 10f.〔邦訳：38頁。〕
41) Weniger 1957, S. 7-22.

する一連の視点を自ら展開した。周知のように，彼は以下のような区分を行った。

「直接的（積極的）教育と間接的（消極的）教育，
受容性と自発性，
支援と反作用，
良心の形成と能力の展開，
形式陶冶と実質陶冶」[42]

これらの視点は教育的行為にとって規準となるものを提供している。教育的行為は，シュライアマハーの見解に従えば「屈折した意図」を有する行為なのである。

教育的行為は，目的から行動様式への合目的的な演繹としても，技術的な行為としても，理解してはならないということになる。ルーマンとショルもまた，彼らが「教育システムが構造的にテクノロジー欠如によって特徴づけられている」と述べた時，この事態を視野に捉えていた。ただし彼らは，社会システムに内在する因果性の欠如から，「単にそれを認識し，そして適用しさえすればよいような客観的に正しいテクノロジーは存在しない」と結論する他はないと考えた。彼らの見解によれば，存在するのは，「作動において実現される複雑性の縮減，本来は誤りである省略された因果プランにすぎない。参加者はこの因果プランに準拠して，自己自身および他の参加者との関係において自己自身を方向づける」[43]。

展　望

教育の夢のなかにはユートピア的な要素と悪夢的な要素とが混在している。後者の悪夢的な要素は，教育において繰り返し抑圧され無視されるという危険にさらされる。そしてその結果，ユートピア的な夢の実現への期待が一直線に展開可能となる。1960年代から70年代にかけて，悪夢的な要素のこうした抑圧が，学校制度の拡大や改革による社会の解放と民主化，という夢の構想を可能にしたことは確かである。組織形態，目標設定，内容と手段の革新，さらに

---
42)　Blankertz 1982, S. 114.
43)　Luhmann/Schorr 1982, S.19.

は教師と生徒，教育者と子どもの行動様式の革新を通して，教育制度はより良い社会の実現に貢献するはずであった。しかしながら，ベンヤミンの表現を借りて言えば，「間近に迫りつつある目覚めは，ギリシア人たちの木馬のように，夢というトロイアに置かれている」[44]。オデュッセウスの策略が木馬に隠れたギリシア兵をトロイアの市壁内に送り込み，それによってトロイア滅亡を決定的なものとしたように，やがてやってきた目覚めは，教育の全能という夢が灰燼に帰すという結果をもたらしたのであった。諦念と指針喪失——トロイアの夢を壊滅させた後に海をさまよったギリシア兵の経験と比較できる部分があるかもしれない——が蔓延した。教育の分野に従事する人々は，夢のなかで見出した自分の仕事についての意味づけを喪失し，新たな指針を模索し始めた。その際，昔ながらの意味付与と行為規定に逆戻りする者もあれば，最終的に失われた夢のシミュレーションに拠り所を求める者もいた。

　人間学的な所与である人間の確定不能性および自己投企の必要性ゆえに，人間教育の夢は教育それ自体と同じくらい不可欠なものである。しかしながら，どのような教育の夢が見られるのか，またある社会において，ある歴史的時代において，どのような教育の形態が実現されるのかは，開かれたままである。夢は，所与の生活現実・教育現実をめぐって形成される。夢は現実を補足し，修正し，現実のなかで果たせなかった願いを叶える。夢は現実に浸透し，現実を回避し，現実を超越する。夢は，反事実的に修正や代案を構想する。夢と教育現実との間にある差異は原理的に解消不可能である。この差異は，想像的なものと現実的なものの間にある差異に相当するが，しかしこの両者の間にはっきりとした境界線を引くことはもはや不可能である。むしろ，想像的なものがますます現実的になり，現実的なものが想像的になっている。にもかかわらず，想像的なものと現実的なものとの間の裂け目は経験可能である。その裂け目は，人間の現実を変えるという教育の可能性をその限界内にとどめるように指示し，人間の形成可能性に制約があることを明るみに出す。そして，このことを埋め合わせるために，繰り返し教育の夢と悪夢が生じることになるのである。

---

44) Benjamin 1982, S. 495.〔邦訳：第3巻，15頁。〕

2. 近代の教育学的ディスクルス——問題，アポリア，展望

　教育学は近代の所産であり，その運命は近代と結びついている。教育学への不満は近代への不満と対応しており，その逆もまたしかりである。文字通りの意味での近代を構築しているのは三つの出来事，すなわち，宗教改革，近代科学の成立，新世界の発見である。こうした転機とともに，数多くの展開が幕を開ける。最も重要なものとして，合理論・合理性・合理化ならびに普遍主義・普遍性・普遍化の登場がある。近代に特徴的なこうした原則の発展は，規範と価値の世俗化・一般化と時代が重なり，また新たな社会化モデル・教育モデルの成立とも時代が重なる。都市的な生活世界が拡大し，教育制度が発達し，政治参加の権利が拡大し，中央集権化した権力や国民国家が形成された。また，資本と資産が増殖的に形成され，労働生産性と生産力が上昇した。

　教育学にとっては三つの観点が特に重要となる。つまり，具体的な個々人が普遍的な規範へと至るための通路，生活世界の合理化，そして表象という原理である。これら三つの発展傾向は，近代科学と近代教育制度の形成に大きく貢献する。近代科学と近代教育制度は，ヨーロッパを起源とする，言い換えれば特定のエスニックな起源をもつにもかかわらず，世界一般に妥当することを求める。すでにコメニウスの教育学のなかに，普遍化・合理化・表象という上の三つの原理を確認することができる。

　あらゆる人間にあらゆる事柄を完全に教えることのできる方法を見つける，というコメニウスの目標のなかには，普遍性への要求が様々な仕方で潜んでいる。コメニウスは，神によって創られた一般的な世界秩序があり，それを教育の過程で子どもに定着させることが大事だという前提から出発する。目標は，事物の秩序（*ordo rerum*），つまり一般的なものとしての世界を，伝達することである。次に，もはや特定の人間だけが教育されるのではなく，すべての人が教育されねばならない。これによりすでにすべての人間の権利が，すなわち教育の民主化が要請されていることになる。その根拠として，すべての人間が神の子であることが挙げられる。ここでも普遍性の原理が示唆されている。最後に，すべての人間に世界のすべての事柄を伝えることのできるような，ただ一

つの一般的な方法がなければならない。この方法は，内容や個々の人間とは独立に，最適に学習するための普遍的で一般的に妥当する方法でなければならない。「すべての人間にすべての事柄を徹底的に教える」というコメニウス教育学の中心的な命題のなかに，普遍的であるような原理への訴えが3度なされるのをわれわれは見るわけである。

　合̇理̇性の原理に関しても事情は変わらない。学習を最適化するために，学習は合理性を指針とすることになる。神によって創られた今ある世界秩序を人間の「内面」に写し取ることができるという考えは，合理性原理を基盤とすることによってはじめて可能となるような推論の過程を含んでいる。いかなる目標と内容がいかなる手段でいかにして年若い人間の内面に写し取られるのかを，述べることができるのでなければならない。そのために必要となる目的・手段関係こそ，合目的性を特徴づけるものである。目標と手段が互いに関連づけられる。手段を目標から規定することが試みられるのであり，そうすることで，目標・手段関係が合理的であったか否かを事後的に検証することが可能になる。その際に決定的に重要なのは，目的・手段関係が中心であり，具体的な個人は目的合理性の実現のために必要とされる範囲でのみ視野に入る，ということである。ここでもまた，この原理の抽象的な普遍性が具体的な個人の願望よりも通用力をもつ。萌芽的にではあるが，合理性の原理が教育の原理としての位置を占めるまでになる。教育とは，目的・手段関係を人間のなかに貫徹させることに他ならない。これは，まずは学習過程において試みられるが，しかしまたその後にくる労働の文脈を十分に視野に入れてもいる。すでにコメニウスにおいて，ヘルバルトにおいて決定的となるような，目的・手段関係を指針とする行為への教育の置き換えが告知されているのである。

　『世界図絵』のなかでは近代教育学の第三の原則が顕著に現れる[45]。世界は，それが有意味な全体性をもつような形で年若い人間に対して表象される。もはや単純な提示ではなく，教育的意図においてなされる事物の表̇象̇がその目標である。『世界図絵』のなかに与えられた概念や図像は，もはや事物そのものなのではない。それはむしろ事物を参照するよう指示している。子どもや若者に

45）Comenius 1992 参照。

2. 近代の教育学的ディスクルス

は彼らのために作られた世界の構成物が伝達される。それは教育的に整序された世界であり、教育的意図がその構成を担っている。またそれは、他の世界の見方と並ぶ一つの見方でありつつ、他の見方に優越する見方として自らを位置づける。ここで決定的になるのが次のような問いである。つまり、世界のいかなる切片が、いかなる仕方で、年長世代によって子どもたちに表象されるのか。ここで始まりつつある展開は、フーコーも『言葉と物』のなかで指摘したものであるが、もはや押しとどめようもなく、近代教育学成立の不可欠の要素となっていく。記号（シニフィアン）は記されたもの（シニフィエ）を指し示しているのであり、この記号関係はまだ疑問にさらされてはいなかった。神が、神の創造した世界においてこの連関の妥当性を保証する。世界という現実は、「自然の書物」、つまり神が人間に啓示した記号のシステムである。教育学的意図をこめてなされる「自然の書物」のこの表現は、『世界図絵』のなかで二つの原則に基づいて行われる。アルファベットによる対象の配列と表現、および言葉と事物、つまり記号と記されるものの関連づけ、である。世界の描写という教育的意図は、『世界図絵』における世界の表象へと結実する。教育学的な意図をもった世界の表象（レプレゼンタチオン）への提示（プレゼンタチオン）の機能化は、表象関係が徐々に変更可能なものになることを示している。モレンハウアーは、ベラスケスの「侍女たち」（1656年）についてのフーコーの解釈に結びつけてこの展開を解釈している。

> 「鏡は、したがってコメニウスにとってひとつの教育学的隠喩となる。子どもの陶冶世界は、現象の表面ではなく、現象のなかにある現実性を、たしかに写し取るべく構成されねばならないのである。」[46]

こうした鏡像形成は、教育学が近代史全体を通して努力してきたものではあるが、ポスト構造主義の見解に従えばもはや達成不可能なのである。記号はむしろ現実の不在をまずは指し示すように見える。そうなると記号はもはやどのような現実をも指し示さなくなる。記号はそれ自体のシミュレーションとなったのであり、記号が現実をシミュレーションするのである。区別のためのいかなる確実な準拠点も存在しないのだから、記号の世界と現実の世界とを区別す

---

46) Mollenhauer 1983, S. 67.〔邦訳：77 頁。〕

ることはもはや不可能である。現実と記号世界は区別不能となる。自己が何であるかを確証するために教育学に残された可能性は，教育という「ハイパーリアリティ」の産出に寄与すること——そうすることで少なくとも自己確証ができることを希望しながら——のみとなる。

　教授される知識の現在における有意性を規定することさえ簡単なことではないのであるから，未来に対して教育がどう関連するかという問いは教育学にとって重大な困難を含んでいる。この問いは，人間の生がその結末に至るまで神によって決められていると見なされていた時代にはまだ比較的容易に答えることができた。また，ある目標に向かう歴史の過程が前提となり，それによって人類の未来が少なくとも概括的には決定されていると見なされていた間は，この問いはまだ解答可能であるように思われた。しかし，人類の意味ある向上発展に対する根源的な疑惑が生じ，次世代の未来についての問いが人類の未来についての不安をかきたてる問いと重なるようになって以来，この問いはもはやほとんど解答不能なものとなっている。それに加えて，すべての生活領域の途方もない加速化によって，歴史の目的論的な構造が疑われるようになった。この目的論的な構造は，歴史についての世俗化した考え方にとっても，救済史としてなお規定力を保っていたものである。歴史の天使は，ベンヤミンによれば，「顔を過去の方に向けている。私たちの眼には出来事の連鎖が立ち現れてくるところに，彼はただひとつ，破　局(カタストローフ)だけを見るのだ。その破局はひっきりなしに瓦礫のうえに瓦礫を積み重ねて，それを彼の足元に投げつけている。きっと彼は，なろうことならそこにとどまり，死者たちを目覚めさせ，破壊されたものを寄せ集めて繋ぎ合わせたいのだろう。ところが楽園から嵐が吹きつけていて，それが彼の翼にはらまれ，あまりの激しさに天使はもはや翼を閉じることができない。この嵐が彼を，背を向けている未来の方へ引き留めがたく押し流してゆき，その間にも彼の眼前では，瓦礫の山が積み上がって天にも届かんばかりである。私たちが進歩と呼んでいるもの，それがこの嵐なのだ」[47]。

　近代の出発点にあるコメニウスの教育学においても，また近代の教育学全体にとっても中心的となる普遍性・合理性・表象の原則は，教育制度においても

47）　Benjamin 1978, S. 697f.〔邦訳：653頁。〕

いくつかの展開を促す。そうした展開は，コメニウスにおいて予告されていたものではあるが，それが明確な形をとるのはようやく 18, 19 世紀になってからのことである。その主要な諸側面を，五つの短いテーゼにまとめてみよう。

(1) 教育の言説は，人間の自己権能化と自律の増大を目指す。最初は神の命によって，後には神を度外に置くことによって。この過程とともに，合理化・近代化・文明化がますます進展していく。内界の拡張と心理の洗練を可能にするような「内と外」の分離が増大する。道具的理性は情動を操作し，ますます強く経済的に計算された生き方へとそれを組み込むことを求める。こうした展開は，最終的には情動の撤収と身体の調教にまで行き着く。

(2) 教育の助けを借りて，人間を経済的により有用なものとする規律化が推進される[48]。多くの役割やそれと結びついた新たな行動様式が学ばれることになる。高度の統合能力を確保する必要が出てくる。教育はこうした人間の機能性の確保に貢献する。上位の空間計画・時間計画に自己を組み込むための訓練があらかじめ学校において行われる。規律化された行動は徐々に自然な流れとなり，そのことによって規律はさらに効果的となり，効果的となった規律に対して抵抗は起こりにくくなる。

(3) 合理的な行動様式の発達は，広まりつつある分業に対応している。節制・思慮・合理性がますます社会的に望ましい行動様式となる。洗練された知覚行動の発達と，ますます多くの人間における思考と抽象能力の育成がこれに対応している。このことについては，学校教育の組織と就学義務の拡大による教育の普及が大きく貢献する。

(4) 社会全体がますます機能化に依存するようになるにつれて，自己管理への強制も増大する。自己管理は——それに対応する学校の実践によって支えられながら——ますます外からの管理に取って代わるようになる[49]。コントロールが自立化していく傾向を確認することができるが，これによって情動と行動様式の間の連関は棚上げされてしまう。教育の枠組みのなかでも貫徹されていく衝動生活の規制や，それと結びついた内面生活の拡大に伴って，想像や物語を介しての欲求充足がますます高まり，その結果，体験は「脱身体化」さ

---

48) Foucault 1978 参照。
49) Guttandin/Kamper 1982 参照。

れ「脱感性化」される。

(5) 文明化過程の進行のなかで人間の内面構造が洗練されるとともに、社会的な矛盾はますます人間自身のなかに行き場を求める。人間は、ますます自分自身と取り組まざるをえなくなる。人間が自己自身と矛盾に陥り、自己の欲求と社会の規範との間にもはや折り合いをつけることができないという不安に襲われたとき、自己との関係が屈折してしまったことの具体的な表現として羞恥の感情が生じる。

以上のような展開の中心にあるのは、主体であり、その構成であり、その教育であり、世界および自己自身に対するその位置である。こうした主体が近代の中核をなす。それは行動しながら自己を形成し、近代の諸構造を通して形作られる。近代的主体の名において、個人的自由への権利、批判への権利、自律的行為への権利が要求される。その主体の中心には、自己の行為を責任をもって操縦する審級があることが前提とされる。神学的な言説では、この審級は良心によって作り出される。良心という審級は、中世において、善悪の区別への要請によって、瞑想や祈禱や儀礼の制度化によって、しかしとりわけ告解によって、練り上げられていった。プロテスタンティズムにおいては、同様の良心という審級が、いったいどうすれば慈悲深い神を自分のものにできるのかという自己を苛むような問いによって、思考の、ないしは反省の、増大する自己準拠を作り出していった。要求されるのは、信仰、行動、科学、哲学の準拠点としての、洞察への能力をもち、したがってまた行為への能力をもった主体である。デカルトの「コギト・エルゴ・スム（我思う、故に我あり）」に明確に表れているのは、思考能力があり、思考というこの一般的な能力に自分の具体的な身体を従属させるような抽象的な主体への重点移動である。最上位の法廷として理性が確立されるとともに、認識する主体の自己関係もさらに明確に形作られていく。

以上のような過程を支えるのが科学・道徳・芸術である。この三者は、真理と認識の問題、正しい行為・正当な行為の問題、趣味の問題がそれぞれ扱われる特殊な社会領域として19世紀の初めまでに構築される。これら三領域が重なるところで構成されていく近代の主体は、伝統的な信仰構造のもつ拘束力から徐々に自己を切り離していく。世界の脱魔術化はその不可避の帰結であり、

信仰と知の最終的な分離がその成果である。中世や初期近代の人間が信じるために知ろうと欲していたのに対して，知と知への欲求の準拠点としての，発見の新たな技術の準拠点としての信仰はますます背景に押しやられ，ついには「神の死」とともに知の準拠点としては完全に消滅したように見える。ニーチェによれば神は自ら死んだのではなく，人間に殺されたのであるが，その神に代わって，行為の準拠点としての近代的な主体が最終的にその位置につくに至った。

　こうした主体の自己権能化こそ近代の中心的な側面である。自由・平等・博愛を実現しようとする様々な努力は，この主体の自己権能化という過程の一部として理解されなければならない。主体の解放は，社会という人間関係構造のなかでのみ生じるのではない。同様に強力に，科学と技術の助けを借りて，外的な自然に対しても主体の解放は実現されていく。この過程は圧倒的に進歩と解放として評価されたが，その後，その望まれざる潜在的な副作用を次第にあらわにしていく。自然に対する主体の自己権能化によって，主体は自らが権力を行使する際の落とし穴にはまる。主体は，主体自身が自らの権力行使の虜とならない限り，自己の権力を自然や対人関係に対して振るうことはできないのである。このため，この過程は否応なしに主体の孤立や自己疎外にも繋がっていく。こうした二律背反を解消してくれるような理性の融和的な力への希望は部分的にしか満たされなかった。近代初頭の宗教においても，啓蒙期の科学においても，さらにロマン主義の芸術においても，理性の持つ融和的な力は，社会および主体の諸構造のなかにある齟齬を解消するのに十分ではなかった。逆に，人間の自己準拠を出発点として形作られていく理性は，社会への人間の順応が進むなかで，ますます自らの限界を経験することになった。

　そうした限界の一つは，主体が普遍性追求においてその個人性を解消してしまう点にある。個人的な私ではなく一般的な主体のみが意味を持つ。人間形成の準拠点としての抽象的な主体の造出とともに，一回的なものや具体的なものの抑圧という包括的な過程が開始される。近代の教育制度がこの過程を支える。一般的主体の展開とともに，労働世界や政治やその他の生活領域において，主体を計算可能な単位と見るようなハビトゥスが生み出される。主体は予測可能で，信頼がおけ，利用可能でなければならない。同時に主体は，社会化過程の

なかで獲得した能力をさらに発達させ新たな所与に適応するという能力をもたなければならない。したがって，一般的な主体というハビトゥスの造出は，近代における教育制度の主要な課題となる。教育学や教育理論やカリキュラム指針の言葉でいえば，この目標は「一 般 教 養の伝授」とよばれる。

　ドイツ古典期の新人文主義に位置づけられるフンボルトにおいて，教育の課題を理解する際のこの一般教養の伝授という形態は，当時の近代の発展状態に即応した時宜にかなった具体化を見る。新人文主義は，狭義の教育学を展開したわけではないが，独自の人間形成論を練り上げた。古典研究のなかにフンボルトは人間形成的価値を見たが，これは，個人が自分自身へと至るうえで古典研究が助けになるはずだと考えられたからであった。人間形成の規準としての有用性はここでは退けられる。有用性という視点を超越する人間形成が夢見られた。言語研究と古代研究のなかで，理性は展開するはずなのである。そのようにして獲得された教養（人間形成）は人間の全面的な発達へと結びつくにちがいない。人間形成の過程において，人間の内的な力は，対象と取り組むことで対象を同化し，対象を自己の存在の一部にする。目標は，個人の全体を均等に発達させるような人間形成である。個人の自己形成力は形式的な力として捉えられ，古典的なもののなかに人間形成過程の実質的な側面が見出される。古典的なものに即して，力は実際に形成されるのである。西洋文化の起源として，古典古代は人間形成の内容的な準拠点となる。古代ギリシアを研究するなかで，人間は，何が人間を人間にしているのかを要素的な形態において経験することができる。したがって古代ギリシアと取り組むことは，一般的な人間形成（一般教養）にとりわけ適している。一 般 教 養のこのイメージについては三つの解釈が考えられる。

　(1)　全面的に形成された人格を生み出そうとするこうした努力は，人間をその生存の矛盾と和解させようとする試みを意味する。近代において，労働世界の二律背反，官僚制国家の作用，欲求の爆発，抽象化，理性の要求，様々な科学，といったものの結果分裂してしまったもの，もはや抑制できなくなっているものを，一般教養の助けを借りて主体の内部で和解させようというのである。この解釈を支えているのはフンボルトの人間形成論のなかに含まれる美的な構成要素である。

(2) しかしながら，一般教養によって人間を自己や世界と和解させるというこの試みがいかに評価されるべきかは問題含みである。とりわけ1960～70年代に展開された評価は，むしろ懐疑的なものである。それによれば，この和解要求には，所与の社会への適応と主体の内面性への退避を見なければならない。こうした展開が，知的市民層の政治的な禁欲を生み，破局的な帰結を招いてしまったのであるから，そうした展開は批判的に見るべきなのである。部分的には，この見方は確かに正当である。しかしながら，それはフンボルトの一般教養構想のなかに存在する批判的な側面を押し隠してしまっている。批判的な側面は，この人間形成過程においては人間の機能性や有用性に関わる社会からの要請に対して主体が距離を置けるようになる，という点にある。それに加えて，この一般教養の考えは，社会の諸条件に対して，反事実的な，したがって潜在的に批判的でもあるような視点を含んでいる。

(3) 最後に，一般教養は百科事典的な知——包括的な教養に到達するために絶えずより多量に獲得されねばならない知——と化す危険がある。歴史の功罪ということに結びつけて，ニーチェは，ギムナジウムの授業指針が教授内容の詰め込みになっていることを鋭く批判した。歴史過多と百科事典的に蓄えられた知識の過多は，必然的に，生とのつながりを促すどころか圧殺する骨董的教養となる。一般教養から骨董的教養への転化をニーチェは批判する。それは生徒の生命力を弱体化させる。それは他の歴史上の時代に対する優越感を生じさせる。受け継がれてきたものを過剰に詰め込むことによって，個人と共同体の成熟を妨げる。自らの時代が亜流だという感情を作り出す。そして，自己破壊的な力をもったアイロニーやシニシズムを生じさせる。ニーチェはここで，現在にまで妥当性を求めてくる歴史的・超歴史的な一般的なものに対する，具体的なもの・現在的なものの側からの異議を定式化しているのである。

　一般教養によって一般的な主体を作ろうとする近代に特徴的な試みは，アンビバレントである。一方で，この一般的な主体は，私法的に保証された行為空間のなかでの個人的な関心の追求において，政治的な意志形成の過程への同等の権利をもった参加において，個人の自律と自己実現の可能性において，そして人間形成の過程において，それ以前の人間が知らなかったほどの自由を手に入れる。他方で，未来に直面して「現在の最高の力から過去を解釈する」（ニ

ーチェ）という力を失い，骨董的な歴史的教養へと変質した一般教養が，ほどなく重苦しい負担として姿を現す。こうした批判は，ベンヤミンやアドルノによって再受容された後，近代批判の文脈で新たな形で表明された。こうした批判において浮き彫りにされた諸側面が近代の歴史の流れのなかですでに表明されていたのか，あるいは今日——時には歴史上の先駆者を考慮することなく——新たに発見されたのか，ということは重要ではない。決定的に重要なのは，近代への批判が近代の他者を意識させ，それと同時に近代についての従来の観念に修正を加える，ということである。

　一面化された近代に対する持続的な異議は，すでにロマン主義のなかで出されているが，私が見る限りそれに対応するものは教育学のなかには生まれなかった。1796／97年の「ドイツ観念論の最古の体系プログラム」では，詩を人類の教師として利用する新たな神話学が求められている。この神話学の枠組みでは，もはや宗教でも理性でも科学でもなく，公的制度としての芸術が民衆の徳義を強化する[50]。シェリングが定式化しているように，「芸術が哲学者にとって最上のものであるのは，それが哲学者に最も神聖なるものを開くからである。自然や歴史のなかでは隔てられており，生や行為のなかでも思考のなかでも永遠に逃げ去ってしまうようなものが，起源からの永遠の一致のなかで，いわば一つの炎のなかで燃え上がるのである」[51]。すなわち，詩や芸術は，人間が自分自身や世界と和解するのを助ける新たな可能性なのである。シュレーゲルも同様の考えであり，次のように述べている。「と言うのはこれは理性的に思惟する理性の歩みと法則とを止揚し，わたしたちをふたたび想像力の美しい混乱のうちへ，それに対しては現在に至るまで，わたしは古い神々の多彩な雑踏という象徴以上に素晴らしい象徴を知ることがない，人間的自然の根源的カオスのうちへと置きかえる，すべての詩の始まりなのだから」[52]。ニーチェの考察もまた同じ方向へ向かう。「未来の神」ディオニュソスには同様のことが期待されている[53]。秘儀のなかで復活したディオニュソスが，狂気から解放

---

50)　Frank 1982.
51)　Schelling 1985, S. 695.
52)　Schlegel 1977, S. 195.〔邦訳：133頁。〕
53)　Frank 1982.

されて回帰し，不在の神に代わって人間たちを融和させるべきなのである。上の三つの証言のすべてにおいて問題となっているのは，自己を超える主体の上昇であり，その超越であり，忘我状態である。主体が解放や進歩や自己権能化に身を委ねることの負の側面が明確に表明され，そこから逃れる試みがなされる。神話，詩，芸術——あるいはそれらを包括する総合芸術——が，瞬間的な経験にとどまらない高められた生を確保できるかどうかは，私には——20世紀の様々な政治的経験を経た後では——どちらかといえば疑わしいように思われる。

　しかし少なくとも，教育学がこれまでほとんど注意を払ってこなかった近代の言説の他者が姿を現しているのである。教育学は，時代遅れの準拠枠に閉じこもることを欲しないとすれば，この近代言説の他者に対して態度をとらねばならない。教育学は，今後，主体性の自己克服・自己放下といった観念といかに取り組み，主体の自己越境あるいは自己抹消から導き出されるような展望といかに取り組むのであろうか。また，教育学の自己理解に対してそこからどのような帰結が生じるのだろうか。こうした問いは，フランスの思想家たち——ネオ構造主義という概括的概念でそれをくくることが試みられた[54]——の受容を通してすでに起爆力をもつに至っていた。彼らは，ヘーゲル，シェリング，そしてとりわけニーチェを取り上げて，近代言説の他者を中核に据えた。彼らの貢献によってわれわれもまた近代のそうした別の側面を主題化できるようになった。依然としてアクチュアルな彼らの考察に関して，以下では五つの視点を取り上げて議論の対象としたい。

　(1)「人間の自己の根拠をなしている，人間の自分自身に対する支配は，可能性としてはつねに，人間の自己支配がそのもののために行われる当の主体の抹殺である。なぜなら，支配され，抑圧され，いわゆる自己保存によって解体される実体は，もっぱら自己保存の遂行をその本質的機能としている生命体，つまり，保存されるべき当のものに他ならないからである。」[55] 教育の目標としてのアイデンティティ形成は，内的自然と外的自然が抑圧に服することを通して実現する。自己同一的な自己は自然を犠牲にすることによってのみ獲得さ

---

[54] Frank 1984.
[55] Horkheimer/Adorno 1971, S. 52.〔邦訳：119頁。〕

れる。これはつまり，この過程の結果自己にとって匿名的となった自然との，意思疎通を断ち切るということである。自己自身との和解を人間に対して可能にするような自然のもつ「癒し」の力を自然の側が撤収してしまうという場合もあれば，服従のために人間の側が自然への感覚を失ってしまうという場合もあるが，いずれにしても，匿名的な自然は人間の背後で再びその力を増大させることになる。自然を合理的に処理することへの強制は，一定の人間形成過程に身をさらすことへの強制を生む。こうした人間形成過程の帰結は権力増殖をめざす孤立した抽象的な主体であり，自己自身と同一であるようなそうした主体の啓蒙状態は神話へと転化するという危険に陥る。

(2) 同様の批判の方向を示しているのが，パラロジー的な知への要求，つまり，別の可能性を暴力的に排除することによってパラドックスを除去したりせず，パラドックスを自らのなかに組み込むことをも拒否しないような知識連関への要求である[56]。断片的な性格を原理とも方法ともするような知，そして，拘束力をもった一体性や体系構築というもはや到達不可能な試みを断念するような知が目標となる。教育学にとってのその帰結は，体系的な教育理論を構想しそれを教育的行為の基盤にするという強制の放棄である。こうした洞察は，教育的行為を操縦するような理論が可能か否かについて，精神科学的教育学のなかで繰り返し表明されてきた懐疑をさらに徹底させるものでもある。

(3) 脱構築にとって，問題は，受け継がれてきた意味連関と解釈を確固たる見地に立って繰り返したり，その洗練化を推し進めたりするということではない。重要なのは，伝承された学問領域が提供してくれるような確固たる場を離れ，学問領域によって測定されていない土地の，不安定な地表の上に赴くことである。伝承されたものは破壊されねばならず，その上で再度新たに結合されねばならない。確固とした準拠点の代わりに，学問的な認識は，ずらしの立場，中間の立場，境界線上にあるものの立場を取らねばならないであろう。破壊された意味連関の諸要素から，自己と同一ならざるものへと開かれ，パラロジーへと開かれた知の，新たな枠組みを構想することが重要なのである。

「閉域の内部において，遠回しでつねに危険な，そして自身が破壊しているものの手

---

56) Lyotard 1982.

前に再び落ち込んでしまうという危険を絶えず冒している一つの運動によって，慎重で綿密な一つの言説(ディスクール)の批判的諸概念を吟味し，(……)それらが所属している機構はそれら自身によって解体しうるのだということを厳密に指摘せねばならず，また同時に，閉域外のほのかな光をいまだ名付け得ぬままに垣間見せている断層についても，指摘せねばならない。」[57]

(4) 主体中心的な理性は，資本主義的に組織された企業や官僚制的な国家機構の目的合理的な行為に抗ううえで不十分な方法しか見出すことができない。蓄積強制，効率中毒，それらによって既成事実となる物象化権力と，軽視された部分の排除がその帰結である。このメカニズムには，異質なるものを，つまりこれまで排除されてきたものを，対置することができる。それは有用性と予測可能性の命令に抗う。この考えに従えば，人間の至高性は，理性の支配によってではなくむしろ異質なるものによって作り出すことができる。すなわち，越境，エクスタシー，自己溶解が人間の至高性のための重要な前提条件であり，人間の至高性はこれらの経験なしには実現不可能なのである[58]。

(5) 最後に吟味されねばならないのは，近代を，またそれとともに教育学を，言説と実践との混合——そこでは主体も，さらには制度も，一般に想定されているよりも重要ではない——として捉えるべきではないか，ということである。そうした言説の背後にどのような現実も真理も存在しないとすれば，どのような結果が教育学に対して生じるだろうか。この問いから出発すれば，重要なのは，教育学の言説を記述し，人がいつ，どのように，どのような連関において教育について語るのかを明らかにすることである。この見解によれば，教育は言説のなかで構成されるのであり，構成のあり方は多様である。言説のあり方は，話者，名宛人，内容，形式，等々の要因によって左右される。場合によっては，ある言説が他の者，他の時代，他の文脈に対してもつ差異のなかに，決定的な要素がある可能性もある。確かに，特定の実践は言説を作り出し，その言説が実践を規定する。しかし，場合によっては，教育するのは行動する主体であるよりも，その主体を構成する言説や実践であるのかもしれない。歴史的に見れば，近代の教育学的言説は，細部におけるあらゆる差異にもかかわ

---

57) Derrida 1974, S. 28. 〔邦訳：36頁。〕
58) Bataille 1982.

らず，一般的な主体を教育の準拠点として，また教育を一般的な主体の準拠点として，まずは構成するという点に特質がある。一般的な主体と教育は，その相当部分が語りの特定の形態の所産といえるだろう。言説分析は，この言説の出発点の偶有性とその変遷の理由を明らかにしなければならないだろう。おそらく，言説転換の理由は，権力に規定されつつ権力を根拠づけるような諸実践にある。とすれば，言説と言説変容は，主体——権力に組み込まれた主体であったとしても——の所産というよりも，むしろ権力の所産だということになろう。「魂が人々に向けて自己主張をし，自我が同一性と一貫性を発明するその場所で系譜学は端緒を追い求める。（……）由来の分析は自我の解体へと至り，自我の空虚なジンテーゼの場所に何千もの失われた出来事をうごめかせる。」[59]
この立場では，意味の了解を目指す解釈学や包括的な歴史記述は無用となる。支配的な意味など存在しない。それに代わって，特定できるのはもっぱら言説であり，記号編成であり，権力ゲームである。近代を決定づける言説の一つは表象の言説である。そこでは，記号は記号として認識されることなく事物の表象に仕えるのであり，主体の観念はおおよそ客体と合致し表象の一定の秩序を作り出すことになる。この表象の言説から区別されるものとして，形而上学的に保証されるような世界と言語との対応関係は与えられていない，とする言説がある。ここでは，「表象する主体は，みずからを対象化して，問題になった表象の過程自体を解明しなければならない。自己反省の概念が主導権を握り，表象する主体の自己自身への関係が，究極の確信を支える唯一の土台となる」[60]。

　こうした見方から出発することで，世界産出の様々な様式を取り出すことができる。現在に関していえば，われわれはいかなる確実な準拠枠も有していない。われわれは，自分たちの準拠枠と世界観を自分自身で産出する。しかも非常に異なる仕方で産出するのであり，それらを唯一妥当する仕方に還元することはできない。通常，世界の創造とは改造に他ならず，そこでは構成と分解，重点化と秩序づけ，消去と補完，さらには変形が重要な役割を担う。こうなると，われわれは真理との間で極めて多くの困難を抱えることになる。われわれは相対的な現実への能力しかもたないということになるのである。

---

59)　Foucault 2002, S. 172.
60)　Habermas 1985a, S. 306.〔邦訳：第Ⅱ巻，458頁。〕

「とすると皮肉なことだが，ひとつの世界を求めるわれわれの情熱は，様々な場合，さまざまな目的により，多くの様々な仕方で満たされることになる。運動，派生，重みづけ，順序だけでなく，実在さえも相対的なのだ。」[61]

3. 個人的なものの完全化

ヴィルヘルム・フォン・フンボルトの人間学と人間形成論

　フンボルトとともに，教育と人間形成に関する夢と言説は新たな質を得る。個人の一般教養(アルゲマインビルドゥング)が主な課題である。一般教養によって，個々人はそれぞれの将来の生活の必要に対して準備を整えるべきなのである。以下では，人間形成と人間学の関係に関わる三つの側面が分析される。これを通して，フンボルトの「比較人間学」の構想が歴史的教育人間学にとってもつ意味が，考察されることになろう。続いて，人間形成とミメーシスの連関についてのフンボルトの考えを叙述する。そして最後に，フンボルトの思想における言語と人間学と人間形成論の間の錯綜関係を再構成する。これらの問いを追求するなかで重要な役割を果たすのが，以下の一対のものの間の関係である。つまり，個人と社会，伝統的なものと新たなもの，現実と想像，外的なものと内的なもの，特殊的なものと一般的なもの，歴史的なものと普遍的なもの，言語と諸言語，である。上述の問題設定を探究するためには，とりわけフンボルトの初期の著作が注目に値する。たとえば，彼の人間学にとっては1797年に書かれた「比較人間学構想」が中心的な役割を果たす。同じことが，同じ年に起草され，とりわけ人間形成論にとって重要なテクストである「人間の精神について」にも当てはまる。これらの研究は，1794／95年に書かれた論文「人間形成の理論」を補うものである。同じ1794／95年に「思考と言語」についての研究が成立した。そこでの関心は，長年の研究を経て比較言語学へとつながっていく。すでに1792年に展開を見た「国家活動の限界を決定するための試論」もわれわれの追求する問題設定にとって重要である。これらの論文のほとんどは，20世紀初めにアカデミー版全集のなかでライツマンによってはじめて出版されたも

---

61) Goodman 1984, S. 35.〔邦訳：47頁。〕

のであるが，しかしそこにはフンボルトが後に展開する考察の端緒が多く見られる。

フンボルト受容について

上述の問題設定を考察する際に重要となる若きフンボルトのこうした著作と並んで，フンボルトに関する一連の重要な研究を挙げておこう。これらの研究は，以下の考察をそこから区別する必要を感じさせられたという場合もあれば，そこで展開されている新たな見方を以下の考察に組み込んだという場合もあるが，いずれにしても以下の論述を支えているフンボルト理解に影響を与えている。シュプランガーの初期の著作『ヴィルヘルム・フォン・フンボルトと人間性の理念』(1909)，リット『ドイツ古典期の人間形成理念と近代の労働世界』(1957)，メンツェの『ヴィルヘルム・フォン・フンボルトの学説と人間像』(1965)と『ヴィルヘルム・フォン・フンボルトの教育改革』(1975)，ハイドルン『人間形成と支配との矛盾について』(1970)，ベンナー『ヴィルヘルム・フォン・フンボルトの人間形成論』(1990)，トラバントの『アペリオテスあるいは言語感覚』(邦題：『フンボルトの言語思想』)(1986)と『フンボルトの伝統』(1990)，ワーグナー『フンボルトの構造的人間形成論のアクチュアリティ』(1995)，ならびにルドルフ・マティヒによるフンボルトに関する人間学的考察『バスク人』(2012)である。フンボルトがどのような見方をとっていたかについて，これらの研究の解釈は驚くほど異なっている。こうした解釈の違いはフンボルトの思想の多様性と複雑性を示している。フンボルトの思想は，直線的な一義性と無矛盾性を目指すような解釈に抗うのである。まさにこの点に，フンボルトの思想の魅力とアクチュアリティがある。

「歴史的人間学」の先駆け？

人間学へのフンボルトの独自の貢献は長い間顧みられることがなかった。哲学的人間学と教育人間学の関心は，あまりに強く普遍的なものに向けられており，またあまりにも特殊なものの軽視と一体であった。そのため，特殊なものの価値を認め特殊なものを普遍的なものへと結合することが中心問題となるようなヘルダーとフンボルトの考察の豊穣性は理解されることがなかった。シェ

ーラーやプレスナーやゲーレンの哲学的人間学の影響下で問題とされたのは，『宇宙における人間の地位』一般であり，『人間の条件』一般であり，『人間』一般である。1960～70年代の教育人間学でも，哲学的人間学の影響の下で，関心は「ホモ・エドゥカンドゥス（教育されるべき人間）」としての子ども一般に向けられていた[62]。その帰結は，子どもについての，その形成可能性や使命についての，具体的な歴史的・文化的状況から抽象的に切り離された一般的な主張である。英米圏の「文化人類学」の枠組みのなかで探究されたような，歴史的あるいは文化的に見て様々に異なる子どもについては，ほとんど関心の対象とはならなかった。ようやく1990年代に入って，二重の歴史性と「歴史的人間学」という研究領域の「発見」によって，関心のあり方に変化が生じたのである[63]。

　1990年代には，こうした努力を歴史的教育人間学の展開にとっても実り豊かなものにしようとする多くの試みが現れる[64]。こうした研究を背景にすることで，フンボルトの「比較人間学」に対する新たな理解の可能性が生じる。この「比較人間学」の重要性は，一般的な視点と特殊な視点とを組み合わせようとするその試みのなかに見ることができる。

比較人間学

　では，フンボルトの「比較人間学」の構想はどのようなものか。「比較人間学の特質は次の点にある。すなわち，経験的素材を思弁的方法で，歴史的対象を哲学的方法で，人間の実際上の性質をその可能な発達観の側面から取り扱うことである」[65]。したがって人間学はもっぱら経験的に進められるべきでも，哲学的にのみ進められるべきでもない。むしろ重要なのは，経験的研究と哲学を絡み合わせることである。つまり，歴史的な対象を哲学的に考え抜くことによって，人間のそのつどの素質についての考察のなかですでにその素質の可能な展開が可視的になるようにすることである。哲学と経験的研究，超越的なも

---

62) Wulf/Zirfas 1994.
63) Kamper/Wulf 1982 ff.; Gebauer u.a. 1989; Kamper/Wulf 1994.
64) Wulf 1994; Wulf/Zirfas 1994; Mollenhauer/Wulf 1995; Liebau/Wulf 1996; Liebau/Miller-Kipp/Wulf 1999; Bilstein/Miller-Kipp/Wulf 1999; Schäfer/Wulf 1999.
65) Humboldt 1960, Bd. I, S. 352.〔邦訳：『人間形成と言語』69頁。〕

のと歴史的なものとのこうした結合によって，「頭蓋の違い」について哲学的に導かれた歴史人間学的な考察を行うことも意味をもつ。そうした考察もまた展開の可能性を示すはずであり，その限りでそこでの意図は人間形成や人間形成論の意図と重なる。どちらの場合においても，問題となるのは普遍的な標準の実現ではなく，文化間，時代間，個人間の差異の認識なのである。

　フンボルトによれば，人間学の研究が目指すのは，「多種多様な人種の道徳的性格の特徴を羅列し，比較しつつ判断すること」である[66]。「道徳的な性格」の認識は人間学の主要目標として現れる。当時の言語使用に従って，「道徳的」とは性格の「文化的」な側面を表す。人間学の課題はしたがって，多様な「人間種族」ないし社会の，文化的な特徴を研究することにある。様々に異なる「性格」の認識が重要であるのと同様，諸個人の，また諸社会の，全体についての認識も不可欠である。この全体のなかにのみ「人間性の理想」は姿を見せる。したがって次のようなフンボルトの主張は筋が通っている。

　　「一人の人間はいつも一つの形式，一つの性格につくられていて，人間の集団もまた同じである。しかし人間性の理想は多くの様々な形式をあらわしているが，それとは相互に両立されている。それゆえ，人間性の理想は多くの個人の全体性のほかにはけっしてあらわれることがない」[67]。

　つまり人間学は，一方で諸社会，諸文化，諸個人の間の差異の研究を目指す。しかし他方では，まさに差異の多様性のなかに，また偶然性のなかに，「人間性の理想」を把握することが重要となる。

　様々な社会・人類集団・個人の「性格（キャラクター）」の認識が人間学研究の課題とされるのであるから，この「性格」という概念のより厳密な規定が必要となる。フンボルトは，以下の引用のように，統一性のなかの多様性としてそうした規定が可能だと見る。

　　「何が人間の心の中に動いているのか，つまりその思考，感覚，傾向，決断，およびそれらがどのような順序と結合において働いているのか，という点にこそ，人間の性格は存在する——それは，人間諸力の，同時的かつ一体的に考えられた関係と動きなのである。」[68]

---

66)　Humboldt 1960, Bd. I, S. 337.〔邦訳：『人間形成と言語』54 頁。〕
67)　Humboldt 1960, Bd. I, S. 339f.〔邦訳：『人間形成と言語』57 頁。〕

この・一・な・る・も・の・の・な・か・の・多・様・性・が，それぞれの性格の独自性を，つまり性格のゲシュタルトを作り出す。このゲシュタルトの内的な統一性と構造を認識することが肝要となる。性格のゲシュタルトは，個々人の行為の出発点をなす。それは同時に一般的な人間学的言明の限界を形作るものであり，個人的なものへのミメーシス的接近の必要性――個人的なものはミメーシスによる以外には把握しようがないのである――を示唆するものである。

　比較人間学は，「全体としての人間の表現」から「性格」を再構成することを求められる。その際肝要なのは，人間の個人的な特徴を，人間を駆動している諸力の関係を，そして人間の「内的な素質と完全性」を，把握することであり，「外的目的への有能性」を把握することではない。決定的に重要なのは，人間の研究において偶然的なものを本質的なものから区別し，人間を時間的な生成過程のなかで捉え，人間の歴史的な拘束性と未来への開放性を理解することである。最終的には，現象の多様性を「最高の統一性」にまとめあげることが肝要となる。したがって人間学には，「理想を侵さずに，人間におけるあらゆる相違を研究する」という課題が課せられる[69]。この使命を補完するのが，「理想的な人間本性の様々な相違をはかる，あるいは同じことだが，一人の個人がけっして達成することのできない人間理想が，いかにして多くの個人によって表現されるかを研究する」という要求である[70]。

　人間学の研究の目標は，多様性を認識し，複雑性を保った人間理解へと雑多なものを結合することにあるわけである。そうした人間理解は，単純化や抽象化によって矛盾を排除することに向けられてはいない。人間学は，人間についての複・雑・性・を・保・っ・た・見方を手に入れようと努める。したがってそれは，文化間，歴史時代間，集団間，個々人間に存在する差異に目を向ける。人間学は，これらの差異に名前を与えて浮き彫りにし，概念へともたらさねばならないが，ただし共通のものへの，つまり差異をはじめて可能にするものへのまなざしを失ってもならない。

　人間学の中心には，差異を有する個・人・的・な・も・の――そもそも差異が個人的な

---

68)　Humboldt 1960, Bd. I, S. 453.
69)　Humboldt 1960, Bd. I, S. 354-355.〔邦訳：『人間形成と言語』71頁。〕
70)　Humboldt 1960, Bd. I, S. 350.〔邦訳：『人間形成と言語』66-67頁。〕

ものを作り出すのだが——の研究がある。そこでは以下のような差異が問題となる。
- 人間の活動，その労苦の成果，その欲求充足の様式，という観点から見た人間間の差異
- 外見における，体格と行動における，人相や言語や身振りにおける，差異
- 体格，知的能力，美的性格，感覚能力，意志に関しての，両性間の差異

人間学の認識は，個人的なものに焦点を合わせているにもかかわらず，全体としての人間の統合的理解をも目指している。

人間学のこうした課題に対して，三つの方法が役立てられることになる。第一の方法の場合，人間は客体として，経験的に探求されるべき対象として捉えられる。これに関しては，自然科学的な研究の多様な方法が利用可能である。第二の方法は人間の歴史性や社会性の研究に向けられる。ここでは歴史解釈の方法が決定的に重要な役割を果たす。そして最後に，哲学的省察と美的判断が人間学の第三の方法となる。人間学研究が実り豊かなものとなるためには様々な方法を結びつけることが決定的に重要である。フンボルトにとって，多様な諸言語という形をとって表れる言語は，人間学研究の一つのモデルになっていく。

フンボルトにとって，人間の認識と人間の形成は，互いに分かちがたく結びついている。人間の形成は，人間の認識なしには，つまり人間学なしには不可能である。人間学の側からいえば，人間学は人間とその種族の形成を目標としている。人間学と人間形成論との関係は偶有的である。つまり，この関係を具体化し決断によってある一つの可能性を実現するに際してはいくつもの可能性が存在する。

偶有性とは，認識と行為における操作可能性と操作不可能性の併存を意味するが，こうした併存は人間学研究を特徴づけるものでもある。

「別様でもありうるものが偶有的なのであり，そしてそれが別様でもありうるのは，必然的な存在理由をもたないがゆえである。」[71]

一方では，計画化に抗い操作不可能と認識されるものは偶有的である。そう

---

71) Makropulos 1994, S. 278.

したもののためにアリストテレスは「偶然」というカテゴリーを導入した。アリストテレスのこの概念は中世に偶有 (contingere) と訳された。しかし他方では，認識可能かつ造形可能なものはすべて偶有的である。一義的なものとみなされる諸関係とは異なり，偶有性という概念は，どれか一つに決すべき様々な可能性を，つまり認識や行為の自由空間を指し示している。人間学と人間形成の関係を偶有的なものと理解するなら，そこから帰結するのは，この関係の開かれた，また可変的な性格であり，この関係の詳細をそのつど規定しなければならないという必要性である。人間学研究と人間形成論とが偶有的な関係を保つためには，認識可能性と行為可能性に関しての人間学・人間形成論双方の開放性が前提条件となる。認識や行為の可能性は，それぞれの特別な歴史的状況のなかでの，決断による限定を必要とするのである。

　異なる様々な文化，集団，個人の研究によって人間学的な知は獲得されるが，それはまた個々の文化，集団，人間のより良い理解に役立つものである。類似のものを知ることで，偶有的なものについての知見は増大し，それによって自己認識の可能性についての知見も増大する。他者を知ろうとする努力は，自分に固有なものとその可能性の理解につながる。あらゆる個人的なものはひとつの現れをもつにすぎないが，しかしその現れは類似のものや異他的なものとの偶有的な関係のなかでこそ理解されるのである。自分に固有な個人的なものと他なるものとの間にあるこの偶有性の経験は，人間形成過程における本質的な一要因である。人間学的認識は，フンボルトにとって単なる知のための知ではなく，個人の完全化をその目標とする人間形成過程に道を開くための認識でもある。

　「比較」人間学としての人間学理解によって，フンボルトは，差異への関心と，個人的なもののそのつどのあり方の間の偶有性への関心を引き起こした。こうした焦点化は，個人的なものの歴史性や文化により異なるその現われについての理解につながる。このように見れば，フンボルトは歴史的人間学と文化人類学の先駆者として理解することができる。個人的なものへの関心を超えて，差異と偶有性を含み込んだ人間についての包括的理解を求める彼の努力は，歴史的人間学と文化人類学に課題をつきつけるものとなっている。

人間形成と，国家の限界

　フンボルトの人間形成論の前提条件は，人間形成過程の主導者であり代理人であり準拠点であるものとしての個人の発見である。すでに見たように，固有の多様性をもった個人的なものの評価はフンボルトの人間学のなかにも見られる。フンボルトの初期の著作『国家活動の限界を決定するための試論』(1792)のなかに，そうした個人的なものの評価はすでに現れている。ここでフンボルトは，国家権力を限定することの必然性についての彼の見方を展開している。この見方は，絶対主義国家およびフランス革命の経験を背景にして定式化されたものである。フランス革命について，フンボルトは「歴史の前触れ」として歓迎するものの，そこで起きた残虐行為ゆえに彼の評価は極めてアンビバレントである。国家に関して，「国家装置の働きは何のためなのか，その影響力にどのような制限が設けられるべきか」[72] が明らかにされなければならない。様々な市民の多様性が展開できるようにするために，公共体を国家の観点にそって統治するという自己の願望を国家は抑制しなければならない。社会生活・共同生活の多様性や差異に対して，国家は適切に対処できるような状態では全くないのであるから，この抑制はなおさら必要である。国家権力を限定することによってのみ，市民の平等と自由は発展可能となる。国家権力の制限は，公共体の多様性と完全性が形成されるための不可欠の前提条件なのである。国家権力の限定によって，各々の個人性を発展させる一般的な人間形成の可能性が市民に対して開かれるに違いない。この一般的な人間形成は，公共の政治に参加しそれを形成する能力を市民に付与することになる。つまり国家の目的はもはや国家自体ではなく，その市民の福利なのである。現代の諸社会においては，前もって与えられた社会全体の目標によって市民の福利を決定することはもはやできない。むしろ個人はその目標を自ら設定し実現しなければならない。したがって，社会の発展は，個々の社会構成員の人間形成にかかっており，同様にまた，国家のなかで個々の社会構成員に許容される発展のための自由空間の形成にかかっている。現代の諸国家においては人間と市民の同一性はもはや存在しないのであるから，こうした社会では発展の目標とあり方は個人に委ねら

---

72) Humboldt 1960, Bd. I, S. 56.

れる必要がある。すべての社会構成員を義務づけるような拘束は不可能である。規定は，諸個人の自己規定としてのみ可能であるように思われる。そのために必要な諸条件を確保することが国家の義務である。個人の自己決定は個人自身の課題なのである。

フィヒテと同様，フンボルトもまた個人の背後遡及不可能性を明確に視野に入れていた。個人はあらゆる省察や行為に先立つため，個人に先回りすることはできない。フィヒテの言い回しでいえば，自己意識とは「眼を備えた活動性」である。フィヒテの見方では，背後遡及不可能性をもった自我が非‐自我としての世界を自己に対置させることになるが，そうしたフィヒテとは異なり，フンボルトは自己と世界の等根源的な関係から出発する。そこでは，「自我の受容性と自発性が等根源的なものとして前提とされており，自我はたしかに出発点においては全く未規定的なものと考えられているが，しかしあらゆる経験は，自我の自発性と受容性を介した世界との相互作用を経た結果として解される」[73]。したがって，いかなる自己決定の可能性も与えないような，外からの個人の規定は問題であり，あらゆる個々人の未規定的な形成可能性——この可能性の具体化が個人に課されているような——に背馳することとなる。人間形成を既存の社会的諸条件への人間の適応に，あるいは世界を支配する特有のハビトゥスに，堕落させまいとすれば，形成可能性のこの未規定性はぜひとも保持する必要がある。

国家の限界に関する彼の論文の第二部で，フンボルトは人間的生の目標と意味を規定する。

「人間の真の目標，つまり移り変わる傾向ではなく，永遠に変わらない理性が人間に命じるものは，全きものに向けて，人間の能力を完全に，最も均衡のとれた形で形成することである。このような人間形成のためには，自由が必要不可欠な第一条件である。自由以外のもので人間の能力の発展に必要なものは，自由と深く結びついたものではあるが，状況の多種多様性である。最も自由な独立した人間ですら，単調な状況に移されれば，劣悪な形で自己を形作らざるをえないのである。」[74]

これまでのわれわれの考察を背景にすれば，調和的な人間形成——そこでは

---

73) Benner 1990, S. 32.
74) Humboldt 1960, Bd. I, S. 64.

自我が世界および自己自身と一致することになる——がフンボルトにとって問題であったかのようにこの箇所を解釈してはならないだろう。われわれの理解では,「完全な人間形成」とは,個人のなかに根づかせなければならない,すべての人を拘束する人間形成規範を意味するものではない。同様に「最も均衡のとれた人間形成」とは,すべての人を拘束する教育内容の均衡を意味するわけでもない。むしろ,両概念の二律背反的な関係を指摘するベンナーの解釈に従うべきであろう。

> 「近代的分業という条件の下で,個人の人間形成の程度が特定の分野ないし領域において高まると,この特定の分野——それが何であれ——に対する他の分野ないし領域の関係はますます不均衡となる。逆に人間形成のすべての分野ないし領域が均衡をとって発展すれば,それだけ人間形成の違いはなくなり,少なくとも通常の場合,個人的な特質の水準と程度はいっそう低くなる。」[75]

個々人がこの二律背反に適切に対処するためには,二つの条件が必要である。一つは自らの人間形成過程——それは人間形成過程に内在する二律背反を伴ってもいるのだが——を規定する個々人の「自由」,もう一つは人間形成状況の「多種多様性」や多形性である。

力の形成は人間的生の意義だとみなされる。そうした力が,有機的なものを有機的ならざるものから区別するのであり,生命をもつすべてのものを特徴づけているのである。個別化のたびに,力はそれぞれに異なる仕方で付与される。力は,形成を必要とすると同時に形成可能性を作り出すものでもある。力の人間学的・人間形成論的な意味を,メンツェは適切に規定している。

> 「力が人間のなかのアプリオリだということが意味するのは,人間はその本性からして活動でありエネルギーだということ,人間は人間である限り常に行為者として現れるということ,そのように理解された活動が人間存在の基本特徴だということ,である。」[76]

このような力は,あらゆる人間の,そしてあらゆる生物の条件である。そのようなものとして,力は謎めいた,極め尽くしがたいものであり続ける。この(生命)力が個人を構成するのであるから,力は個人の人間形成過程をも駆動

---

75) Benner 1990, S. 49.
76) Menze 1965, S. 100.

する。人間形成過程はエネルゲイア的である。人間形成過程は，人間のエネルギーが一定の外部に向けられることによって形作られる。「もっとも，単なる力にも訓練するために対象が要るのだし，たんなる形式，つまり純粋な思考にも，そのなかで自らを刻印づけつつ継続しうる素材が要る。だから，人間にも自己以外の世界がなくてはならない。自分の認識と自分の活動の範囲を拡大しようとする人間の努力は，そこから起こる（……）」[77]。人間の内的自然は，自己を形成するために一定の外部を必要とするわけである。人間の思考と行為は，外部に，「人間ではないもの，すなわち世界」に，手を加えることを介してはじめて自己を形作ることができる。外部に働きかけることによってのみ，エネルゲイア的な人間の構造によって与えられた不安を満たすことが可能となり，「内的改善と純化」が生起可能となる。人間形成とは「われわれの自我を世界と結びつけて，最も一般的で，最も活発な，最も自由な相互作用を保つ」ことである[78]。

ミメーシスとしての人間形成

　以上のように理解された人間形成過程はミメーシス的である。ミメーシスとは，ここでは単に「模倣」を意味するだけではなく，「同化」「表現」「表出」をも意味する。多くの人間形成過程がミメーシス的な性格をもつ，とされる場合，ミメーシスは芸術，文芸，美学の領域に制限されることはない。フンボルトの理解では，ミメーシス的能力は人間の観念，思考，発話，行為のほとんどすべての領域で一定の役割を果たしており，「われわれの自我を世界と結びつけ」るための必要不可欠な条件となっている。ミメーシス的な過程の助けを借りることで，外部世界に向けての個人の拡大や外部世界への類似化が行われる。個人の外部にある世界に向けてのこのような類似化は，人間的生に特徴的な外部へと向かうエネルギーの形成へと至る。フンボルトの理解では，このような外部の形成は同時に内部の形成でもあり，つまりは人間形成でもある。人間形成は支配を目指すのではなく，外的世界との支配から自由な出会いのなかでの個人の力の造形を目指すのであり，この意味でそれはミメーシス的である。外

---

77) Humboldt 1960, Bd. I, S. 235.〔邦訳：『人間形成と言語』48 頁。〕
78) Humboldt 1960, S. 235f.〔邦訳：『人間形成と言語』48-49 頁。〕

的世界への類似化において、ミメーシス的過程は異他的なものの習得に至る。個人はそのミメーシス的能力によって自己を異他的なものへと拡大させ、異他的なものを自己内部のイメージ界・音響界・観念界の一部にする。そのことによって外部世界は内部世界となる。人間形成過程そのものでもあるこの変容は、外部世界のイメージへの変換と、個人内部のイメージ界への外部世界の受容によって生じる。構想力の助けを借りることで、そうしたイメージは、内的なイメージ界のなかで、別の記憶イメージ・願望イメージ・観念イメージと結びつく。異他的な外部をイメージ化することで、外部は個人の内部空間の一部となり、それによって内部空間は拡張される。このようなミメーシス的な結びつきによって、世界は個人に開かれ、同時に個人もまた世界に開かれる。精神と世界とをこのように類似したものにすることが、個人の人間形成を可能にするのである。

　外部世界の、つまり対象や他の人間の、ミメーシスにおいて、外部世界との差異の経験、つまり外部世界と自らの世界との非同一性の経験がなされる。外部に自己を似せることは、内部と外部との間のこの差異の破棄をもたらすものではない。破棄が実現してしまえば、ミメーシスはミミクリーへと、すなわち個人の形成力とエネルギーを無視した外部世界への適応へと堕落する。エネルギーのこうした個別的な性格が、ミメーシス的過程とその結果の多様性を保証しているのである。そのミメーシス的能力によって、個人は世界に身を任せ、世界の新奇性と異他性に魅了され、外部が内部化される過程を楽しみ、この喜びのなかで自己を経験することができるようになる。

　ミメーシス的過程は感性的である。それは、視覚、聴覚、触覚、嗅覚、味覚を介して生じる。しかしながらそれはまた想像的な世界へと向かい構想力に役立てられることもある。それは未知のものを目指し、そうした出会いのなかで異他的なものが既知のものとなるような新たな経験を生み出す。ミメーシス的な行動において、世界への個人の能動的な接近と、個人の内面におけるどちらかといえば受動的な受容との、錯綜が生じる。その際、受容性は類似性を保証し、能動性は摂取における個人的な差異を保証する。ミメーシスの過程は決して単なるイミテーションの過程ではない。その経過のなかでは新たなものも常に生じる。世界とのミメーシス的な取り組みのなかで、すべての個人が、当人

3. 個人的なものの完全化

のそのつど異なる諸条件に基づいて，新たなものを作り出す。個人の違いはこうしてミメーシス的な人間形成過程の多様性をも保証する。自由，自己活動，自己形成は，したがって人間形成過程の必要不可欠の条件なのである。

　人間形成の過程は常に，特殊な歴史的・文化的な文脈のなかで行われる。この文脈自体も無前提というわけではなく，先行するものに結びついている。たとえば言語の学習はそのような高度にミメーシス的な過程であって，模倣されそこへと自己を同化させるような先行するものが常にすでに存在しはするが，その先行するものはミメーシスの際に自分に固有の個人性にそって造形される。こうした学習過程・人間形成過程にとって，多くの場合，若者が向かうモデルは決定的に重要な意味をもつ。そこでとりわけ模倣を刺激するのはモデルの「個人的な独創性」である。

　「ここでわれわれのモデルとなるあの卓抜な人間は，（……）常に毅然たる独創的な個人性をもっている。」[79]

　この独創的な個人性のなかに存在する卓越性と差異がミメーシス的能力を刺激する。若者はモデルのようになりたいと欲する。若者の場合ミメーシスの力は強い拘束力をもち，その作用に抗うことは難しい。プラトンの理解によれば，したがってモデルの選択は注意深く管理される必要がある。同様にフンボルトも，人間の形成や自己形成にとってのモデルの重要性を確信している。卓越した人間の「個人的な独創性」のなかに，人は自己の可能性のいくらかを経験する。彼らのようになれるかもしれないというのではない。しかし，彼らはいかなる人間のなかにも存在する可能性に語りかけ，その可能性を展開させよと挑発する。

　モデルのミメーシスとは，モデルとそれにミメーシス的に関わる人間との間に偶有的な関係を作り出すことを意味する。この関係の結果は，モデルとそれに対してミメーシス的に対する者との，そのつどの条件に依存しており，それゆえ十分には予見することができない。ミメーシス的な関係は，前もって与えられたものへの関連によって規定されているが，しかしその結果においては開かれている。というのもそれは，目標が結果をあらかじめ規定するような目

---

[79]　Humboldt 1960, Bd. I, S. 512.〔邦訳：『世界史の考察』114 頁。〕

的・手段関係ではない。ミメーシス的過程は，「屈折した意図」を伴って生じる。どの方向にそれが展開し，その結果が何であるのか，最初はまだ明らかではないままにそれは生じる。その開かれた性格が，目標志向的・成果志向的なイミテーションの過程からミメーシスを区別する。ミメーシス的過程においては，個人はある対象や他の人間によって呪縛され，同化の過程にさらされ，それどころかモデルや準拠する世界ゆえに自己を失うという危険にさえ陥る可能性がある。こうした同化のなかに，個人に深刻な影響を及ぼすミメーシス的過程の力と権力が示されている。

　フンボルトは，人間形成を大部分ミメーシス的なものとして，つまり非目的論的で，未規定的で，開かれたものとして理解する。人間形成は，外的な歴史的・社会的な諸条件と内的な個人的諸条件との仲介を目指す。この過程が成功するためには，個人の自由と，社会的に作り出された多様な教育機会が必要である。ただそのようにしてのみ，「最高の」「最も均衡のとれた」人間形成という目標へとつながるような要求や葛藤が処理可能となる。人間形成過程の結果は未来に開かれている。この未来開放性が意味するのは，未来のもつ未知で不確実なものと人間形成の完結不可能性が，不可欠の要素として人間形成過程には組み込まれており，こうして与えられる不確実性が確実性の思い込みによって覆い隠されることはない，ということである。

自己ミメーシス

　個人のミメーシス的な運動は，外部のみに向かうのではなく，外部への類似化のみを目指すものでもない。すでに初期の研究「人類の精神について」のなかで，フンボルトは人間学と人間形成論にとっての個人と主体の中心的な意味を強調している。この考察に従えば人間の使命は人間自身にある。人間形成は，個人の自己関係的なミメーシスの運動としても理解されている。フンボルトはその運動の目的を次のように規定する。

>　「人間はそれゆえに，彼の究極の目標として一切を従属させ，また絶対的標準として一切を判断できるような，そういう何かを探究しなければならない。人間がこれを発見できるのは，自己自身の中をおいて他にはない。というのは，あらゆる本質の総体の中では，すべてはただ人間にしか関係しないからである。とはいえこの何ものかは

人間の刹那的な享楽にも，人間の幸福一般にも関係することはできない。なぜなら，享楽を軽んじ，幸福なしに済ませるということこそ，むしろ人間本性の気高い特徴だからである。したがってその何ものかは，人間の内的価値，すなわち人間のより高い完全性のなかにしか存することができないのである。」[80]

自由な自己活動によってのみ，個人はその「より高い完全性」を見出すことができる。この過程のなかでのみ，個々人はその唯一性を実現する。そうした過程の経過のなかでのみ，個々人はその使命を見出すことができる。この自己活動は内的な精神的生命力であり，それによって個人は人間の特徴とみなされる個人の尊厳と合致するように自己を作り上げることができる。規定困難なこの力は構想力と等置可能である。構想力によって，個々人は自己自身に，それとともに人類に，関わることができるのである。

「自己形成へと人間を促すということは，この生き生きとした力に従いながら，人格をもつ一人の個人となるというところにその要点があるわけである。そうした個人は，人生のなかでその最終目標に到達することもその基準を満たすこともできないが，それでも「最高の強さと最大の広がりにおける人間性の精神」に表現をあたえようと常に努める。つまり，人間はその諸力の高揚とその人格の高貴化を，またそれによってその生活実践の道徳化を，実現すべきであり，そして同時にこの道徳化を世界経験の総体へと拡張すべきなのである。」[81]

外部へ，そして内部へと向けられるミメーシスは，人間を世界からの疎外や自己疎外から守ることができるであろう。疎外のこの両形式によって，人間は自己の潜在的な可能性を見誤り，自己完成の可能性を失ってしまうのである。

言　語

　フンボルトの言語研究は，彼の人間学的考察と人間形成論的考察を結びつけ，それらに新たな次元を付け加えている。すでに1793年の彼の初期の論文「古代，とりわけ古代ギリシアの研究について」のなかで，フンボルトはギリシア人と彼らの言語に見られる特徴との関連を認めている。断章「思考と言語について」のなかで，フンボルトは言語と個人との密接な関係を強調している。フ

---

80)　Humboldt 1960, S. 507.〔邦訳：『世界史の考察』106頁。〕
81)　Herrmann 1994, S. 145f.

ンボルトは思考と思考されたものとを区別し,反省のなかに思考に特有のものがあるとみなす。反省において,思考する人は自己を対象に対置させ,対象を一つにまとめ,対象を名づけなければならない。言語は人間の世界関係を規定しており,そこからの脱出はありえないとフンボルトは考える。したがって,異なる言語の間の,また異なる言語に基づく世界の見方の間の,差異は解消することができない。あらゆる言語は,その歴史的・個別的な特質のなかで理解されなければならない。この特質を見失えば,そのつどの言語の固有性は誤解されてしまう。言語の多数性は諸文化・諸個人の多種多様性を保証している。それは個人とその人間形成過程の多形性の前提である。言語とは思考を作り出し悟性と感性を結びつける能力なのである。

「したがって言語とは,人間が同時に自己自身と世界とを形成し,さらには,人間が世界を自己自身から分離するということを通して自己を意識するための手だて,そのような手だてそのものではないにしても少なくとも感覚的なそれである。」[82]

このように考えれば,言語は単なる記号ではないし伝達の手段でもない。それはむしろ思考や自己や世界を形成する手段なのである。感性と悟性との結合を通して,思考の創出は実現する。思考のこうした創出・表出・再認知が可能なのは,思考が言葉として産出されるからこそなのである。

「このために言語は不可欠である。なぜなら,言語において精神的営為が唇を通して通路を開き,それによってその産物が自らの耳へと帰ってくるからである。こうして表象は現実的に客観的なものとなるが,その際にも表象は主観性から切り離されるわけではない」[83]

芸術にも増して,言語は他者を必要とする。

「言語の外化ということの意味は,こうした他者に向けられてあることや思考の言葉の他者性に尽きるものではない。というのも他者は,ただ聴かなければならないだけではなく,返答しなければならない存在だからである。(……) 言語は,他者が彼の側で実際に物質的に言語を作り出すことを,つまり,他者が実際に一人の話者となることを要求する。言語は,まるで芸術であるかのような見せかけを,真に相互的な創造性へと場棄するのである。」[84]

---

82) Schiller/Humboldt Bd. II, S. 207. Trabant 1986, S. 29〔邦訳:29頁〕から引用。
83) Trabant 1986 S. 33〔邦訳:33頁〕からの引用。
84) Trabant 1990, S. 42f.

3. 個人的なものの完全化

　人間学や人間形成論の場合と同様，フンボルトは言語についてもその歴史的・経験的な多様性を世界と人間の富として理解している。言語が多数あるのは，人間の意志疎通のいかなる大きな障害でもない。ある個人が子どもとして一つの言語のなかへと育っていったのだとすれば，その個人は他の言語を学習しその言語のなかで意志疎通することもできる。異なる言語圏に属する者の間でも意志疎通は可能である。人間学においては文化の多種多様性についての研究が人間についての知識をも増大させるのであるが，そうした人間学の場合と同様に，諸言語の差異についての研究もまた「言語」についての知識を増大させる。言語によってはじめて，世界は人間的なものになる。言語は世界を人間の世界へと翻訳する。言語の限界は文化と個人の限界をなす。文化と個人の言語拘束性は取り消し不可能である。言語拘束性は富であると同時に制限でもある。言語は，歴史的に生成し，常に変容し，個人の人間形成にとって決定的な意味をもつような，世界と個人の間の中間領域をなしている。言語を介して，個人の拡張と啓培，自己拡張と発達はなされる。言語は未来に開かれた人間形成過程のメディアであって，その進行のなかでは矛盾と危機に対処する必要も何度となく出てくる。言語の人間学的・人間形成論的な重要性を，箇条書きの形で以下のようにまとめることができる。

- 言語を通してはじめて人間は人間となる。人間であることと言語能力とを切り離すことはできない。したがって，人間が言語を発明するのであり，そのことによってのみ人間は完全性に到達するのだ，と主張するような考え方は短見である。
- 言語は人間的な表出を可能にし，人間的な共同体を可能にする。言語がなければ人間には本質的な表出手段が欠落することになり，人間は社会的な存在ではなくなっていたであろう。
- どの言語も一つの特殊な世界の見方をなす。この世界の見方は背後遡及不可能である。言語とその世界の見方の外部に，個人はいかなる立脚点も見出すことができない。言語は世界と個人の媒介なのである。
- 言語は人間形成の前提である。世界に対して自己を開示し，また世界が自己に対して開示されるということも言語によって可能となる。それは個人

的な世界理解・自己理解を創出する。
- 言語は個人と世界を造形する力である。それは個人の自発的で創造的なエネルギーと結びついており，個別化を可能にする。

　人間の反省と思考は言語に結びつけられているが，人間は完全にその言語的存在に解消されてしまうわけではない。この点で，言語のなかでは人間の極め尽しがたさも経験される。言語的に経験することのできる人間存在の開放性と極め尽しがたさは，歴史的教育人間学とそれに基づく人間形成論の不可欠の要素である。

展　望

　フンボルトの思考においては，言語と人間形成と人間学が密接に結びついている。人間であるとは，言語能力があり形成可能だということなのである。人間学の視点において決定的となるのは，:いかなる言語がいかなる人間をいかにして形成するか:，である。重要なのは，誰もがもつ言語能力や形成可能性を確認することではなく，そのつどの言語と人間形成の歴史的・文化的な特徴なのである。それを探究することが，言語人間学の課題であり，教育人間学の課題である。個人的なものへの，またそれと結びついた差異への，当時においてはまったく異例であったようなフンボルトのこうした関心にもかかわらず，今日の視点からすれば彼の理解には限界もある。それは，彼が人間とその形成の理念性に固執し，彼の時代の時代精神に沿って個々人の，また人類の完成可能性の確実性に固執し，個々人の完成と人類の完成というこの二つの目標の合致に，その実現を後押しするような本性を理由に固執する点に表れる。われわれの世紀の様々な出来事を経た後では，人間存在の改善不可能性という洞察の方が，今日ではより大きな関心を獲得することになる。フンボルト思考のなかにこうした方向に向かう考察も見られる。以上の洞察は，フンボルトのこうした方向での考察の徹底を求めるものである。

II

社会的ミメーシス

前章では，教育に関わる言説および想像的なものが問題であり，またそこに見られる人間の完全化への要求が問題であった。この章で中心となるのは社会的ミメーシスの諸過程であって，この社会的ミメーシスの諸過程には社会的世界を理解するうえで重要な役割が帰せられる。行動や出来事を感性的に追体験し，象徴的に反復し，身体的に表現する人間の能力がミメーシスと呼ばれる。ミメーシスは，美的な概念にとどまらず人間学的な概念でもある。この概念は，単なるイミテーションの過程を指すものではなく，ミメーシス的過程の創造的な性格を指し示すものである。ミメーシス的過程は，他者の行為あるいは世界に自己を関係させ，身体的な上演あるいは演出として自己を理解可能にする。それは独立した行為であり，それ自身から出発して理解可能であるとともに他の行為あるいは世界に関連づけ可能でもある。このミメーシス的過程は，通時的であることも共時的であることもありうる。ミメーシス的過程は，記憶という形をとって過去のものに向かうこともできるが，また直接的な処理という形をとって現在のものに向かうこともできる。ミメーシス的過程は，それが向かう「世界」によって構成される要素と，個々人の特殊性によって，つまり個々人の置かれた歴史的・文化的な状況や個々人の気質・生活史によって規定される個別的な要素の，双方を含んでいる。個々人は，これから自分が向かう世界の諸側面を，自分がすでに有している世界の諸側面と関連づけるのであるから，この点からいえばミメーシス的な過程は単なる複製的なものではなく創造的なものである。それは「糸を紡ぐ」ようにして生じる。「繊維に繊維を」よじり合わせることで「多くの繊維が重なり合い」，そのことによって糸は紡がれるのである。どの繊維が用いられるかはそのつど異なるため，ミメーシス的行為に特徴的な複雑な類似性の網目模様が生じる。この網目模様に区別をつけるためには「家族的類似」（ヴィトゲンシュタイン）という概念の助けが必要である。家族的類似によって，身振り，儀礼，ゲームは学ばれるのである。ミメーシス的な過程は，身振り，儀礼，ゲームを遂行するために必要な実践的な知を生み出す。労働の身振りと儀礼もまたそのように学ばれ，人間の完成を目指す教育および人間形成のダイナミズムのなかに刻み込まれる。こうした過程の多くはイメージを介して開始され操縦される。そうしたイメージ，そしてイメージを生成・加工するファンタジーの形成は，人間の形成過程にとって重要——この

重要性はしばしば過小評価されているが——である。

1. ミメーシス，身振り，儀礼

ミメーシス

　身振りや儀礼に見られるミメーシスをテーマとする場合，私は次の三つの前提から出発する[85]。第一に，ミメーシスを美学の概念としてのみ捉えてはならない（1）。美学におけるミメーシス概念は，まずは芸術による自然の模倣を意味するが，ミメーシスはむしろ人間学的な概念なのである。このことはすでに古代における概念使用に表れている。第二に，ミメーシスは，複製の産出という意味での単なる模倣として理解してはならない（2）。第三に，すでにミメーシスの言語史的起源や初期の使用連関が示唆しているように，身体的振る舞いの演出や遂行的なものの文化に対してミメーシスは重要な役割を演じる（3）。すでにプラトン以前の時代に，裕福な人々の祝いの席で滑稽な場面を披露して彼らを楽しませるような者たちはミモスと呼ばれていた。

　（1）**人間学的概念としてのミメーシス**　すでにアリストテレスが，ミメーシスは人間にとって生得的なものだと指摘している。「これは人間には子供の頃から自然に備わった本能であって，人間が他の動物と異なる所以も，模倣再現に最も長じていて，最初にものを学ぶのもまねびとしての模倣再現（ミメーシス）によって行うという点にある。次にまた，模倣して再現した成果をすべての人が喜ぶということ，（……）これも自然に備わった本能である。」[86] 人間学的な観点で見れば，ミメーシスへのこうした特別な能力は，人間の生理的早産とその結果としての学習への人間の依存に，退化した本能と刺激・反応の間の不整合に，結びついている。ミメーシス能力はその歴史的な現れのなかで把握可能になる。したがって，歴史的人間学の観察方法でミメーシスに取り組むことは理に適っているように思われる。

　（2）**創造的な模倣としてのミメーシス**　ミメーシスとは，モデルの単なる複製的なイミテーションを意味するのではない。ミメーシスとは，何かを「表現へ

85）　Gebauer/Wulf 1992, 1998, 2003; Wulf 1989, 2005, 2009 参照。
86）　Aristoteles 1982, S. 11.〔邦訳：23-24 頁。〕

ともたらす」ことであり，何かを「表出する」ことであり，ある事柄や人間に対して自己を「似たものにする」ことであり，その事柄や人間を熱心に見習うことである。ミメーシスとは，他の人間や他の「世界」への，その人間や「世界」に似たものになろうとする意図をもっての関係づけである。ミメーシスは，前もって与えられた「現実」と，表現された「現実」との関係に自己を結びつけるかもしれない。その場合，ミメーシスは表象関係を意味することになる。しかしミメーシスはまた，それ自体存在したことのないような何かの「模倣」を意味することもありうる。たとえば神話の表現がそうであって，神話はつねにこの表現のなかでのみ与えられ，この表現以外のところに存在する既知のモデルが神話の基盤にあるわけではない。ここではミメーシスが不可欠の機能をもつことになる。同様のことは，ミメーシスが「先取り的模倣」の過程を意味する場合にもいえる。魔術的なミメーシスの諸形態がこれに当たる。このように，ミメーシスは，必然的に「現実」に自己を関係づけるというわけではないのである。

(3) 遂行的な表現・演出としてのミメーシス　ミメーシスとは，内的イメージ，想像力，出来事，物語，事の経過の「プロット」，といったものを表現へともたらし情景として配置する人間の能力を意味する。身体的表出と身体的演出がミメーシス的過程の出発点となる。知覚の助けを借りて，こうした過程のミメーシスが生じ，その経過のなかで類似化や習得が行われる。モデルへのミメーシス的な類似化過程はその前提条件が様々に異なるため，様々に異なる結果を生じさせることになる。その結果の差異は，既存のもののミメーシスから新たなものが登場することを保証する。広義にとれば，ミメーシスは身振りや儀礼の表現・演出の能力として，また，身振りや儀礼への類似化・習得の能力として捉えられる。

身振り

　身振りは身体の運動として捉えることができるが，身体の最も重要な表現形式・表出形式の一つでもある。人間の身体は常に歴史的・文化的な意匠のなかで構成されるため，身体の身振りもまたそのつどの文脈のなかで解読する必要がある。身振りを普遍的な身体言語として捉えようとする試みがそこに込めら

れた希望を実現することはなかった。歴史的人間学や文化人類学の研究は，様々な文化や歴史的時代において身振りがいかに異なった形で理解されるかを明らかにしている[87]。身振りは有意性を付与された身体の動きであり，その根底には何らかの意図があるものの，身振りの表現形式・表出形式をこの意図から完全に説明することはできない。身体的な表現形式・表出形式としての身振りと，解釈の助けを借りて明らかにされる身振りの言語的な意味との間の溝は解消不可能である。身振りはその意図を超える内容を含んでおり，その内容はミメーシス的な追遂行のなかでのみ経験可能となる。

どの口語的コミュニケーションをとっても，どの社会的相互行為をとっても，身振りはそこで中心的な役割を果たしている。身振りは伝達の機能を有しており，身振りの伝達機能の重要性は社会心理学や文化人類学でもテーマ化されている。E. T. ホールは，近接空間学(プロクセミック)に関する興味深い研究を著したが，そのなかで彼は，個々人がいかに身体と身振りの助けを借りて自己の周りに象徴的な空間を展開するかを明らかにしている[88]。動作学(キネジック)，つまり身体運動に関する研究では，バードウィステルが非言語的コミュニケーションのコードを分析した[89]。動物行動学(エトロギー)では，人間と動物の行動の類似性や人間と動物の表出形式の類似性が研究された。ダーウィンの「人および動物の表情について」の研究は，以上のような研究の方向を基礎づけた著作であり，ここでの文脈においては依然として一読に値する[90]。モリスらは，ヨーロッパにおける様々な身振りの起源と分布について調査し，類似性と差異について経験的データを収集して比較・分析した[91]。この研究に依拠しつつ，カリブリスはフランスにおける身振りの記号論を提示したが[92]，そこには，人が身振りとどう関わるかについての詳細な情報が含まれている。言語学も，以前から身体的な身振りの重要性に気づいており，発話における身振りの機能を強調してきた。身体の身振りが言語の原形だとする推測が様々な形で表明されている。身振りは発話の成

---

87) Bremmer/Roodenburg 1992.
88) Hall 1959.
89) Birdwhistell 1954, 1970.
90) Darwin 1979.
91) Morris et al. 1979.
92) Calbris 1990.

立にとって重要であったし，思考や文型の発達，ならびにその理解にとって依然として必要不可欠だというのである。これらすべての研究から明らかになるのは，社会的な行為および発話の表現・表出・理解にとっていかに身振りが中心的かということである。また同時に，身振りはただ限定的な程度においてしか意識的な投入・制御ができないということも，それらの研究は示している。身振りと表情(ミミック)の間の境界領域では，身振りは多くの場合意識されることはなく，したがって制御や統制を逃れてしまうのである。

　身振りは，単なる身体内存在である状態を抜け出て身体を意のままにしようとする試みである。そのための前提となるのが人間の脱中心的な地位である。脱中心的であるとは，人間は単に動物のような存在であるのではなく，自己自身を抜け出て自己自身に対して態度をとることができる，ということを含意している。想像力や言語や行為は，脱中心的な地位のこうした媒介された直接性によって可能となる[93]。意図的に行われ，またその際に個々人は自分の身体を意のままに役立てることができる，ということが前提となる身振りと，操作や統制から逃れる表情的な身体表出の諸形態とは区別することができる。この後者に入るものとして，喜びと笑うこと，苦痛と泣くこと，といった表情的な表出形態が挙げられるが，また，額にしわを寄せる，頭を振る，頭を上げた，ないしは下げた姿勢をとる，といった，それほど一義的でない表出形態もある。身振りが意図を表出するのに対して，表情的な表出には感情が明確に現れる。表情的な表出は直接的であり無意図的である。身振りは表情という素材に形を与えるのであり，この表情という素材を，普遍的ではなく文化，時代，状況に特殊な身振り言語のために利用する。身振りは一定の代理機能を有しており具現的である。

　表情的な身体表出とは異なり，身振りは分離可能・造形可能・学習可能である。表情においては，表出と感情，形式と内容，精神的内容と身体的表出現象は重なり合う。これに対して身振りにおいてはこれらの側面の間に差異が現れることになり，この差異が身振りの意図的な形成を可能にする。完成された身振りは高度の人工的自然性にまで到達しており，精神的内容と身体的表出現象

---

[93] Plessner 1983.

の錯綜を示唆する。人間は自己の表出としての身振りを内からも外からも知覚できるのであり、この点で身振りは人間の最も重要な表出能力・経験能力の一つといえる。身振りにおいて人間は自己を具現化し、そうした体現において人間は自己を経験する。身振りや儀礼との社会的な関わりのなかで、身体という存在（身体であること）は身体の所有（身体をもつこと）へと転化する。この変容の過程が人間的な存在を可能にするのである。儀礼や役割の上演・造形のためには特殊な身振りが必要となる。とりわけ宗教と政治の領域――そこでは具現的な要素が重要となる――における儀礼や役割の場合、その場にふさわしい身振りの演出と配置が非常な重要性を持つことになる。

　自己を対象化して所有するというあり方をとることなしにも人間は存在する。また身振りは外化である。こうした条件のもとでは、人間はその身振りを介することで、自己の身体や内面に対してそれを対象化するような関係を獲得することができる。自己の身振りとのミメーシス的関係のなかで、人間は表象されたものとして自己を体験する。表情と身振りのなかで人間は自己を外化し、その外化に対する他の人間の反応を介して、自分が誰であるか、ないしはどのように見られているかを経験する。身振りに表れるイメージ言語・身体言語は文化の所産であり、この文化的所産の助けを借りることで個人は形作られる。また、個人は自らこの文化的所産の彫啄に関わってもいる。身振りのミメーシス的獲得とともに身体とイメージに関わる文化的伝統への組み込みが生じるが、そうした伝統は身振りとの関わりのなかで活性化され、そのつどの与えられた状況に関連づけられる。身振りのなかで、身体の布置が、つまり内面の意図と世界への媒介された関係が、表出へともたらされる。器官感覚と心的感覚は身振りのなかで重なり合う。したがって、喜びの身振りのうちどれだけが身体的側面に属しどれだけが心理的側面に属するのかと問われても答えることなどできない。身振りの身体性のなかに、両次元の不可分性が表現されているのである。

　身振りは、文化的に造形され様式化された表情的な表出素材から生み出される。身振りのこうした表情的な原材料がいかに生じるかについては繰り返し研究がなされてきた。様々な説明の試みが提出されている。ダーウィンは、虫垂のような個々の器官の機能喪失とそれに伴う退化という事実から出発して、か

つては合目的であった機能の残滓として表情的な表出を説明する。この一般原理を基にすると、激しい怒りの場合に特徴的な犬歯を露出させるような歪んだ口元の表情は、攻撃や防衛の際に威嚇のしぐさとして用いることができるような十分に発達した牙を人間はかつて持っていたのだ、ということで説明可能になる。激しい怒りの場合の表情的な口元の動きは、牙が退化した後にも残存したものだという推測がなされるのである。現在の表情と太古の機能との類比は、人間の表情に現れる特定の表出形態を説明するものとみなされる。同じような説明は、怒りの際に額にしわを寄せる表情に対しても、「苦い顔」ないし「甘い顔」といった特定の味覚感覚に帰せられるような表情に対しても可能である。身振りの表情的前提の説明に関しては、さらにこれ以外の視点を挙げることができる。たとえば、類似する感覚と反応の間の観念連合の原理、過剰なエネルギーの拒絶の原理、対比の原理、などである。

　ダーウィンとは異なって、ピデリットは、表情とは虚構の対象と関わる行為だとするテーゼを唱えた[94]。この一般原理は、表情と身振りにとっての想像力とミメーシスの重要性を示している。この見方に従うと、表情的な表出は虚構的なものに関係しており、この虚構との関連で作り出される。虚構的なものは、過去のものでも、現在のものでも、未来のものでもありうる。表情的な表出は何らかの虚構に対するミメーシス的な反応なのである。演劇においては、表情と身振りは、想像上の「プロット」とその舞台上での表現にミメーシス的に関係づけられる。その際に、大部分無意識であるような表情が身振りに変形され様式化される。表情は舞台上の約束事を構成する一要素となるが、この舞台上の約束事は、観客が作品の演出をミメーシス的に理解する際にも中心的な重要性をもつ。

　身振りは直接的な表出の形式ではない。直接的な表出は表情のなかにのみ示される。表情に現れる感情と感覚は隠すことが困難である。身体の記号、身体の徴候、身体の「言語」は、人間の内面の、人間の心の、ごまかしのない表現とみなすことができる。ラファーターや彼の後継者らの観相学は、こういった内面と表情の連関の手がかりをつかもうとした。この連関は、それを同定しよ

---

94) Piderit 1919.

うとする彼らの追跡の手を大部分逃れたが，にもかかわらずそれによって内面と表情の連関への関心が消えることはなかった。日常の表情と身振りは，それらを生み出すとともに理解可能にする身体知の存在を示している。この知は身振りの分析や説明から生じるものではない。それは社会的過程の遂行においてミメーシス的に獲得されるのである。

　身振りは，人間の自己馴化の過程のなかで重要な役割を果たす。身振りのなかで，内的なものと外的なものが重なり合う。人間の世界開放性に多くを負っているにもかかわらず，身振りは同時に，人間存在のこの条件を具体化を通して制約する。文化的・歴史的に認められた身振り的な表出能力のこうした限定は社会的な帰属や保障をもたらす。特定の身振りを熟知することが，個人や集団を熟知することの出発点になる。特定の身振りが何を意味するのか，いかにそれを判断しいかにそれに応えるべきかを人は普通知っている。身振りは人間の行動を予測可能にする。それは，共同体の構成員同士が互いについて多くのことを伝え合う身体言語の一部である。こうしたメッセージが，他者について，他者の感覚や意図についての意識的な知識になるというよりは，無意識の他者認識・自己認識の一部なのだとしても，その社会的意味は極めて大きい。こうしたメッセージは，個々人がその社会化の過程で獲得し社会的行為の適切な操縦において重要な役割を演じる対人関係的な知の一部となるのである。

　身振りの意味は空間と時間によって変化する。性別と階級による違いも確認できる。性別や階級に特有の身振りもあるが，性別や階級による違いをもたないように見える身振りもある。さらには，社会的空間，時点，制度と結びついた身振りもある。教会，法廷，病院，学校といった制度は特定の身振りの使用を要求し，それが履行されない場合には制裁を加える。制度に特有の身振りを遂行せよという要求を通して，様々な制度がその権力要求を押し通す。そうした身振りの遂行において，制度的な価値や規範が制度の構成員ないしは名宛人の身体に刻み込まれ，反復される「上演」によってその妥当性が確証される。制度に特有のこうした身体表出の形態には，今日でもなお恭順（教会），敬意（法廷），配慮（病院），注意と関与（学校）といった身振りがある。これらの儀礼化された身振りがなされない場合，制度の代理人はこうした不履行を制度の対人関係的・全体社会的正統性に対する批判として受け取る。通常は制裁がそ

の帰結である。こうした制度にはそれに依存する人も多くいるため,制裁の警告が効果をもつ。制度に特有の身振りのミメーシスを介して,社会の構成員は制度の規範的な要求に従うのである。

　性に特有の差異もまた,身振りによって演出され,反復され,確証が与えられる。性に特有の差異は,たとえば女性・男性がどのように座るのか,座る際にどの程度場所を取るのか,両脚をどう配置するのか,といったところに表れるのである。同様のことが,話す,食べる,飲む,といった場合に表れる。階級に特有の差異もまた,身振りのそのつどの使用のなかに現れる。趣味の問題という視点から,ブルデューはこれらの差異を考察し,「微妙な差異」が社会的位階秩序を確定し固定化していることを明らかにした。こうした差異を知覚するためには身体的な身振りと表出形態が重要な役割を演じる。エリアスは,文明化の過程についての考察のなかで,いかに宮廷の身振りが市民階級によって模倣され,次第に受容され,受容のなかで変容させられていったかを示した[95]。モリエールの喜劇はこの変容過程の途上で現れる種々の困難を主題としており,より多くの社会的承認を切望する市民たちの滑稽に映る身振りを笑いものにしている。権力がいかに身体のなかに根を張るか,身体の表出・表現形式,つまり身体の身振りを,権力がいかに自らの意に沿う形で仕上げていくか。フーコーはこれを『監獄の誕生』のなかで示した[96]。このように身体の身振りは,社会的・文化的な差異を創出し,表出し,維持するのに役立っている。それは,歴史的・文化的な,権力によって構造化された文脈のなかで行われるのであり,この文脈から出発することによってはじめてその意味も明らかになる。

　身振りは,ある社会の中心的な価値についての情報を与えるものであり,「心性の構造」の洞察を可能にする。中世における身振りの風習を例にとることで,特定の社会の様々な領域に見られる身振りがいかなる機能をもつか,また,身体と象徴,現在と歴史,宗教と日常の関係についての知見が身振りの使用からいかに得られるかが明らかになる[97]。身振りは話し言葉に随伴する形

---

95)　Elias 1979.
96)　Foucault 1977.
97)　Schmitt 1990.

でなされるが，しかしまた発話との直接的な関係をもたない「独自の生」をもってもいる。その意味は一義的でないことが多い。身振りは，様々な形で語られたことを補うようなメッセージを運搬する。身振りは，語られたことの個々の側面を，強調したり，相対化したり，あるいは異議によって疑問に付したりするのである。多くの場合，身振りのなかで表出された内容は，その言葉による表明以上に，話者の感情により密接に結びついている。身振りは，意識によってより強く制御される言葉以上に，人間の内面生活の「より確実」な表出とみなされる。

　個人，集団，制度は社会的生活を演出する。それらは人間共同体の振付台本(コリオグラフィ)を発展させる。身体，身振り，儀礼的表出形式のこうした演出は，テクストのように読んだり解読したりすることができる。クリフォード・ギアーツは，テクストとしての社会的なものというこうした視点を，文化人類学にとって実りあるものとした[98]。社会的な現実を「厚い記述」によって把握するという彼の試みは，社会的なものの解読可能性についての上述の理解に対応している。身体の社会的演出がもつ幅広い広がりのなかで，身振りと儀礼には中心的な役割が与えられる。身振りと儀礼は記号言語・身体言語・社会的言語の一部分であり，一篇のテクストの抽象的な記号同様，読むことができるのである。

　身振りを読み解読するためには，それをミメーシス的に捉える必要がある。身振りを知覚する者は，それを模倣し，それがもつ身体的な表出・表現形態に特有の性格を把握することで，身振りを理解する。身振りは十分な意味をもち，分析によってアプローチできるものであるが，その象徴的・感覚的内容はミメーシスによる追遂行によってはじめて捉えることができる。身振りの様々な意味局面を区別することも重要ではあるが，ミメーシスの助けを借りることによってはじめて，身振りの身体的な表現・表出の側面を受容することが可能になる。身振りによる演出のミメーシスを介して，その演出の身体的な処理吸収がなされるが，これは，言語的コミュニケーションとは別の，身体的な処理吸収にふさわしいメディアのなかで行われる。身振りのミメーシス的な感受を介して，他の人間の身体的自己表出の特有の性質が捉えられる。他の人間の身振り

---

[98] Geertz 1983.

への「擬態」において，その人間の身体性と感情世界が経験される。他の人間の身振りのミメーシスにおいて，ミメーシス的に振る舞う者の個人的境界の越境が，他者の身体的表現・表出世界の方向に向けて行われる。外部の経験が可能となるのである。

　ミメーシス的に振る舞う者のこの「脱出」，自らの構造から他の人間の表現・表出世界に向けての脱出は，自分を豊かにしてくれるもの・愉快なものとして体験される。それは，外部のアイステーシス的・ミメーシス的な取り込みによる内面世界の拡張をもたらし，生き生きとした経験を可能にする。こうした体験が生き生きしているのは，ミメーシスの力が，他者の特性を知覚において捉えることを可能にするからである。この過程のなかで生じるのは，ミメーシス的に振る舞う者の準拠枠への他者の身振りの縮減であるよりも，むしろ他者の身振りと準拠点への知覚の拡張である。この二つの運動の間を一義的に区切ることはできないが，運動の重点は，他者の表現・表出世界に向けての，ミメーシス的に知覚する者の拡張にある。ミメーシス的運動のこうした方向づけによって生じるのは，知覚されたものの取り込みであるよりも，他者の身体的身振りに向けてのミメーシス的に振る舞う者の拡張である。外部に向けてのこうした拡張は生の愉快な豊穣化をもたらす。すでにアリストテレスはここにミメーシスの特別の目印を見ていたのであった。

　社会的な状況のなかでは，身振りは意味付与の手段である。身振りは感情を表出し気分を表明する。身振りは感情や気分の身体的・象徴的な表現として把握可能である。多くの場合，身振りのなかに表明される感情や気分は，身振りを遂行する人に意識されることも，この身振りを知覚しそれに反応する人の意識に上ることもない。身振りの社会的重要性の本質的な部分は識閾下のこうした作用にある。このことは制度によって示唆される身振りやそこに含まれる価値や規範や権力要求にも当てはまる。そうした身振りもまた，制度と接触する人々によって知覚され，ミメーシス的に処理吸収されるが，この過程が意識を介して進行するわけではない。多くの場合，制度は，その枠組みのなかで長い時間をかけて成立したタイプの身振りを用立てる。そうしたタイプの身振りの助けを借りて，制度の代理人は制度の社会的要求を表出するのである。制度を具現する人々は，こうした「用立てられた」身振りを用いることで，制度とそ

の社会的要求の伝統のなかに自らを位置づける。この過程は，一つには，その制度のなかですでにあらかじめ形作られている社会的身振りの受容をもたらす。もう一つには，この過程のミメーシス的な性質ゆえに，制度の潜勢力の一部である身振りが，単に再生産されるというのではなく，制度の代理人によって受容のなかで造形されることにもなる。制度的にあらかじめ形作られた身振りのミメーシスは，制度を具現する人々に高度の造形上の自由を開示する。こうした自由の余地のために，身振りの表現・表出形態とその意味は徐々に変化することになる。制度的に用立てられた身振りのミメーシスにおいて，既存の伝統の表現とその変更が同時に生じる。この過程は単なる身振りの模倣ではなく，形態と意味における身振りの創造的な加工でもある。こうして，形態上は同じままの身振りでも，新たな社会発展のなかでその社会的意味を変えることになる。身振りとその変遷の歴史に関する研究はこのことをはっきりと証明した。制度が，制度を具現する人々の身振りのなかにその権力要求を「体現する」以上，この権力要求は，こうした体現化のミメーシスを通して知覚され維持されることになろう。こうした権力要求の対象となる名宛人は，制度的な価値・規範を受け入れかつ創造的に加工するミメーシスの過程に取り込まれる。制度的行為の名宛人が，制度的な身振りのミメーシスにおいてその効果をいかに参与的に造形するかは，制度を具現する人々の身振りの形式・内容に逆に影響を及ぼす。制度的身振りの代理人と名宛人のこの相互関係は，身振りの社会的機能を理解するうえで極めて重要である。制度的身振りのミメーシスを介して，制度の代理人と名宛人には制度との同一感情が形成され，制度の要求や妥当性は身振りの遂行を通してそのつど確証されるのである。身振りは制度のエンブレムとなる。このエンブレムを経由することで他の制度や社会領域との区別もまた実現するのである。こうしたエンブレム的な身振りの形式や意味を共有する者は，そうした身振りを作り出す枠組みとなっている制度に自己を同一化させる。身振りのミメーシス的な遂行を介して社会の共同性が作り出され，その共同性の枠組みのなかでは，社会関係はとりわけ身振りの助けを借りて調整される。帰属の感情が，身振りの儀礼的な遂行によって作り出され確証される。このことは，制度に当てはまるだけではなく，職業的な集団にも，階層・性・機能に特化した集団にも当てはまる。

身振りは身体的な運動ではあるが，その文化的意味は歴史的経過のなかで変化する。たとえば今日の社会において座ることは，中世とも，人間が定住を始めたころとも異なる機能を有している。中世の時代，といった限定された歴史的時間の内部においてさえ，身振りの意味は変化する。社会的な行為は身振り的である。言い換えれば，その行為の意図を明確に示すような身振りを伴っている。身振りをその身体的・象徴的な成り立ちにおいて捉え，再生産し，変形するうえで，ミメーシスは決定的に重要な役割を演じる。ミメーシスが世界への関係を身体的に表出し表現する能力である以上，それはまた新たな身振りをも生み出す。新たな身振りのそうした産出のために，ミメーシスは身振りという要素を利用するが，それを伝統的な文脈から切り離し，新たな文脈に取り込み，その新たな文脈の必要に応じた形に変更する。また，ミメーシスは身体的な表出能力の潜在的可能性から新たな身振りの形態を発明することもある。たとえば，電話をする，写真を撮る，映画を撮影する，ビデオを制作する，といった身振りにおいてはこれが起こっている。

　あらゆる身振りは，人間の本能拘束の少なさと脱中心性を前提としている。身振りは身体の運動であるが，その身体性には還元できない。身振りの基盤には意図性があるが，それが目標志向性のみにつきるわけではない。身振りは感情の表出・表現であり，事物や他の人間に結びついている。身振りのなかで，人間は自己と世界を同時に経験する。通常，身振りにおいては身振りに特徴的な視野の限定が生じる。身振りのなかで人間は世界を造形し，同時に世界によって造形される。このように見れば，身振りは再帰的，つまり反省的である。

　身振りは身体に関わる実践知の表出・表現である。分析・言語・思考の助けを借りることによってはそれを獲得することはできない。身振りを獲得するためにはむしろミメーシスが必要である。身振りの模倣と身振りへの類似化を通して，ミメーシス的に振る舞う者は，身振りを舞台のように構想し，投入し，状況に応じて変えるという能力を手に入れる。身振りの人間学的機能についての歴史的な考察は，舞台的な振る舞いに強い社会的・文化的な意味があることを明らかにしている。身振りの助けを借りることで，社会の持続性が産出され，社会の変化が告示され，その変化が人間の振る舞いのなかで実現される。身振りの約束事が維持される場合でも，一見したところではほとんど気づかれない

深刻な意味の変化がしばしば実現される。身振りの歴史的な変化は，その意味に，その身体的・感覚的な約束事に，あるいはその両方に，及ぶ。身振り能力をミメーシス的に獲得することで，身体運動の助けを借りて身振りを演じ，様々に異なる社会的文脈に適用し，そのつどの要求に適応させる能力が確保される。ミメーシス的な獲得において身振りは肉化される。身振りは身体と運動に関わるファンタジーの一部となり，それとともに身体に関わる実践知の一部となる。この身振りの身体知は，大部分意識から独立に，したがってまた関与者の距離とりの能力とは独立に生じ，しかしだからこそ持続的な影響を及ぼす[99]。

儀　礼

儀礼は，第一次近似としていえば，身振りのなかで表出される言葉を欠いた行為として捉えることができる。レヴィ・ストロースは儀礼を，行為であり言葉に還元することのできない，言語とは別の言語（paralanguage）とよんだ。儀礼は，始まりと終わりをもち，あらかじめ準備されており，関与者に一つの地位を与えるような身体運動である。儀礼は，社会的現実を産出し，かつそれを解釈・維持・変化させるような，象徴によってコード化された身体過程として捉えることができる。儀礼は空間のなかで遂行され，集団によって演じられ，規範的に規定されている。それは標準化された要素を含んでおり，そこからの逸脱を可能にする。儀礼の遂行においては，身体運動を通して情動が生み出されるが，この情動は儀礼的行為の変更にも貢献する。こうして社会における儀礼の建設的な潜勢力が生まれることになる。

儀礼的な行為・行動によって社会規範は身体に刻み込まれる。この刻印過程によって権力関係もまた肉化される。この過程は大部分関与者の意識の外部で進行し，それだけになおさら継続的な影響を示す。儀礼化はしばしば対立に満ちた社会状況を作り出し，それを解消するために関与者がかなりの努力を強いられることも多い。演劇やオペラやハプニングにおける演出とは異なり，儀礼は，なにより儀礼参加者によって彼らのために行われる象徴的な上演として，

---

[99] Wulf/Fischer-Lichte 2001; Wulf u.a. 2011; Paragrana 2010a.

把握することが可能である[100]。

儀礼は自己準拠的である。儀礼を演出し上演する者はその儀礼の名宛人でもある。分化した現代の社会では，演出者・上演者と名宛人とのこうした関係が常にあるわけではない。儀礼を実行する集団の外部に準拠点があり，そこに向けて儀礼が演出され上演されることも多い。たとえば，文化的少数派の儀礼の多くは，多数派文化へのその関係を考慮することによってはじめて理解できる。多数派文化は，少数派文化にとっての「他者」をなし，この他者から，少数派文化は儀礼を通して自らを区別するのである。

儀礼は人間の身体を用に供することを通してその社会的作用を実現する。儀礼が象徴的にコード化された身体運動である以上，それは歴史的・文化的な文脈のなかで行われるが，しかし儀礼をその象徴的な意味にのみ還元することはできない。儀礼は身体的な行為なのである。身体的行為として，儀礼は直接的に知覚に，アイステーシスに結びついている。いかなる儀礼も，その遂行と理解には感覚を必要とする。儀礼はいわば「窓」であり，その窓を通して，家族や学校を含む文化的世界を創造・維持・変革する際に人間が依拠しているダイナミズムを，観察することが可能になるのである。

儀礼は研究の構築物であり，その構築的な性質ゆえに，行為と行為解釈との関係を過度に単純化するという危険も往々にして伴う。構築物は，特定の概念上の前提条件やそこに含まれる価値・規範を前提とする。こうした状況を考えれば，儀礼の文脈化には特別の重要性が与えられる。文脈化は儀礼の突出した性質を相対化し，儀礼の社会的機能についての言明を一般化することに対する慎重さを生む。

儀礼と儀礼化に関する文化人類学的研究には三つの重点が認められる。第一の重点として，宗教，神話，礼拝に関わる儀礼研究がある（マックス・ミュラー，ハーバート・スペンサー，ジェイムズ・フレイザー，ルドルフ・オットー）。重点の第二においては，儀礼は社会の価値や構造を分析するのに役立てられる。そこでは儀礼と社会構造との間の機能連関が取り上げられる（フュステル・ド・クーランジュ，エミール・デュルケム）。第三の重点においては，儀礼はテクストとして

---

[100] Balandier 1992 参照。

読まれる。全体社会の文化的・対人関係的なダイナミクスの解読が目標となる。ここでは，文化的なシンボル形成や社会的なコミュニケーションにとっての儀礼の意味に注意が向けられる（ヴィクター・ターナー，クリフォード・ギアーツ，マーシャル・サーリンズ）。

　儀礼の読解が一つのミメーシス的営為だという意味では，ミメーシスと儀礼の関係についての私の考察は文化的現象をテクストとして読もうと試みる三つ目の重点と重なる。今日まで，儀礼をミメーシスとして捉える理論は存在しない。そうしたミメーシス的儀礼理論を枠組みにすれば，儀礼が社会的ミメーシスの現象として把握可能だということが明らかになるはずである。そのような観察様式からは，儀礼と儀礼化と儀礼的行動を理解するための一連の新たな観点が展開できるであろう。社会的状況の身体的・感覚的・想像的な演出として，儀礼は歴史的人間学の重要な研究領域となるのである。

　儀礼化と儀礼的行動の社会的意味を明確にするために，まず，人生の重要な節目に行われる儀礼を暦年上の儀礼から区別する必要がある。儀礼を伴う人生の重要な節目としては，誕生，思春期の始まり，結婚，離婚，死が挙げられる。これらに関連するものとして，たとえば学校・大学の修了や役職上の昇進の際の地位上昇の儀礼も含まれる。こうした場合，儀礼は，個人的・家族的な出来事や小集団のなかで起こった出来事と結びついている。

　儀礼を実行する際の自由な行為の余地が比較的少なかった時代もあるが，今日では伝統的な儀礼も個人が取捨選択できるものになっている。個人は，どの程度儀礼に関わりあい，それを変え，新たに作り出すのかを，決断できるし，しなければならない。行為の自由の余地が大きくなったとはいえ，個人の行為の可能性は制限されている。多くの場合，個人の多大なる努力によってはじめて，儀礼ないし儀礼化された行為を修正し，無効化し，あるいは回避することが可能になるのである。

　暦年上の儀礼においても状況は変わらない。人生の重要な節目を機に個人あるいは小集団において行われる儀礼とは異なり，暦年上の儀礼の場合には大きな集団が同時に儀礼を行うことになる。確かに，この種の儀礼からは追遂行と社会的ミメーシスへの強い要請が生じるが，この領域においても個人的な決定や行為の自由の余地は以前に比べれば大きくなっている。儀礼のなかには，年

から年へ，世代から世代へと，それに従うようにと家族や個人に求めてくる伝承された社会形態が存在する。したがって，幼い子どものいる家庭でクリスマスを通常とは異なる形で祝おうとすれば，はっきりとした決断の努力が必要となるのである。

以上のような状況のなかで，社会形態のミメーシスが生じるが，そこには，ミメーシス的な行為のなかに与えられた個人的な逸脱や加工のあらゆる可能性が付随している。ミメーシス的行為のなかに自由の余地が与えられているからこそ，個々人による儀礼の習得も可能となる。個人的な加工・造形のためのこうした様々な自由の余地が存在しなければ，複写するような，あるいはシミュラークルを作り出すような行動とはなっても，ミメーシス的な行動とはならないし，ひいてはミメーシス的行動に発する社会的作用をもつこともないであろう。集団的な文化的伝統のミメーシスを通してはじめて，共存在の，共同体の，そして共同生活の自己確認が可能となる。社会的ミメーシスの過程に発するこうした結束作用には，将来にわたってこの結束作用が共同生活をまとめてくれるだろうという期待がかかっているのである。

儀礼の機能と構造を理解するうえで，ファン・ヘネップの通過儀礼（rites de passage）に関する考察は歩を一歩進めるものである[101]。ファン・ヘネップは通過儀礼を，空間・状況・地位・年齢集団の転換に伴う儀礼として規定し，分離期・過渡期・統合期という三段階に分ける。最初の段階では，社会構造的に見て先行する時点あるいは文化的状況からの，ある個人ないし集団の切り離しが生じる。第二の段階である通過・移行・敷居の段階では，主体はアンビバレントな状況に陥る。そこでは過去の目印はすでになく，待ち望まれている未来の状況の目印はいまだ与えられていない。第三の段階では移行と新たな状況への統合がなされる。

通過儀礼を理解するうえでは，敷居の状態，すなわち境界状態（リミナリテート）がとりわけ関心を引く。不確実性と両義性が，より低い状態からより高い状態へのこの移行段階の中間的な性質の特徴である。多くの場合，通過段階はその特異な性格によって規定されている。部族社会では，たとえば思春期儀礼において，普段は

---

101) van Gennep 1986.

求められない行動様式の訓練が行われる。これには，恭順と沈黙，絶飲絶食，身体的な苦痛と屈辱，共同体の権威への服従が含まれる。卑下を強要する様々な形態は，この後にくる地位上昇への準備とみなされる。敷居状態に固有の教育学について語ることができるかもしれない。その中心にくるのは，それまでの社会的アイデンティティの破壊であり，新たな社会アイデンティティへの準備となるような，何もない中間段階の形成である。現代の社会にも同様のものが存在する。ただし輪郭も強度も弱められた通過儀礼であって，ドイツにおけるアビトゥア，アングロサクソン諸国における大学卒業がこれに当たる。こうした儀礼と結びついた試験という状況には，試験を受ける者に卑下を要求する様々な形態を伴った通過状況の諸契機を十分に見ることができる。その卑下は，その後にくる学生ないし学士という新たな社会的地位によって報われるのである。こうした儀礼が強度や目標設定の点で異なる特徴を持つことを考えれば，儀礼，儀式，儀礼化，儀礼化された行動，といった概念をどこまで広く捉えることが許されるのか，という疑問が当然生じてくる。

　原理的にいえば，儀礼についてのより「ソフト」な定義とより「ハード」な定義を区別することができる[102]。「ハード」な定義の場合，概念の妥当性の範囲を特定しなければならない。ここでは，思い描かれている概念に対応する事例やモデルが探索される。そうした事例やモデルは，すでに知られており，その概念の範囲内にあることに通常異論がないような目印に結びつけられる必要がある。こうした定義手続きの場合，重要なのは，儀礼 Rituale，儀式 Riten，儀礼化 Ritualisierungen，式典 Zeremonien，慣習 Sitten，風習 Gebräuche，習慣 Gewohnheiten を互いに区別することである。こうした手続きは細分化や認識の増大を生む。「ハード」な定義のデメリットが「ソフト」な規定のメリットとなる。「ソフト」な定義によって，様々な定義の「間」の領域や，現象間の移行段階や，それらに共通のものに，注意が向けられる。そのため，「ソフト」な定義は，探究される現象の複雑性にむしろ適っているといえる。それは新たに現れる現象に対してより大きな開放性を保持している。儀礼の多層性と多義性に直面した文化人類学の研究においては，どちらかといえば「ソフト」

---

102) Grimes 1985, 1996; Bell 1992.

な定義の方が好まれる。類似の現象の間にある「家族的類似」に注意を向け，かつその際に共通性の探究よりはこれらの現象の間の変化の過程に注目するというヴィトゲンシュタインの提言は同じ方向を指し示している。

　ヴィクター・ターナーは，儀礼論に関する彼の研究のなかで，部族社会においても現代社会においても，敷居の状態が社会の構造や共同生活にとって極めて重要であることに注意を促した[103]。アングロサクソンのプラグマティズムの影響のもとで，ターナーは社会を，「構造化され，しばしば位階秩序的に区分された，多様な運動を伴う政治的・法的・経済的な地位のシステム」として理解する。そうした地位は人間を「より多い」か「より少ない」かによって分離する。この理解では，社会構成員の制度的な役割関係に重要な意味が認められる。役割関係においては多くのことが除外されており，社会生活はこうした構造的関係に尽きるものではない。こうした社会の構造モデルにおいては考慮されていない領域が，とりわけ敷居段階では可視的になる。この領域を「構造化されていない，ないし構造の退化した，比較的未分化な共同体」，すなわちコムニタスとよぶことができる。社会生活は，コムニタスと構造の間，均質性と分化の間，平等と不平等の間，現在と過去の間，法と慣習の間の，弁証法的な過程として理解することができる。

　敷居段階においては，個人は社会構造のかつての場を占めることはもはやなく，将来の場はまだ占めてない。この移行段階ないし境界段階によって，社会的地位の変化に，すなわち社会構造におけるその役割の変化に，個人を備えさせるという可能性がコムニタスには与えられる。構造秩序から切り離されたこの移行期には，しばしば集中的な共同体経験がなされる。「共同体」ということで何を理解すべきかは簡単には規定できない。依然としていえることは，「人間が共同体のなかで結びついているという観念を除いては，共同体の本質に関していかなる一致もない」[104]ということである。共同体——敷居段階において集約的に現れるような——についてのターナーの考察を念頭に置いてブーバーの規定に立ち戻ってみよう。すると以下のような理解が得られる。

103）　Turner 1982, 1969.
104）　Hillery 1955, S. 185.

「共同体（……）とは、しかし、多数の人間がもはや並列的にではなく、たがいに支えあって存在している現実なのであり、ここではひとびとは相い共にひとつの目標へとむかって活動してはいるが、いたるところでたがいに、他者へとむかってゆく現実を、動的に向かいあう状況を、我から汝への流れを経験するのだ。共同体は、共同的交わりが生ずるところに存在するのである。」[105]

規範と規則によって導かれる、どちらかといえば抽象的な社会構造とは異なり、共同体においては自然発生性と直接性が表明され展開される。個別的に見れば、コムニタスには多くの種類を区別することができる。実存的ないし自然発生的コムニタスを特定することができる。たとえばそれは若者たちの間で生じ、様々な長さで続く。新たな儀礼と儀礼化の助けを借りて、それは大人文化への抵抗を表明し、集団アイデンティティを作り出す。これと区別されるのが、長期間にわたって作り出された村落共同体、家共同体、イデオロギー共同体である。それらは多くの場合、宗教的、世界観的あるいはユートピア的な目標をもっており、儀礼の助けを借りて自他を区別する境界線を引き、そのことによって共同体として成立している。

構造と共同体ないしコムニタスとの関係をメタファーで捉えようとすれば、老子の車輪の比喩を挙げることができるかもしれない。すなわち、車輪の輻（や＝スポーク）と轂（こしき＝ハブ）は社会の強固な構造に、輻の間の自由空間は共同体ないしコムニタスに対応する。輻の間の空白部分は対人的・人間関係的なものの無構造性を象徴しており、そこでは願望や感情や自然発生的な反応が重要となる。構造が分析によって規定可能な組成をもち、すでに実現されている秩序や図式を指し示すのに対して、ここでコムニタスとよばれているものは、その原則的な規定不可能性とともに、社会改革につながりうるような潜在的な要素を含んでいる。メタファーに立ち返ることで明らかになるのは、コムニタスという概念を精確に規定することがいかに困難かということである。社会構造の場合、たとえば役割行動が問題となる。これに関して、役割理論は感情移入から役割距離に至るまでの数多くの規準を開発し、この規準を用いて複雑な役割行動を記述する。社会構造とは違って、コムニタスにみられる自然発

---

105) Buber 1984, S. 185.〔邦訳：第1巻、245頁。〕

生性と直接性の記述ははるかに困難である。

　共同体を構築・維持する独自の儀礼をもち社会の周縁に位置づく共同体の一例としてイスラエルのキブツがある。キブツのなかでは，宗教的な指向と経済的な構造と特殊な生活感情との結合が生じるが，この結合は，特定の儀礼を介して表出・表現され，特定の表出・表現形態を介して経験可能・伝達可能となる。若者たちの間でも，実存的な，しばしば自然発生的でもある共同体が，つまり青年文化が社会構造の周縁に作り出される。そうした青年文化にとって，儀礼と儀礼的行動は，共同体の自己演出や，境界状況における領域設定や，共同体感情の高揚に役立つ。自分たちの儀礼を演出・上演するなかで，若者たちは，統合を求める社会の要求に対して青年文化という共同体によって抵抗し，子どもと大人との間に位置する自分たちの移行状態と，異なる存在であることへの権利を主張する[106]。生のスタイルの政治学が登場しているのであり，大人の世界や，大人の世界が社会の構造に組み込まれてしまっていることに対して，青年のコムニタスの抵抗が表明される。そこで強調されるのは，自然発生性への，無構造性への，直接性への，自由への，権利である。儀礼的な演出の助けを借りることで，共通性と差異性が上演されるが，そこでは自己感情，世界感情，われわれ感情が表出され，かつミメーシスを誘発するような形で表現される。その結果生じる過程を通して，生命感情と共同体への帰属が強められる。

　演出という概念でもって，私はミメーシスと儀礼と演劇の間の連関を示唆したいと思う。この連関はいっそうの注意と展開に値するものである。儀礼，儀式，慣習といった文化的な上演は社会生活を表現・表出するものである。文化的上演は，共同体と個人の自己表現であるが，その舞台的な性格を考えれば言語による説明には還元しえない。その身体的・舞台的な表現は，身体的・舞台的にしか表出できない何ものかを含んでいる。身体的・舞台的な表現のミメーシスを介して，この表出形態の把握，理解，伝達が可能になる。他の人間の舞台的行動に対する拡張と類似化の過程を通して，他の人間の特殊でそれ以上遡りえない身体性が経験される。他の人間の象徴的にコード化された身体的な表現・表出形態が学ばれ，個々人にとって既知であるコード化と結びつけられ，

---

[106] Hall/Jefferson 1993.

個人ごとに異なる形で処理される。象徴的にコード化された身体的な表現・表出形態のうち、儀礼は特に重要である。儀礼は共同体の舞台的な上演であり、舞台的な上演はその特質を大部分儀礼の助けを借りて演出・維持・変容させるのである。

社会的行為および社会的行動のミメーシスを介して、人間の行動の、ミメーシス的なものと密接に結びついた遊戯的な側面も経験される[107]。儀礼的行為の遊戯的な構成要素は、個人による加工や変異の余地を、さらには突き放した見方や根本的な変容の余地を、容認するため、儀礼の維持と作用に大きく貢献する。遊戯的な側面は決断の可能性を容認するが、だからといって儀礼がその機能や威力の一部を失うわけではない。強固な社会構造のなかで遂行される行為と遊戯的要素は緊張関係にある。したがって、遊戯的な要素が姿を見せるのは、どちらかといえば社会的な労働と構造の周縁、つまりコムニタスと共同体の領域だということにもなる。このことは、遊戯的なものが不安定性と未決性、自然発生性と直接性によって「生きている」だけになおさら当てはまる。そうしたもののための居場所は、社会的な役割連関や構造のなかにはほとんど存在しないのである。

コムニタスの帰属意識によって動機づけられ、かつ条件づけられた社会的行為は、遊戯的なものと同様、しばしば内的溶解によって特徴づけられる。溶解がもつ性質は、行為者に強度と内的充足感をもたらす。創造的な活動にとって、この内的溶解は重要な前提である。この条件は、芸術的活動と科学的活動、社会的活動とコミュニケーション的活動に同じように当てはまる。ミハイ・チクセントミハイはこの過程をより詳細に考察してその自己目的的な特質を浮き彫りにし、それに「溶解体験(フロー)」という概念を与えた[108]。儀礼の舞台的な約束事にとっても、舞台的な上演の持続にとっても、行為者の内面におけるこの「溶解」は中心的な重要性をもつ。こうした「溶解体験」のなかにある満足の感情が帰属感情を作り出す。この感情は儀礼化された行為のなかでも生じる。溶解体験と、コムニタスを創出するその効果にとっては、共同体の構成員のミメーシス能力が重要である。この能力は、行為者同士の類似化を可能にし、それを

---

107) Schechner 1985.
108) Csikszentmihalyi 1985.

通して共通の，ないしは共同体創出的な溶解体験を成立させる。〈互いに似たものになること〉が，儀礼の共同遂行のなかで，感覚的・身体的な「伝染」を介して生起する。この「伝染」は，行動制御や責任を個人が放棄することへと至る可能性さえある。このような状況では，ミメーシスはいつミミクリーへ転化するかわからないし，共同体創出的な儀礼はいつ個人に対するむき出しの適応強制へと変質するかわからない。

儀礼は先行するモデルに自らを関係づけるものであり，かつこのモデルはそのつどの上演のなかで新たに造形される。この点で儀礼は模倣の要素を含んでおり，ミメーシス的である。儀礼の多くは一つのグループないし共同体のなかで遂行されるのであるから，儀礼の上演に関連づけて社会的ミメーシスを語ることは十分に可能である。社会的ミメーシスの形態として儀礼を見た場合，儀礼は感覚的な次元を指し示している。儀礼は身体を演出し，身体運動によって感覚と感情，願望と憧憬を演出する。こうした演出のなかで，儀礼は知覚（アイステーシス）と表出，行為と行動を結びつけ，模倣や共演を促すような社会的出来事を現出させる。身体的に表出される行為・行動様式・反応は模倣され，図像や音の連鎖や運動のシークエンスという形で，ミメーシス的にふるまう者のなかで想起可能となる。それらは，内的な観念界・音響界・運動界の一部となり，構想力にとって利用可能となり，新たな連関のなかでの活性化や変形が可能なものとなる。社会的ミメーシスの助けを借りることで，既存の行動様式・行為形態に新たな行動様式・行為形態の層が積み重ねられ，既存の行動様式・行為形態が拡張される。

儀礼の過程は家族，学校，会社といった社会的制度のなかで行われ，こうした制度の構造が儀礼の過程の可能性と限界を規定する[109]。儀礼の過程に個々人がミメーシス的に取り込まれることを介して，制度的構造のなかに含まれる権力関係は実現する。ミメーシス能力はまた，制度的構造のシンボル的コード化のなかに含まれる矛盾を受け入れ，それを処理吸収する。制度的な儀礼へのミメーシス的関与を介して，制度の価値や規範は関与する者の身体に刻み込まれる。制度的な価値・構造・行為形式のこうした伝達が，社会的制度に持続性

---

109) 日常的な儀礼については，Goffman 1974; Moore/Meyerhoff 1977; Soeffner 1995 を参照。

と一貫性を与え，またその変容やいっそうの発展を可能にする。

　儀礼と儀礼化のミメーシスを通して実践知が獲得される。実践知は，本質的に儀礼化を通して作り出されるハビトゥス的な知である。それは，それ以前の行為から生まれそれ以後の行為の出発点となるような様々な経験の，成果である。実践知は，規則に導かれた知や分析的な知ではなく，行為の知である。したがってそれは，論理や概念によっては不十分にしか把握できない。一義性を確立する試みは，実践知が十分には定義できないという事実によって挫折する。いかなる解読も解釈も一義性と論理を実践知に与えることになるが，そうした一義性や論理を，実践知は行為の瞬間には有しておらず，またその時点では必要ともしていないのである。儀礼的なミメーシスの助けを借りることで実践的な身体知が生み出され，この身体知が，多層的で矛盾に満ち理論に抵抗するような生活実践の，形成に貢献するのである。

　儀礼と儀礼化の助けを借りることで模範像やモデル状況が作り出され，それがミメーシスの出発点となる。ミメーシス的過程は，芸術・文学・科学に由来するような表象に結びつくこともありうる。現実の儀礼と想像上の儀礼化，儀礼的な行為と儀礼的な場面は，同様に社会的ミメーシスの準拠点となることができるわけである。

　儀礼と儀礼化は，神経症患者の場合には強制性格をもった空虚な行為形式であるかもしれない。それはまた，対立する試みの間の妥協の結果であるかもしれないし，秩序化の機能を満たすものであるかもしれない。儀礼と儀礼化は，様々に異なる感覚・感情・解釈を許容し，身体的遂行の多義性にもかかわらず身体的遂行を通して一定の共通性を作り出す。このため儀礼と儀礼化は葛藤の調整に強力な寄与をなすことができる。

　儀礼と儀礼化のもつミメーシス的な性格は，それに関与する者たちに意味の経験を提供する。儀礼的行為の反復を介して，組織と制度は意味を作り出し，その組織形態と構造が不動であるかのような印象を生み出す。危機状況においてはじめて，制度のこうした自己確証は揺るがされる。

　そうした危機状況では，儀礼の社会的な力は，儀礼がもはや共同生活をまとめ難いほどに揺るがされる。状況は混乱し，崩壊の危機感が共同体を襲う。そのような危機的な瞬間には責任を負う者が探される。その者に罪が帰せられ，

その者の犠牲によって共同生活は秩序を再建するのである。贖罪の山羊の創出を通して，危機を克服するための新たな儀礼が生じる[110]。この責任転嫁の儀礼をミメーシスすることで，共同体の問題に対応する犠牲が求められ見つけ出されるようになる。犠牲の代理性格は共同生活に意識されてはならない。さもなければ，贖罪の山羊の創出，そしてそれと結びついた，危機に対する責任からの共同生活の負担免除，という危機克服のための儀礼のメカニズムは機能しないからである。贖罪の山羊の産出と犠牲というこの種の儀礼は，共同体の帰属意識の維持にとって大きな役割を果たしている。このメカニズムが見抜かれた場合にのみ，そのメカニズムに含まれる暴力を制限し，あるいは無効化するという可能性も生じる。

教育制度は，儀礼と儀礼化のこうした可能性をとりわけ利用する。儀礼によって，その社会的機能を完全に見破られることなしにその機能を果たすことが制度に可能になる。こうした状況を考えれば，家族，学校，学校外教育制度における儀礼と儀礼化のエスノグラフィー的な研究には重要な課題が与えられているといえるだろう[111]。

2. 労働の身振りと労働の儀礼

方法論的考察

労働と人間形成は，人間の完全化の二つの中心的な戦略として捉えられる。その成功と失敗は文明化過程の分析を通して再構成することができる。この仮定から，二つの方法論的帰結が導かれる。完全化の戦略としての労働と人間形成がいかなる目標に向けられているのかを理解するためには，この二つの戦略に関して，一つには歴史的な分析が，もう一つにはエスノグラフィー的な分析が必要なのである。完全化の戦略としての労働と人間形成は，内容的な点では，そのつどの文化やそのつどの歴史的段階によって違いが出てくる。その際，一見普遍的だが実はヨーロッパ中心的で非歴史的な命題に固執するよりも，文化

---

110) Girard 1987, 1988.
111) Wulf u.a. 2001, 2004, 2007, 2011; Wulf/Suzuki/Zirfas/Kellermann 2011〔日本語版：2012〕; Paragrana 2013a.

間・時代間の差異を理解することに，今日ではより多くの関心が向けられる。労働，教育，完全化といった概念は，文化や時代によって意味を異にする。異なるものが思念されているにもかかわらず，同じ概念を使用することで同じものを想定する危険がある。歴史的人間学の研究手法の枠組みのなかでは，同一の概念使用によって覆われた差異を浮き彫りにし概念にもたらすことが重要になる。

労働の拡充と稀少化──二律背反の関係

1993年10月にフォルクスワーゲン社が賃金調整なしの週4日制を導入した時，それは労働社会から労働が消失したということを示す，もはや見逃しようのない指標となった。このことをすでに以前から予見していた人もいた。たとえばハンナ・アレントは先見の明をもって次のように記している。

>「私たちが直面しているのは，労働者に残された唯一の活動力である労働のない労働者の社会という逆説的な見通しなのである。もちろん，これ以上悪い状態はありえないだろう。」[112]

あらゆる産業国家は，自己自身を圧倒的に・労・働・社・会として理解している。労働は，「それに基づいて労働社会が自らをかろうじて理解できる，たった一つの活動」である。近世(ノイツァイト)の開始以降，とりわけ近代(モデルネ)と産業化の開始以降，労働はますます，生活を決定づける目印そのものとなった。個人や社会の自己理解の大きな部分が，この労働という目印を介して決定されることになる。労働が稀少になったり，あるいは全く欠如したりすれば，個人にとっても社会にとっても意味の危機が発生する。

そ・れ・ゆ・え失業は，「われわれの社会の根本スキャンダル」なのである。失業は，人間が生存のために最低限必要とするものを人間から取り上げてしまう。「失業とは，失業に見舞われた人間の身体的ならびに心的・精神的な十全性や無欠性に対する，暴力行使であり加害行為である」[113]。今日，ドイツで300万人弱，EUでは2000万人超，ヨーロッパ全体で3500万人が失業に見舞われている。経済成長によって十分な数の働き口を創出し・慢・性・的・な・失・業を克服すると

---

112) Arendt 1981, S. 11-12.〔邦訳：15頁。〕
113) Negt 1984, S. 8.

いう希望は依然として根強いが，この希望が幻想であることは明らかである。高すぎる賃金コストと硬直的すぎる賃金構造で大量失業を説明するやり方は短見にすぎる。それ以外の理由として以下のものが挙げられる。
- かつての計画経済から市場経済への東ヨーロッパ経済システムの再構築
- 国際的な景況
- テクノロジー革命。その過程で，技術に起因する生産性比率は経済成長率を上回り，その結果，成長によって創出される以上の数の働き口が失われた。

確かに，慢性的失業という現象は経済や政治の立場から考察されている。しかし，それに政治的に介入することは徹底して回避されている。示唆されるのはむしろ，失業のこの形態も，成長を目指した経済政策という従来型の措置によって克服可能だということである。そこで故意に見落とされているのは以下のような事態である。過去数十年間で，可処分所得の相当の上昇を伴う力強い経済成長が生じた。しかしこの経済成長は限定的な雇用効果しかもたなかった。このため，経済成長にあずかる一大部分と，経済成長から排除されたますます大きくなる部分への，社会の分断が生じた。貧困層——失業者，社会保障受給者，ホームレスといった人々がここに含まれる——の増加を伴うこうした二階級社会への展開がいかなる社会的・政治的帰結をもたらすかは予見しがたい。政治的急進化と暴力の増加が，増大する社会的対立の目に見える表現形態である。

　家庭生活や社会生活と並んで，われわれの社会では多くの人々がその人生の意味を最も強く労働を介して規定する。労働の助けを借りることで，物質的な欲求の充足や社会的・個人的承認の獲得が可能になる。社会的に組織された労働への関与は個々人の社会的承認を確かなものにする。労働には主観的・対人関係的・全体社会的な意味がある。労働の様々な意味とその意味の変化は社会にも個人にも自由にすることはできない。個々人にとっての労働の意味は，その人生の経過のなかで形成される。労働を介した意味創出の過程は，家庭で始まり，学校で受け継がれ，労働世界で本格化する。労働と結びついた価値と規範が生活を構造化し形作る。そうした価値・規範としては，やる気と参画，合理性と精確性，誠実さと義務遂行，創造性と先取の精神が挙げられる。すでに

子ども時代からこうした価値の受容が追求される。その後もこうした価値は継続的に導入され訓練される。最終的には労働の世界が，労働する者の身体にこうした価値を刻み込むための社会的制度となる。

　労働は遂行能力を促進し，生存を安定させ，個人が意味とアイデンティティを得るための支えとなる。社会から労働が失われてしまえば，あるいは，労働がもはやあえて行うに値しないということになれば，労働の社会機能や分配について新たに決定する必要が出てくる。この決定過程との関連で労働時間短縮の様々な形態が検討される必要がある。前世紀に週労働時間を 70 時間から 35 時間へ，生涯労働時間を 11 万時間から 5 万 5000 時間へと半分に短縮した発展の方向が逆転することはおそらくないだろう。新しいテクノロジーの発明は労働の稀少性の増大を招く。というのも，そうしたテクノロジーは確かに経済的な成長をもたらすが，しかし同時に，テクノロジーによる合理化と効率性上昇ゆえに，既存の社会的労働の減少を引き起こす。これまで，労働機会の減少はとくに農業と工業の分野に広がっていた。しかし，サービス業分野──今日就業者の 50% 以上が働いている──の急速な拡大も，合理化と効率化に伴う労働の削減というこの全体的展開を埋め合わせることはできない。

　労働の未来は，今後数十年の人口統計学的な展開によっても規定される。それに従えば，ヨーロッパの大部分で労働は今後 10 ～ 15 年は依然として稀少なままにとどまると思われる。とはいえ，移住者なしでは現在の 8000 万人以上から 2030 年には 6500 万人へのドイツの人口減少がほとんど避けようもなく到来するのであるから，就業者が処理できる以上の労働が将来的に存在する可能性もある。こうした展開を埋め合わせるいかなる処置もなされなければ，就業者の数は，1990 年段階と比べて，約 10% 減少し全人口の 50% 以下となるであろう。今日の段階では，ますます稀少化する労働をいかに配分するかについての熟慮が必要になっているわけであるが，中期的に見れば，再び労働時間の延長を考慮に入れねばならないのである。こうなると，教育訓練期間の短縮と，年齢に応じた職業機会の提供による生涯労働時間の延長を議論する必要が出てくる。労働の稀少性と過剰性という，今後何年かは拮抗し続けることになるこの二つの傾向は，全社会的労働の編成における柔軟性の増大を求めるものである。

柔軟性を向上させるための根本的な措置として，経済学者は労働時間と就業時間の分離を提案している。この措置によって，年間労働時間がアメリカや日本と比べてドイツでは少ないために生じる競争上の不利を埋め合わせることが期待されるのである。時間あたりの労賃が比較的高いことから生じる競争上の不利は，個々人の柔軟な労働時間を企業全体の就業時間の延長に利用する可能性を企業が確保することによって調整されるべきなのである。そうなると，契約条件によっては土曜日が再び通常の労働日になるかもしれない。個々人の許容度に応じて変化する労働時間の可能性を考える必要があるかもしれない。そのためには，パートタイム労働，労働日の可変化，「サバティカル」，就業時間の延長，といった手だてが考えられるだろう。最後に重要とされるのは，企業の多くの機能の外部委託を，請負契約，契約社員，下請企業といったものによって容易にすることである。経済・財政学者のベアト・リュールップは，こうした考察から以下のような結論を下している。

> 「未来の労働は，内容的により上質となり，より複雑となり，情報処理指向となるであろう。この変化した労働内容は，「女性化」「老齢化」「縮小化」「外国人化」しつつある労働人口によって，より短い週労働時間のなかで，しかし，より長い生涯労働時間のなかで，現在よりさらに個人ごと・企業ごとに異なる要求に向けられたより柔軟な組織形態で，遂行されるであろう。さらに確かなのは，労働の未来がもはや今日のわれわれの「自由な週末という時間文化」や，「充実した労働生活」の労働法上の基盤である「正規労働関係」の優位によっては特徴づけられなくなるだろうということである。」[114]

　この種の考察の限界は，その出発点が企業とその競争力の側にあるという点にある。そうした考察のなかで個々の人間が考慮されていることは稀である。しかし個々の人間にとって，労働の喪失はしばしば罪責感や価値剥奪と結びついている。個々の人間にとって労働は本質的に物質的な生存の確保以上のものを意味している。労働は個々の人間に個人的・社会的な安心の感情を与え，社会的承認や自尊感情や自己実現をもたらす。このように考えると，そこからは多くの問いが出てくる。

---

114) Rürup 1994, S.49f.

- 豊かさと社会保障とのドイツに特徴的であるような結合が競争力を破壊するのを，いかに防止できるのか。
- 有業者と長期失業者の間の生活状況の格差が社会的危機へと至るのを，いかに回避できるのか。人件費の高さにもかかわらず低賃金国との比較においても競争力を維持するような労働の配分と組織は，いかに可能になるのか。
- 労働市場と失業との狭間に位置するかなりの数の人々のために税金で設置される「第二の労働市場」は，救いとなりうるのか。
- 新たな——さしあたりは低賃金しか支払われないかもしれない——労働分野，たとえば家事労働，老人看護，名誉職的活動などを特化することによって，所得労働の範囲を拡大することは可能であろうか。
- 限定的な自給自足経済の形態——たとえば農村地域で一部の世帯が若干の食料を自ら調達するといった——を考えることはできないだろうか。
- 新たな労働形態・生活形態を，収入に依拠しないエコロジー的な税制改革——その枠内では労働の生産性の代わりにエネルギーの生産性が高められることになる——の展開によって創出することは可能であろうか。

労働の身振り

　今日の労働の社会的状況を以上のように素描することで明らかとなるのは，資本主義的に組織された市民的な産業社会のなかで発展してきた労働の身振りと儀礼が，危機に陥っているということである。労働を創出したり組織したりする新たな戦略が必要なだけでなく，労働と生活の関係を理解するための新たな地平が必要になっている。ヨーロッパにおける文明化過程の進展のなかで，労働は生の意味をなす要因そのものとなったのであるが，こうした労働の重みづけは再考される必要がある。再考を進めるなかで，労働と教育の関係に関する新たな展望が生じるであろう。人間の意味発見にとっての労働の意味の相対化と，すでに若い世代に部分的にその兆しが見られるような，生活遂行にとって重要な価値のラディカルな多元化が求められている。生活遂行にとって重要な要素のより強力な多元化を達成するためには様々な可能性が考えられる。その一つが，労働に対する私たちの関係の歴史的再構成である。こうした歴史的

再構成という枠組みのなかで,労働を社会的構築物として認識することが可能になる。こうした歴史的制約性を明らかにすることによって労働の構築的な性格が明らかとなる。これによって労働に対する現在の私たちの関係——その創出にとってはカルヴィニズムと資本主義と産業化が重要な部分として関与している——の歴史的な変容可能性が明らかとなる。

　労働を身振りや儀礼として考察することで,労働とその未来についての議論のなかではほとんど取り上げられていない様々な次元が議論になる。身振りとしての労働の理解は,労働に対するわれわれの関係が,したがってまた世界や他の人間に対するわれわれの関係が,幼児期からハビトゥス化され,身体化されているということを示唆するものである。労働と儀礼の結合もまた,社会集合の成立にとっての,また共同生活の内的凝集にとっての,労働の基本的な重要性を示唆する。労働の儀礼化において,文化的な「上演」および演出としての労働という,持続的な影響をもつ労働の特性もまた現れ出るのである。

　労働の身振りについて語る場合,人は労働を一つの身体運動として捉えることになる。身振りというものの意味を考えたとき,意図をその基盤にもつ有意的な身体運動,としてそれを理解することができる。ただし,この身体運動の表現・表出形態を運動自体から説明しつくすことはできない。身体的な表現・表出形態としての労働の身振りと,解釈の助けを借りて明らかにされるその言語的な意味との差は,取り除くことができない。労働の身振りは,その意図を越える内容を含みもっている。

　身振りとは,単なる「身体内存在」の状態から抜け出して身体を用立てる試みである。人間の脱中心的な地位がそのための前提となる。この脱中心的な地位によって,人間は動物のようにただ存在するのでなく,自己から抜け出て,世界に対しても自己自身に対しても態度を取ることができるようになる。労働の身振りもまた,言語や想像力や行為と密接に結びついたこうした人間的な能力に基づいている。

　表情による身体表出とは異なり,身振りは,身体とも,またそのつどの特殊な社会状況とも,切り離し可能である。そのことによって身振りは造形可能・学習可能となる。表情のなかでは,表出と感情,形態と内容,心的な内容と身体的な表出現象とが重なり合うが,身振りのなかでは,これらの諸側面が差異

を示すことになり、この差異が、身振りの意図的な造形を可能にする。人間は身振りを人間自身の表出として内部からも外部からも知覚できる。それゆえ身振りは人間的な表出能力・経験能力の核をなしているのである。身振りにおいて人間は自己を身体化し、この身体化において自己を経験する。身振り・儀礼・役割との社会的な関わりにおいて、身体であること（身体的存在）は、身体を持つこと（身体所有）へと転化する。この変容過程——そこでは労働が重要な役割を果たす——が人間的生存を可能にしているのである。

　身振りは、人間の自己馴化の過程で重要な機能を担う。身振りのなかでは「内」と「外」とが重なり合う。人間の世界開放性に支えられつつも、身振りは同時に人間の存在のこの世界開放性という条件を具体化によって制限する。身振りの意味は空間と時間に依存して変化する。性別や階級という点でも、身振りの違いを確認することができる。多くの身振りは性や階級に特有のものである。しかし性による違いのない身振りもある。労働の身振りは、性や階級ごとに異なる。それはしばしば社会的な空間や、特定の時間や、制度と結びつく。制度に特有の身振りを通して、制度はその権力要求を実現する。労働もまた一つの社会制度として捉えることができるのであり、この労働という制度の要求も様々なメカニズムによって実現されることになる。

　労働を支配的な生活形式として実現するための持続的な戦略として、作為の身振りと労働の身振りの人間の身体における制度化がある。ヴィレム・フルッサーは、ある種の現象学的アプローチをとることで、作為の身振りを労働の身振りに先行するものとして規定しようと試みた。その際に彼は、両方の手の呼応が人間存在の一つの前提条件であると指摘する。その前提条件は

「両手を一つの障害、一つの問題、あるいは一つの対象に収斂させることを要請する。この「完結した」身振りが「作る」という身振りである。この身振りは、両手が互いに重なるように、二つの面からその対象を押す。この圧迫の下で、対象はその形を変え、その新たな形、すなわち今ある世界に刻印されたこの「情報（Information＝形にすること）」は、人間の基本体制を越え出ていく方法の一つである。というのもそれは、両方の手を一つの対象において合致させる方法となるからである。両手は対象の世界へと広がる。両の手は、一つの対象を摑み、それを変形する。対象を押し合うことによるこの絶え間ない形態変化が、「創造の身振り」に他ならない。つまり、創るという身振りによって、両手は新たな形式を見出し、両手はそれらの対象に刻印を

押す。手は，客観的な文脈からそれらの対象を取り出した上で，その対象をこの文脈に向けて用いる。道具を与えられた手は元の対象を忘れてしまっており，そうした手にとっては社会的世界はもはや存在しない。「作る」というその身振りは，非政治的であり非倫理的なのである。」[115]

作るという身振りが労働の身振りを可能にする。作るといってもいまだ開かれたものであるようなポイエーシスの身振りから，文明化過程が進展するなかで労働の身振りが出現する。この労働の身振りの起源は，もはや狩猟・採集・遊牧の民として自然のなかをさまよい歩くのではなく，定住することへと人間を至らしめた過程にある。定住とともに，所有物となった土地の耕作が必要となった。性別分業やその他の分業形態が発展した。分業とともに，労働世界の分化と社会的位階秩序の形成が始まる。その結果分化した社会構造が生じ，その枠組みのなかで文化的な創造と洗練が進む。神話，宗教，儀礼はその際に重要な役割を果たし，労働の身振りの形成と具体化に本質的な貢献をなす。

儀礼はシンボルによってコード化された身体過程と見ることができるが，こうした儀礼によって，労働という社会的現実が産出されるとともに解釈され，保持されるとともに改変される。社会的かつ規範的に規定された空間のなかで，集団によって遂行される儀礼によって，労働の社会的規範が人間の身体のなかへと刻み込まれる。この刻印の過程によって，社会的な権力関係も身体化される。労働の様々な儀礼のなかでは，社会や文化や個人の自己演出がなされるが，この自己演出のなかで，必要な能力もまた獲得され，確証され，実践知へと変換される。

以下では，三つの例を取り上げて，現在危機に瀕している労働の身振りの形成に，いかに神話と宗教と近代化が関与しているかを示すことにしたい。

歴史的な視点：古代ギリシアとキリスト教

古代ギリシアの時代，すでにヘシオドスが物語るプロメテウス神話が，ヨーロッパ的人間の構築にとっての労働の重要性について重要な示唆を与えている。その狡知つまりメティスに突き動かされたプロメテウスは，ゼウスと対峙するようになる。ゼウスもまたメティスを特徴とするが，ただしそれは神的な，し

---

115) Flusser 1991, S. 61ff.

たがってすべてに卓越したメティスである。この物語の核心は，人間的狡知と神的狡知との決戦を描くことにある。誰が誰を欺くのか。誰が誰に欺かれるのか。偽りの贈物を互いが差し出す。対峙のなかからゼウスが勝者として姿を現す。人間と人間に肩入れしたプロメテウスは，神々と肩を並べようとするその不敬ゆえに罰される。人間には，神々と動物の間にあるというその位置が最終的なものとして割り当てられる。

　ヘシオドスの物語によれば，美味しそうな脂身に包まれてはいるが滋養にはならない生け贄の牛の骨を捧げることによってプロメテウスはゼウスを欺こうとする。ゼウスはこの試みを見抜く。激怒したゼウスは，これ以後，それまでは人間も使うことを許されていた天上の火の使用を人間に対して禁止する。ゼウスが気づかないうちにプロメテウスはその火を盗み人間に与える。しかし神々への挑戦は罰なしには済まない。ゼウスは人間に火を与えることを拒み，神々は人間が食物として必要とする穀物を隠してしまう。以前，人間は，自然に成長する穀類を食べるために身をかがめさえすればよかったが，穀物が隠されてしまったため，それを栽培しなければならなくなる。ポノス，すなわち耕したり，種をまいたり，収穫したりといった苦労の多い労働が，これ以後必要となり，それによって人間は自分を養うことが可能となる。神々と競争しようとする人間の思い上がりの報いとして，労働が罰となる。労働は人間を人間相応の分限に抑制する。神々には食物は不要である。動物は食物を労働なしに手に入れる。人間のみが，自らを養うために労働を強いられるのである。

　怒りにかられてゼウスはさらに厄介な決済を下す。ゼウスは，魅惑的なヴェールに悪を包み込んだ贈物を人間に贈る。すべての神々からの贈物であるパンドラ，つまり女性である。彼女はおとりであるとともに誘惑の手段であり，その動物的な本性は隠されている。彼女の胃の腑は食物をむさぼるが，その食物は労働によって生産されねばならない。人間は彼女の胃の腑の奴隷となり，彼女の胃の腑の欲求が人間の労苦と心配の種となる。さらにいえば，パンドラは，ゼウスが盗まれた火の代わりに人間に与えた炎，これ以後人間を焼き尽くすことになる炎なのである。結局のところパンドラの腹は母なる大地に対応する。生命を維持し創造するためには，母なる大地は耕作を，女性の腹部は交接を必要とする。あらゆる贈与は二重の底をもつ。贈与とともに，何かが与えられ，

同時に何かが奪われる。贈与は善と悪を混合させており，取り除くことのできない両義性を特徴とする。この神話のなかで言及される要素――（盗まれた）火，女性と結婚，穀物栽培と労働――はすべて近しい連関のなかにある。これらの要素は，神々と動物の間にあるというその地位を人間に割り当てるのに役立っている。その地位は以下のように規定することが可能である。

> 「人間は自らの運命を独力で左右する力を有してはいない。よって，神の加護を受けるために，人間は神々のために犠牲とならなければならない。
> 人間は栄養を摂るために，田畑を耕して穀物を栽培しなければならない。
> 食事を準備したり，道具を創り出したりするために，人間は火を必要とする。
> 最終的に，人類の繁殖のためには，人間の男は女を妻としなければならない。」[116]

神話はこのことを重ねて明確にする。神々の贈物はすべて諸刃の剣である。ところが人間には，どこにその両義性があるのかが前もってはわからない。このことは労働にもまた当てはまる。それは一方では罰であり，他方では人間の発展のチャンスである。

人間の品位にふさわしくない活動としての労働という労働観は，ギリシアのポリスの時代に至るまで保持された。ギリシア人にとって労働とは，単に生命維持に必要な物資の生産・調達に他ならない。そのようなものとして，労働は奴隷の役目であった。彼らは，家産に属する場合はオイケタイとよばれた。家産に属する奴隷とは異なり，職人であるデミウルゴイは，その労働を公的に提供し，この目的のために公共空間のなかを自由に移動することができた。のちにこの職人的労働に従事する者は，バナウゾイとよばれるようになった。彼らは身体労働を行ったが，公共的な事柄に関わることは許されなかった。身体の維持にのみ役立つ肉体労働はポリスのギリシア人にとって価値の低いものであった。活動，つまり政治的な生活（bios poloitikos）への関与は，身体維持に必要な労働が片付いたところで始まる。したがって，奴隷制度が，自由人の充実した活動の生活をはじめて可能にするわけである。

ユダヤ・キリスト教においても，労働の起源についての見方は基本的に変わらない。同様に神の掟の侵犯に対する罰である楽園からの追放によって人間の

---

[116] Vernant 1987 参照。

歴史は始まる。ここでも，今や人間に命じられることになった労働が決定的な役割を果たす。

「汝は妻の声に聞き従い，食べるな，と私が命じた樹から取って食べた。大地は汝のゆえに呪われるものとなった。汝はそこから一生の間，労苦のなかで食物を獲らねばならない。大地は汝のために茨とあざみを生えさせよう。汝は野の草を食さねばならない。汝が大地に帰るまで，汝は顔に汗して，食物を得ることになろう。汝は大地から取られたのである。汝は塵だから，塵に戻るのだ」[117]。プロメテウス神話と同様，創世記においても，楽園の後の状況を特徴づけるいくつかの要素が規定されている。そうした要素として，

● 災いを引き起こす魅惑的な女性
● 性，言語，意識，労働

がある。

聖書の「働かざる者食うべからず」は，労働の中心的位置づけを重ねて強調するものである。労働は，神と他の人間に対する義務である。信託された基金という比喩でもって，神は，神が人間に与えた所有物を増やすことさえ人間に要求する。神の御心にかなう生活は，神が人間に与えた事物の創造的な加工に現れる。神は人間に労働を要求する。労働において，人間は神の御前で自己を確証するのである。

中世のベネディクト修道会の規則にある「祈れ，そして働け」(オーラ・エト・ラボーラ)には，人間の労働への義務のいっそうの先鋭化が見られる。今や労働は神への奉仕（＝礼拝）となる。身分と結びついた分業はさらに細分化される。たとえば，中世都市における手工業者間の分化は，それぞれの同職組合の構成員が同じ通りや街区に住み着くことによって可視化される。トマス主義は労働分野の位階秩序を作り出す。最下層には農業が位置し，その上に職人がくる。頂点を形作るのは，聖職者，修道士，修道女，司祭である。神の命によって，彼らは人間の魂や，したがってまたその彼岸での幸福を，気遣わねばならないのである。

宗教的な労働を世俗的な労働の上に位置づけたトマス・アクィナスとは異なり，ルターは当初，地上の労働と宗教的な労働とを同等に位置づける。後にな

---

[117] 創世記 3, 17-19.

ると，ルターが地上の労働を宗教的・聖職者的な労働よりも上位に置いたことを示唆する徴候さえ見られる。トマス・アクィナスとの決定的な違いは，ルターが原則的に，あらゆる労働をその成果とは無関係に尊重するという点にある。これによって労働は，もはやその成果によってではなく，その根底にある心的態度によって評価されるようになる。労働の価値は，その心的態度にあるのであり，その目的や成果にあるのではない。あらゆる労働を同等に評価した理由は，労働のあらゆる形態は神が創造した秩序によって確定されており，したがって低級な仕事もまた神の思し召しとみなされる，という点にある。労働の様々な形態についての同等の評価は，ルターの考えに従えば至福に至るために製作物はもはや必要ではない，ということから説明できる。というのも，至福は神の恩恵によってのみ与えられる。労働の形態は，もはや魂の至福に役立つとは限らないのである。むしろ労働の形態は，全面的に世俗の秩序にとっての利益によって規定することが許される。これによって，労働は，神によって根拠づけられた世俗内的な自律性を獲得する。労働はもはや直接的に神に仕える必要はなく，人間の福利の増進に集中することができる。労働が人間に役立つことによって，労働は神にも仕える。労働の倫理的な価値基準は他の人間にとっての利益にある。他の人間との関係を介して，労働はキリスト教的な愛の活動領域となるのである。

　カルヴァンの場合にも，労働は神への服従に根ざしている。ただしカルヴァンの場合，労働はルターの場合以上に自己訓練と禁欲の手段となる。このことに対応して，労働は合理化され財貨生産の強化へと向けられる。カルヴァンが説いた予定説によれば，個々人には自分が選ばれた者であるかどうかは原則的に分からない。しかしながら，彼が選ばれた者であれば，この神の選択は，特別の道徳的な行動という形で現れるにちがいない。そうした行動とは，たとえば官能の厳格なコントロールであり，職業における神への服従であり，勤勉であり，自己訓練である。逆に，人はこうした行動様式から選ばれた者であることを推定する。労働における合理的な禁欲は，選ばれた者であることの目印となる。労働が成果を生めば，自分が選ばれた者であることをますます確信することができる。したがって，労働において成果を挙げるべく努めることが重要となる。身体，感覚，感情は，労働の要請に対して下位に位置づけられ，労働

の完全化に奉仕する存在となる。成果を挙げるために人は身を慎まねばならない。その際に問題となるのは，労働それ自体，つまり労働の喜びや労働で成果を挙げることの楽しみなのではない。そうした類いの労働指向であれば，労働それ自体に一つの価値が与えられることになろう。しかしこれは，世俗的なものへの許されざる執着となるであろう。こうした考え方は，労働と成果が神への奉仕（＝礼拝）ゴッテスディーンストであり，神の栄誉のためになされるものだということを忘れている。労働は神の正当化と人間の禁欲的な自己救済に奉仕するのである。労働の合理化は，労苦や気苦労の軽減だけではなく，労働成果の改善をももたらす。このような神による意味付与ゆえに，成果による充足ということはありえない。労働は持続的な，決して終わることのない課業なのである。神から見れば，達成されたものは無に等しく，いっそうの集中と拡大を求めるものでしかない。マックス・ウェーバーは，労働への構えと産業化と資本主義の拡大の間に連関を見てとり分析した[118]。

規律化社会：労働の喪失と拡大

　カルヴァン主義の労働概念に関する以上の考察は，近代の労働強迫を理解するのに役立つ。ヘーゲルとマルクスの哲学のなかで，それとはまた別の重要な観点が登場する。ヘーゲルにとって，神は「その主体化の歴史的過程のなかで，神にとっての他者としての世界に働きかける。（……）世界の歴史は，人間的主体性の造出であるとともに絶対的主体性の造出でもあるような，唯一の労働過程となる。この過程は，人間の絶対的な自己権能化の過程であると同時に人間の大きな苦痛となる」[119]。マルクスにとっても，労働は，その助けを借りることで人間が人間となる決定的な活動である。労働を介して，社会的な構造と位階秩序が作り出され，作り変えられる。労働を介して——それぞれの歴史的時代に応じた異なる仕方での——支配と抑圧が生じる。マルクスの場合には，工業化とそれに伴う労働の合理化・効率化に基づいて，また生産手段の正当な分配に基づいて，解放と人間に対する人間の不当な支配の廃棄への希望も生じる。市民社会においては，その社会的基盤が単に労働力を売ることにあるのが

---

118) Weber 2012.
119) Kloskowski 1994, S. 122-123.

労働者階級である。マルクスにとって，労働者階級の軛を断つことは人類そのものの解放に繋がる。

「マルクスにとって，人間は社会的に見れば本質的に労働によって規定されているのであり，このため人間の解放は労働からの人間の解放ではなく，労働それ自体の解放でなければならない。」[120]

この期待が後期資本主義において実現されなかったことは明白である。しかし，期待の基盤にあった労働と所有と支配の関係への問いが免除されたわけではない。

近代においては労働の身振りが急激に広まる。ますます広範囲かつ大規模に，労働の身振りは浸透していく。それは世界と自己自身へと人間を向かわせる原動力となる。それは規律化の手段となり，また自己規律と禁欲の表出となる。労働の身振りの遂行によって，労働とその継続的な効率化を可能にするような気分，感覚，態度が産出され，反復され，表出される。近代的な労働の身振りと儀礼のなかでのその創出にとって，以下の諸点は決定的である。

- 目的合理的な調整
- 時間の節約
- 労苦であるという性格
- 遂行能力への信頼
- 世界と自己の形成可能性への確信

他の身振りと同様，労働の身振りもまた複雑で，決して一義的なものではない。様々な実現形態の多様性があるに違いない。たとえば反復的な特徴が強く出た労働形態と自発性と創造性が中心的な役割を果たす形態との間の違いは非常に大きく，このためいずれの場合にも労働の単一の身振りについて語ることはほとんど許されない。労働の様々な身振りについて語るのが適切であるのかもしれない。

人間は繰り返し労働の状況を演出する。そうした状況の多くは儀礼的であり，際だった特徴を有しており，可視的であり，実際に見られることにもなる。他のあらゆる儀礼同様，労働の状況には始めと終わりがあり，時間のなかで，ま

---

120) Böhme 1985, S. 158.

た特定の空間のなかで実現される。労働の儀礼は，社会的実践の一形態として，社会的行為の戦略として理解することができる。その意味を目的・手段関係に限定することはできない。労働の儀礼は，一定の象徴的な意味をも有することで，またその象徴的な意味によって多重決定されることで，社会的機能を獲得する。労働の宗教的な起源を例にとることで，その多重決定的な特徴が明らかになる。労働は常に自己表現でもある。このことは，労働の儀礼が神あるいは他の人間を準拠点にしているとしても変わらない。今日の人間の自己表現は，本質的に労働の儀礼の演出を介して行われる。カルヴァン派が起動させたダイナミズムが進展し，まるで労働が人間の生の意味を保障する唯一の存在であるかのような，労働の圧倒的な集中と拡大が起こる。労働の集中はしばしば過重労働に帰着する。言い換えれば，あらゆる生活過程と活動の労働への従属が，そうした従属にもかかわらず労働の要求を十分には充たすことができないという経験を伴って生じることになる。労働は，応えるべき要求とはならず，応えることのできない重荷となる。これに伴って，労働の身振りは人間の生活のあらゆる分野に広がっていき，ついには政治的労働や文化労働，教育労働，それどころか関係労働といった言い方さえなされるようになる。

　労働があらゆる生活領域に拡がることによって，包括的な整序と規律化が生じる。人間の生は，それまで想像できなかったほどに労働によってかたどられるようになる。エリアス[121]とフーコー[122]は，文明化の過程において規律化と自己コントロールが演じる中心的な役割を浮き彫りにした。恥ときまり悪さの敷居を高めること，身体から距離をとること，外的なコントロールを解除して自己コントロールを強化すること——こうした過程は，あらゆる領域に浸透する労働という近代のハビトゥスにとって，極めて重大な意味をもつ。時間の支配つまりクロノクラシーの拡大が，労働社会成立の重要な要因である。というのも，労働の強制の下での人間の強制的画一化はクロノクラシーを介して生じるからである。大多数の人間にとってこのダイナミズムの終結など想像することさえ難しい。しかしこれまでになかった新事態が生じている。ますます多くの人間がこのダイナミズムから排除されるようになっており，また，一方に

---

121) Elias 1976.
122) Foucault 1977.

は無際限に拡大する労働のモロク神のごとき要求の犠牲となる一群があり，他方にはこの展開から取り残され，それによって社会に受け容れられた生活の圏外に排除される一群があるといった形での，社会の分裂が認められるのである。その帰結は，排除であり，孤立化であり，価値剥奪であり，経済的・社会的貧困である。

　規律訓練社会では，人間の規制は時間と労働を介して行われる。とりわけ時間と労働の構造化，およびこの両者の相互作用によって，近代の産業社会に即応した全面的に「接続可能」かつ利用可能な人間が作り出される。人間学的な観点から見れば，「時間」と「労働」という規律訓練的権力を介して，普遍的な人間が構築されるのだと想定できるだろう。この普遍的人間は，長きにわたって，個人としても種としても確実に完全化の途上にあると自己をみなしてきた。こうした展開を支えたのは，ここ数世紀を支配した大がかりなイデオロギーである。このイデオロギーは，つきつめれば，人間の絶えざる発展を邪魔するものなどない，という主張に帰着する。こうした「物語」がその拘束力を失うことで，普遍的な人間の構築可能性への疑惑も高まった。労働のエコノミーと時間のエコノミーは，現に今を生きているような人間の創出に重要な役割を果たしている。とすれば，時間の加速化と労働の稀少化に直面することで人間学的な問いは新たに設定し直されることになる。普遍的な人間に向けられた規範的な人間学の枠組みのなかでは，人間と人類の，労働を通しての完成可能性が主な問題となった。規範的な人間学の終焉を受け，人間の完全化の原動力としての労働の意味が薄れれば，人間の完全化と改善不可能性の関係に対する問いが新たに設定し直される。ますます多くの人間がもはや労働によって完全化されないのだとすれば，労働も人間もその普遍的な性格を失うことになる。こうなると，労働の機能を相対化することによって，長きにわたって想定されてきた人間の普遍的な性格を問いに付すことが必要になってくる。この場合，関心はむしろ，特殊な問いと問題をもった歴史的で個別的な人間に向けられる。ここに，人間の新たな形の自己関係に向けてのチャンスがあり，新たな形の反省的な歴史的教育人間学に向けてのチャンスがある。

　規範的で拘束的な人間学の終焉とともに，労働の普遍的な性格を相対化する必要性が生じるわけである。労働の諸形態を生活のその他の諸活動から区別す

ることが重要となる。これによって労働は生活の同義語という性格を失う。活動的生活(ヴィタ・アクティーヴァ)に関する研究のなかで，ハンナ・アレントはこうした方向で考察を行った。彼女にとっては，「それは私たちが行っていることを考えること以上のものではない」のであった[123]。労働ではなく活動的生活が中心にすわる。活動的生活の枠内で，労働と制作と行為とが区別される。活動が可能となるためには，労働すること，つまり自然との交換において生命を維持することが必要である。制作において問題となるのは，単なる生命維持を越えて，自然物とは異なる人工的な世界を，つまり人間や対象や客観性の世界を作り出すことである。行為においては，自然の世界との，あるいは人工的な世界との対峙ではなく，直接人間同士の間で演じられる活動が問題となる。この三つの活動形態はすべて，一定の身振りを伴う唯一の活動には組み込むことのできない異種の活動である。

　アレントによるこの区分は，労働とその普遍性要求を相対化するうえでも，また人間の自己理解のうえでも極めて重要ではあるが，しかしだからといってそれが困難をはらんでいるという事実を見誤ってはなるまい。この種の区分の困難は，分析的には非常に明確に区別できる諸領域が生活実践のなかでは重なり合い絶えず混ざり合うため，結局は区別したものの境界の見分けがつかなくなってしまうという点にある。労働と生活の関係をさらに詳細に分析することが重要になる。そうすることで，労働の普遍的な性格がさらに相対化され，それによって，労働，労働欠如（＝失業），制作，行為——活動的と観想的とにまたがる生活全般——との自在な関係の構築に向けての新たな展望も可能になる。

3. イメージとファンタジー

　「人間形成（Bildung）」は依然として教育学の中心的な概念であり，またこの概念は，教育と人間形成の過程にとってのイメージ（Bild）の重要性を文字通りに示している。にもかかわらず，イメージは長年教育学においてほとんど注目されることがなかった。「図像への転回(アイコニック・ターン)」によって，教育学の周辺でも状況

---

123)　Arendt 1981, S. 12.〔邦訳：16頁。〕

は変化した。イメージは興味深く問うに値するものとなった。「イメージとは何か」という問いは，今日，文化学における魅力的な問いの一つになっている。こうした展開の結果，イメージは最近では教育学のテーマともなっている。関心の重点は，教育研究の原資料としての図像にある。子ども期や世代関係や学校について，あるいは学習過程の組織化について，図像はどのような情報を含んでいるのか，が問題となる。これまでのところ，見ることと図像の成立と内的イメージの形成がどのように関わっているのか，といった問いにはほとんど注意が向けられていない。さらに考慮されることが少ないのは，イメージやイメージ連鎖やイメージ構造における，系統発生的なものと個体発生的なもの，集団的なものと個別的なものの関係である。この問いは，見ることとイメージとファンタジーの連関へ，身体と文化と歴史の連関へと人を導き入れるはずのものである。個人の内的なイメージ世界，つまり個人的な想像界は，文化的なイメージ世界，つまり集団的な想像界と，いかに結びついているのだろうか。こうした問いは，教育と人間形成の歴史文化的で教育人間学的な基盤に向けられており，教育学にとっては依然として新しいものであるような一研究分野を開示することになる[124]。

ファンタジー，想像力，構想力

　ファンタジーは，最も謎に満ちた人間の力能の一つである。それは生活世界に浸透し，実に様々な形態で姿を現す。ファンタジーが捕捉可能になるのはそれが具体化された形態においてのみである。ファンタジーそれ自体は一義的な規定から逃れてしまう。ファンタジーは，描かれるものがたとえ存在しなくてもイメージを知覚する，という能力を含んでいる。それは内的な視覚の力能を意味する。ファンタジーの概念についての最も早い言及はプラトンの『国家』に見られる。『国家』の第10巻で，画家が行うミメーシスが「見える姿を見えるがままに」真似る描写，として定義されている[125]。アリストテレスでは，ファンタジーは，「ちょうど物事を記憶術の体系に従って並べておいて，そこから影像を作り出すひとびとのように，眼前に何かを作り出すこと」とされて

---

[124] Schäfer/Wulf 1999; Wulf 2014.
[125] pros to phainomenon, os phainetai.

いる[126)]。ファンタジーは「それによって何らかの表象（phantasma）がわれわれに生ずるとわれわれが語るもの」である。古代ローマでは，「ファンタジア」と並んで「イマギナチオ」が登場する。イマギナチオ（想像力）とは，イメージを自己のなかへと取り込み像を作る活動的な力を意味する。パラケルススは，このイマギナチオという語を，「構想力（アインビルドゥングスクラフト）」というドイツ語に翻訳した。ファンタジー，想像力，構想力は，外のイメージを内へと取り込む，つまり外界を内界に転化する人間の力能，ならびに，様々な出自と意味をもった内的イメージ世界を創造・保持・変形する能力を言い表す，三つの概念である。

　ファンタジーには，内部と外部とが交差しあう交差配列の構造がある。イメージの知覚や産出にとって極めて重要なこの構造については，メルロ＝ポンティとラカンがともに指摘している。自己同一的な客体が，さしあたり「空（から）」であるような見る主体に対峙する，という構図を前提にするような見ることについての観念では不十分なのである。むしろ，見ることのなかに——

> 「（……）まなざしで触れることによる以上にはわれわれが近づくことのできない何らかのもの（……）がある。（……）まなざしは，見えるものを包みこみ，それに触れ，それに身を添わせる（……）まなざしは，見えるものとあたかも予定調和の関係にあるかのように，見えるものを知る以前にすでにそれを知っていたかのように，自分流に急激で不規則な断固たる調子で動きまわるのだが，それにもかかわらず，摑み取られた眺めは任意偶然のものではないのである。私が眺めるのは無秩序でなく，諸事物なのである。だから結局，支配権を握っているのは私のまなざしなのか，それとも諸事物なのか，いずれとも言えないことになる。」[127)]

見るときだけでなく，触れるとき，聞くとき，そして原則的には嗅いだり味わったりするときにも，感覚と感覚によって知覚される外界とのこうした交差が生じる。

　人間が見るということは，無条件に生じることではないのである。一つには，われわれは世界を擬人的に，つまりわれわれの身体に備わった生理的な前提条件に基づいて，見る。もう一つには，われわれが見ることのなかには，歴史的・人間学的な，ないしは文化的な前提条件が入り込んでいる。たとえば，文

---

126)　Aristoteles 1979, III, 3.〔邦訳：140 頁。〕
127)　Merleau-Ponty 1994, S. 175.〔邦訳：211-215 頁。〕

字の発明と普及の後では、見るということは口承文化での見るということとは異なっている。見ることは、ニューメディアと、ニューメディアとともに生じる加速化によっても、同様に決定的に変化する。ゲシュタルト心理学の研究が示したように、ファンタジーはすでに単なる知覚において、たとえば欠如を補うような知覚補完において、一定の役割を演じている。同様のことが、見たものに意味を付与することを可能にする文化的な準拠枠にも当てはまる。見ることは、どんな場合でも、歴史的・文化的な条件によって可能となるとともに制約される。そのようなものとして、見ることは可変的であり、偶有的であり、未来に開かれている。

ラカンにとって、見ることは想像界に根をもっている。彼は想像界を前言語的で身体的な状態に位置づける。そこでは、個人はこの状態の限界や欠乏をまだ意識してはいない。想像界はその起源を幼児の同一化のなかにもつ。この同一化は非常に強く、そのために幼児は母親を自分とは「異なる」存在としてはまだ知覚していない。幼児は、母親の身体がまとまりをもつことに強い印象を受け、それに魅了される。鏡を見るかのように、母親の身体的な全体性のなかで、自分自身の無欠性と力が体験されるのである。しかし同時に、母親の全体性の経験は、自分自身の「完全性」を脅かすものとなり、また不完全性と他者への依存の体験となる。自分自身の不完全性と有限性の経験のなかに性的な主体の起源もある。ラカンにとって、イメージの世界である想像界は言語の世界である象徴界に先立つものである。カストリアディスはこの位置づけを受容し、想像界と象徴界の関係を以下のように規定している。

「想念上のものは、自己を《表現する》という当然なことのためのみではなく、《存在する》ために、潜在的なものから何であろうとそれ以上のものに移るために、象徴的なるものを活用しなければならない、という事実を人が熟慮するなら、たちまち現れる。この上なく練りあげられた妄想も、もっとも秘密なもっとも曖昧な幻想も、諸《映像》から作られている。しかしそれらの《映像》は他のものを表現するものとしてそこにあり、したがって象徴的な機能を帯びている。しかしまた逆に、象徴系は想念上の能力をあらかじめ仮定している。なぜならそれは、あるものの中にそれではないものを見る能力、それではない別のそれを見る能力を、あらかじめ仮定しているからである。しかしながら、想念上のものが、存在しない（知覚の中で与えられていない、あるいは決して与えられることのなかった）あるものやある関係を、表現形式の下で

提起するか自らに与える，生来の能力に結局は帰着する限り，われわれは，実際の想念上のものと象徴的なものの共通の根源として，最後のあるいは根源的な想念を語ることになろう。映像を喚起するのは，結局は基礎的な除去しえない能力である。」[128]

ファンタジーを位置づけようとするアルノルト・ゲーレンの試みもまた，論じ方の大きな違いにもかかわらず同様の方向を示している。彼は次のように述べている。

「われわれの子ども時代の夢の山塊や，(両性の交わりによらない) 植物的生殖の太古の時間など，といった想像力の故郷にたどりつくのではないだろうか。この，増大してゆく生命が，その力をふるう場所には，(生命の事前設計図である) 根源的想像力が，多彩な映像の形で，存在しているにちがいない。より高い造形力をめざして，また，より強い「生命の噴出」をめざして(……)。これは，生命の直接的な理想——すなわち，生命の実体 (substantia vegetans) の中にある，より高い質，より多い量 (生命の場合，この区別は，難しいのだが) を求める方向——のあらわれに他ならない。」[129]

ゲーレンはファンタジーを過剰な欲望の投射として見る。しかし，ファンタジーは欲望の過剰を前提とさえしているのかもしれない。そのことによって，「生の衝迫の充足イメージをファンタジーのなかで描く」[130]ことが可能になるからである。いずれにせよ，ゲーレンの見方によれば，ファンタジーは，「欠如存在」としての人間の地位や，退化した本能装備や，刺激・反応間の落差に結びついている。これによってファンタジーは欲求・欲動の運動や充足の願望と関わることになる。しかしファンタジーの働きはこれにつきるものではない。人間の可塑性と世界開放性は人間の文化的造形の必要性を示している。ファンタジーはここで極めて重要な役割を果たすため，人間を「理性的な動物というよりは，想像力の動物とよぶほうが，当たっているのではないだろうか」[131]。

ゲーレンとカストリアディスの立場は，出発点においても論証においても大きく異なっているが，社会や文化や個人性を生み出す集合的な力として想像界を捉える点では類似している。

---

128) Castoriades 1984, S. 218.〔邦訳：270-271 頁。〕
129) Gehlen 1978, S. 325.〔邦訳：329-330 頁。〕
130) Flügge 1963, S. 93.
131) Gehlen 1978, S. 317.〔邦訳：322 頁。〕

呪術，表象，シミュレーション

　イメージは多義的である。イメージは死に対する不安ないし死ななければならないという不安から生じた——しかもそれについての意識が育つはるか前に——という推察は的はずれとはいえない。ディートマ・カンパーによれば，

「人間がそこから生まれてきたところの傷を覆い隠すという目的が図像にはある。だが，この目的は達成されえない。隠蔽されたすべての記憶は想起されもするからだ。それゆえあらゆる図像は，たとえ深淵で「宗教的」な動きを見せるものであろうとも，基本的には「性的」なのだ。このため図像は——ロラン・バルトの言うように——「死の化身」と呼ばれるのである。図像は，人間の欲望の転換において不安を利用しながら主役を演じる。図像は，起源に対する経験的無関心を代理する。図像は出発点としての悪に取って代わるものである。最初，図像は，すべての両義的なものを貫いて母の声があまねく響き渡っていて欲しいという希望を保持している。しかしそれと同時に，図像は厳粛なものから平凡なものへと転回する。なぜなら，不安の克服の第二章は複製化だからである。そして図像は虚像と化す。これは本末転倒である。」[132]

　文化学的な問題設定のもとではイメージを3種類に区別することができる。
- 呪術的現前としてのイメージ
- ミメーシス的表象としてのイメージ
- 技術的シミュレーションとしてのイメージ

　これら3種類のイメージの間には様々な重なり合いがある。にもかかわらずこうした区別には意味があると思われる。対立を含んだ様々な図像的特徴を同定することがそれによって可能になるのである。

　図像がまだ芸術作品とはなっていなかった時代のイメージとして，呪術的イメージ，偶像イメージ，聖的イメージがある。ハンス・ベルティングは，『芸術の時代以前のイメージの歴史』でそうしたイメージに注目した[133]。ただし彼が論じているのは，すでに表象たることを意図していた古代末期以降の偶像的イメージのみである。神々に呪術的な現前を付与するようなイメージは神像ないし偶像とよばれた。そうしたものはアルカイックな文化に見られる。粘土や石で表現された太古の豊穣の女神はその一例である。ジルベール・デュランは，「想像的なものの人間学的構造」についての彼の有名な本のなかで，イメ

132）　Kamper 1997, S. 592.〔邦訳：279 頁。〕
133）　Belting 1990.

3. イメージとファンタジー

ージの一小宇宙を構想したが[134]，そのなかのイメージはかなりの部分が呪術的イメージの世界に属する。「昼の秩序」のイメージと「夜の秩序」のイメージが区別され，それぞれが第一部，第二部で扱われている。最後の第三部では，超越論的ファンタジー論のイメージが論じられる。デュランの研究は，イメージ化された集団的想像界の相当部分を記述し構造化する試みとなっている。そこでわかるのは，現前のイメージから表象のイメージへの移行が流動的だということである。芸術，宗教，日常生活にみられるシンボルについてのフィリップ・スランジュの研究も同様の方向を示している[135]。ここでは表象としてのイメージの境界が最終的に踏み越えられている。動物の想像上のイメージが描かれ，その意味が簡潔に述べられる。想像界のイメージとして陸生動物（牛，馬・ロバ，山羊・羊，猫・犬・豚，兎，ゾウ，ラクダ）のイメージがある。これは鳥と魚にも広がり植物界（生命の木・ヤシ・杉・オーク，花・バラ・百合・ハス，穀物，果物，など）を包摂する。それはコスモスや元素（火と光，煙・雲・霧，水，土，岩と洞窟，空気，太陽，月，など）に関わる。建築物のイメージ（宮殿・家・庭，門・彫刻）や，抽象的なイメージ（名前・数・らせん・迷路）も想像界の一部となる。イメージの「中間的な特徴」が繰り返し明らかとなる。イメージは世界を図像化し，そのことによって世界を人間の住み処に変える。というのも，イメージのない世界，ともにイメージを破壊するものである闇あるいはまばゆい光以上に，危険なものはないからである。

　プラトンの著作において，イメージは自分とは異なる何ものかの表象となる。イメージは何ものかを表現し，何ものかを表出にもたらし，何ものかを指し示す。プラトンの見解によれば，絵師や詩人は，神がイデアを，職人が日用品を作り出すように何かを作り出すというわけではない。彼らは事物の見かけを生み出すが，このとき，絵や詩は，手技による事物の表現なのではなく，事物がいかに現れるかという見かけの，手技による表現に限定されている。つまり目標は，イデアや真理の表現ではなく，幻影を，現れるままの見かけを，手技によって表現することなのである。したがって，絵やミメーシス的な詩は，原則として，可視的なものを現出させることができる[136]。ここで問題となるのは

---

134) Durand 1994.
135) Seringe 1985.

イメージであり，イリュージョンを作り出すミメーシスであって，そこではモデルと模像との差は重要ではなくなるのである。目標は類似性ではなく現出の仮象である[137]。プラトンにおいて，芸術と美はすでに，芸術家ないし詩人が師匠となるような独自の領域として構成されている。この師匠は，プラトンによれば，存在者を産出する能力をもたず，真理要求を免除されている。真理要求は哲学が引き受けるべきものであり，国家の基盤ともなる。これによって，美の領域は，真理や認識を追究するという哲学の関心事やその真理追究・認識追究から一定の独立性を獲得する。その帰結は国家からの排除である。国家は，芸術と詩の予測不可能な性格を受け入れようとはしないのである。

　芸術的な造形の過程は，絵師ないし詩人の目に映る内的なイメージを，形にすることを目標としている。造形を主導した構想は次第次第に特定のイメージへと解消されるが，このイメージは当初の想像上の構想とは別の媒体のなかで実現される。そこでは変化，省略，補完，等々が生じるため，類似性は限られた程度にしか存在しなくなる。ほとんどの場合，芸術家のイメージや構想がどのようなモデルに依拠したかは不詳である。そうしたモデルは，最初から存在しなかったか残っていないか，そのいずれかなのだ。芸術的過程の中心に位置するのは，モデルとの関連を内包しつつ変容と更新の過程から現れ出るようなイメージなのである。

　モデルと模像とはいかなる関係にあるのだろうか。模像はモデルを通して創造されるのだろうか。もしそうでないとすれば，この関係はいかに理解可能であろうか。すでに古代において，フィディアスによる有名なゼウスの彫刻に関して，モデルがあったのか，あったとすればどこにあったのかという問いが持ち上がっていた。しかし，この表現にはいかなるモデルも存在しえなかったはずであり，それゆえにこのゼウス像は新しいのである。芸術的過程それ自体のなかで，素材に即した作業のなかで，あのゼウス像は生まれた。この彫像を見る者は，「ゼウス」のモデル——それはこのゼウス像以前には存在することもなかった——を知らないにもかかわらず，そのイメージを認識する。ツッカーカンデルは，彼の考察を，「芸術作品はモデルを求める途上のイメージである」

---

136) Platon, Politeia 598a.
137) Zimbrich 1984.

という端的な主張にまとめている。このモデル（Vorbild）が何のために創造されるかといえば,「人間の精神のなかに模範 - イメージ（Vor-Bild）を見出し, そうすることで, 像（Bild）へと生成するという人間の使命を果たすため」なのである[138]。この「像」は単純明快なものではない。それは決して「答え」ではなく, むしろ芸術作品によって投げかけられる問いであり, それに対しては芸術作品の観察者が様々な答えを与えることができる。芸術作品の構造によって様々なイメージや意味連関や解釈が産出されるが, そうしたイメージや意味連関や解釈こそが芸術作品の複雑性を作り出しているのである。これによってミメーシス的関係の重点が移動する。芸術作品を何らかのモデルの模倣として理解することはもはやできない。むしろ模倣は, つまり表象関係の構築は, 芸術作品と観察者の間で生起するのである。

　イメージの三つ目の種類は, 技術的なシミュレーションを特徴とするものであり, 新たな種類のイメージである。今日, あらゆるものがイメージと化すという傾向をもつ。不透明な物体さえ変容を被る。物体はその不透明性と立体性を失い, 透明でその場限りのものとなる。抽象化の過程は, 結局, イメージやイメージ記号に行き着く。人は至る所でそうしたイメージやイメージ記号に遭遇する。異他的なものなどもはや存在しない。イメージは事物を,「現実」を, 消滅させるのである。

　人類史上はじめてのことであるが, テクストによる伝承と並んで図像もまた想像を絶する規模で保存され伝承されるようになった。写真, 映画, ビデオが記憶を補助するものとなり, イメージ記憶が登場する。これまで, テクストは想像上のイメージによる補完を必要としたが, 今日, そうした想像力は,「キャプション」の産出とその伝播によって制限されてしまう。イメージの作り手の側に回る人間はますます少なくなり, ますます多くの人間が, ほとんどファンタジーをかき立てることもない出来合いのイメージの単なる消費者の側に回ることになる。

　イメージは抽象化の一特殊形態であり, その平面性は空間を破壊することになる。テレビ画像の電気的な特徴は遍在性と加速化を可能にする。そのイメー

---

138) Zuckerkandl 1958, S. 233.

ジは光速でほぼ同時に世界のあらゆる場所に拡がることができる。そのイメージは世界を凝縮させイメージとしての世界の特殊な経験を可能にする。そのイメージは新たな形態の商品となり，市場の経済原理に服する。イメージが映し出している対象が商品にならなかったとしても，イメージ自体は生産され売買されるのである。

　イメージは混ぜ合わされる。イメージは他のイメージとの交換関係に入り，ミメーシス的に他のイメージに関連づけられる。イメージのなかで，イメージの様々な部分が取り上げられ，異なる仕方で結び合わされる。そのつど新たな全体を構成するようなフラクタルなイメージが産出される。イメージは移動し，互いに指示しあう。すでにその加速化が，イメージを互いに似通ったものにする。速度のミメーシスである。様々なイメージが，その純粋な平面性や電気的・凝縮的性格ゆえに，互いの内容的な相違にもかかわらず類似してくる。この種のイメージは今日のイメージ世界の深刻な変容に関与している。イメージの雑婚が生じるのである。

　イメージは見る者を熱中させ，見る者はその奔流に溺れそうになる。イメージの渦が一つの脅威となる。そこから逃れることはもはや不可能である。イメージは人を魅了すると同時に不安にする。イメージは事物を解体し仮象の世界に変える。権力と自己規制の曖昧な結合が生じる。世界も政治的なものも社会的なものも，すべてが美学化する。ミメーシス的過程のなかで，イメージはモデルを探しそれに自分を似せる。イメージは準拠枠を欠いた新たなフラクタル・イメージへと変容する。イメージは人を魅了する。シミュラークルとシミュレーションの陶酔的な戯れが生じる。イメージの無限の細分化とその差異の内破であり，境界なき類似性である。イメージそれ自体がメッセージであり（マクルーハン），魅惑し魅了する仮象の世界なのである。

　イメージは光の速度で拡がる。それはウイルスのように感染する。ミメーシス的過程のなかで，イメージは常に新たなイメージの産出をもたらす。仮象と魅惑の世界が生じ，この世界は「現実」なるものから自らを切り離す。仮象の世界は，芸術と創作の世界として，政治の世界と同様，もはやその制限された空間を占めるだけではない。むしろその世界は他の諸「世界」から現実性を奪い，それら諸「世界」をも仮象の世界にしてしまう傾向にある。その帰結が生

活諸領域の美学化である。わずかに自己にしか基準点をもたず，いかなる現実にも対応しないようなイメージがますます多く産出される。最終的にはすべてがイメージの戯れとなり，そのなかではすべてが可能であるため，倫理的な問いもまた，従属的な意味しかもたなくなる。「文化的社会」への傾向はここではアンビバレントな特徴を見せる。全てがイメージの戯れとなれば，恣意性と無拘束性が避け難い帰結となる。そのようにして生産され，互いにミメーシス的な関係にあるイメージ世界が逆に生活に作用し生活の美学化をもたらす。生活と芸術，ファンタジーと現実との区別は不可能となる。両領域は互いに似通ってくる。生活が仮象世界のモデルとなり，仮象世界が生活のモデルとなる。視覚的なものが肥大化する。すべてが透明となる。空間はイメージ化された平面に堕する。時間は，加速化したイメージの現在のみが存在するかのように凝縮する。イメージは欲望を引き寄せて拘束する。そして境界を消し去って差異を減少させる。同時にこうしたイメージは欲望を回避する。イメージは，様々なイメージの並存によって不在のものを指し示す。事物も人間もイメージへの越境を要求する。この欲望は電気的なイメージ記号の空虚のなかに閉ざされる。

　イメージはシミュラークルと化す。イメージは何かに関係し，それに似たものになるのであり，ミメーシス的行為の所産である。たとえば政治的な討論は，多くの場合，それ自体のためになされるのではなく，テレビのなかでのイメージ化のために演出される。政治的な論争として行われることは，すでにそのイメージ化に向けられている。テレビのイメージが政治的対立のメディアとなる。政治の美学化は避け難い。視聴者は政治的論争のシミュレーションを見せられるのだが，その論争の進行においては，政治的対立が本物だと視聴者が信じ込むべく全てが演出されるのである。実際には，表現の真正性はシミュレーションにすぎない。視聴者がシミュレーションを本物と見なすように，視聴者の思い込みと期待が巧みに利用される。最初からすべてが仮象の世界のなかへの誘導に向けられている。この誘導が実現すれば，論争は成功である。テレビ画面を介して政治的なるものの意図どおりの効果も生じるが，それはただ政治のシミュレーションとして生じるにすぎない。しばしば，シミュレーションは「現実」の政治的対立以上の高い効果を挙げる。

　シミュラークルはモデルを探し求めているのだが，当のモデルはシミュラー

クルによってのみモデルとなるのである。シミュレーションはイメージ記号となり，このイメージ記号が政治的論争の性格に逆に作用を及ぼす。現実とシミュラークルの間に境界を引くことは不可能となる。境界の消滅は新たな浸潤とオーバーラップをもたらした。ミメーシス的過程は，モデル（先行イメージ）と似像（模写イメージ）と模像（後続イメージ）を循環させる。イメージの目標は，もはやモデルにではなく，自己に似ることにある。自己自身との，個々人の際立った類似性が目標であり，この目標は，同じ主体内部における包括的な差異化を背景とした創造的ミメーシスの成果としてのみ到達可能である。ミメーシスはイメージを，また仮象の世界におけるそのフラクタルな増殖を，規定する力となる。

内的なイメージ世界

社会的な主体の内的なイメージ世界は，一つにはその文化の集団的想像界によって，もう一つにはその主体の個人史に由来するイメージの唯一性と交換不可能性によって，そして最後には，両方のイメージ世界相互の重なりや浸透によって，条件づけられている。教育学的なライフヒストリー研究は，近年，この内的イメージ世界の役割と機能に関して重要な洞察を獲得した。以下では，7つの種類の内的イメージを区別したい[139]。

- 行動を規制するものとしてのイメージ
- 方向づけイメージ
- 願望イメージ
- 意志イメージ
- 記憶イメージ
- ミメーシス的イメージ
- 元型イメージ

行動を規制するものとしてのイメージ　ここで問われるのは，人間が遺伝的な行動構造を備えているのか，備えているとすればそれが及ぶ範囲はどの程度か，

---

[139] Flügge 1963, S. 155ff.

ということである。刺激と反応の間のずれが人間に特徴的であるという点には異論の余地はない。しかし，この事実は，人間の行動が生得の内的イメージや行動モデルから影響されていない，ということを意味するわけではない。文化人類学は，最近になって，食べることや飲むこと，生殖や次世代の養育といった基本的な人間の行動形式に関して，それらを引き起こす「誘発イメージ」の作用について重要な認識を獲得している。

　方向づけイメージ　社会化と教育は，生活世界の勝手を知り生活を営むことを年若い人間に対して可能にするような，何千という方向づけイメージを伝える。これらのイメージの多くは，極めてわかりやすく，容易に模倣でき，したがって対人的な側面で非常に効果が大きい。こうした方向づけイメージは誰にでも開かれており，多くの人間に共有され，多くの人々を「ネットワーク化」する。そうしたイメージのネットワークへの関与を介して，共同性や帰属性や集団性が作り出される。グローバル化の影響のもとで，こうしたイメージのネットワークはナショナルな文化の境界を越えて世界中に拡がり，新たなトランスナショナルな意識形態を作り出す。

　願望イメージ　構造的観点から見れば，欲動を備給されたイメージと願望幻想とは似通っている。しかしその具体的な現れにおいては両者は異なっていることが多い。人間の行為や夢の方向づけにとって，両者は際立った重要性をもつ。多くの場合，この両者は欲望を満足させることを目指すが，同時に願望を実現することが不可能だということも了解されている。

　意志幻想　願望幻想が所有と享楽に向けられているのに対して，意志幻想は行為エネルギーの投射である。意志によって操縦される願望のなかに，衝動の人間的な余剰分が示される。願望を意志によって導くことができるという能力に，人間の労働と文化の起源がある。

　記憶イメージ　記憶イメージは，人物特有の性格にとって決定的なものである。それは部分的には処理可能・造形可能であるが，一部は意識的処理の手の届かないところにある。多くは知覚から生じるが，想像上の場面に起因するものもある。記憶イメージは新たになされる知覚に覆いかぶさり，知覚をともに形作る。記憶イメージは選別の結果であり，この選別においては，抑圧や，赦しという意味での意識的に動機づけられた忘却が一定の役割を演じる。記憶イ

メージは一人の人間の歴史を構成するものであり、その人の人生の時間・空間に結びついている。記憶イメージは苦しみと喜びに関連し、挫折や成功に結びついている。記憶イメージは、回想のなかに現れて、過ぎ去ったものの同時存在を可能にする。そして時間の仮借なさに対抗するための助力となる。

ミメーシス的イメージ　すでにプラトンが、モデルとしてのイメージがわれわれのミメーシス能力を刺激すると指摘している。こうしたモデルは、生きている人物であったり、想像上のイメージであったりする。プラトンの見解によれば、模倣への強制は極めて強力で、そのため、人はその強制に——とりわけ子どもや青年の場合には——逆らうことができない。したがってプラトンがとる立場は、模倣する価値のあるイメージはすべて教育に意識的に利用し、教育を脅かすイメージはすべて排除する、というものである。アリストテレスは違っている。彼にとっては、望ましくないものとの制御された取り組みによって、その望ましくないものに逆らうことのできる能力を人間に身につけさせることが重要となる。新しいメディアのなかの暴力描写が与える作用、という問題のなかで、両者の立場の違いが再浮上している[140]。

元型　ユングは個人の生にとっての元型の意味を以下のように規定している。

> 「それゆえ生のあらゆる偉大な体験・あらゆる最高の緊張はこのイメージの宝庫を揺さぶり、それらを心の内に現象させる。これらのイメージは個人が自らが何を体験しているのか考え、そして自分が漫然と行動しているのではなく——知らず知らずのうちに——神話やシンボルを具体的に生きているのだということを考えるだけの自覚と理解力があるなら、そうした内なる現象として意識化されるのである。」[141]

あらゆる文化が偉大な主導的イメージや運命的イメージを発展させてきた、ということを承認するために、「集団的無意識」と元型の成立についてのいささか怪しげな説明を受け継ぐ必要はない。主導的イメージや運命的イメージは、人間の夢や文化的創造において、人間の行為を左右するような役割を演じるのである。

---

140)　Gebauer/Wulf 1992, 1998.
141)　Jung 1968, S. 311.〔邦訳：238頁。〕

展　望

　以上のような内的イメージ世界の多種多様性は人間の可塑性の表れである。それは，知覚や感覚であれ，思考や行為であれ，人間のあらゆる形の生活実践を囲繞するファンタジーの帰結である。人間の脱中心性もまたファンタジーのおかげを被っている。脱中心性とは，自己の外部にある位置へと立場を移し，その位置から自己自身に対して態度をとる能力なのである。こうした自己関係もまた，多くの場合，イメージとイメージの結合において表出されるような関係である。

　構想力はイメージのなかに表れ，文化的な多種多様性はイメージの形象のなかに表れる。様々な種類のイメージのなかで構想力は可視化される。魔術，表象，シミュレーションはイメージのなかに表れ，イメージの性格を変えたりイメージのなかに示されるファンタジーの性質を変えたりする。

　人間形成とはイメージと反省的に関わることに他ならない。イメージと反省的に関わるとは，イメージをその意味に還元することではない。そうではなく，イメージを「後ろへと向け変える」こと，「逆向きにする」こと，「方向転換させる」ことである。イメージのもとにとどまり，イメージをイメージとして知覚し，その形象と感覚質を身近に感じ取り，その働きに身を委ねるのである。イメージを言語や意味に変え，そのことによってせっかくのイメージを「台無し」にしてしまう拙速な解釈からイメージを守ること。一義性を作り出すのではなく，不確実性，多義性，複雑性を維持すること。イメージの省察とは，不在のものの想像力による再現であり，内的なイメージの流れのなかでのミメーシス的な産出・変容である。人間形成は内的イメージとの取り組みを求める。人間形成は，内的イメージを単に言語へともたらすという試みだけでなく，イメージ内容を内的イメージとして展開するという試みにもつながる。イメージとの関わりは，イメージのアンビバレンスに身をさらすことにつながる。そのためには，イメージに自らを合わせること，イメージに注意が向かうようにすることが必要である。ファンタジーの助けを借りて，内的直観においてイメージを産出すること，そのイメージを，内的なイメージの流れによって運ばれてきた他のイメージから守ることが重要となる。また，精神集中と思考の助けを借りてイメージを「固定する」ことが重要となる。イメージの「浮上」が第一

歩であり，それを固定し，それに働きかけ，それをファンタジーのなかで展開することが，次の一歩たるイメージとの意識的な取り組みとなる。あるイメージをファンタジーのなかで再現あるいは産出すること，あるイメージに注意を向けてとどまることは，イメージを解釈する取り組みとしてはすでに相当の達成である。人間形成の過程においては，イメージとの取り組みのこれら両側面をいかに噛み合わせるかが課題となる[142]。

---

142) 人間形成の領域に見られるイメージの政治化の危険について，今井康雄の実例を使っての研究（Imai 2013）を見よ。

Ⅲ

グローバルで多文化的な教育

現代教育の決定的な変化として，ヨーロッパ諸国の統合化に伴う様々な進展がある。こうした進展は，教育に関わる想像界に，現代の教育学的言説に，実践的な教育行為に，影響を与えている。教育を，ナショナルな文化や国家の問題としてのみ捉えることはもはや不可能である。むしろ教育を間文化的課題として捉えることが求められている。そのように捉えるなら，ヨーロッパの諸文化・諸国家・諸民族の間の様々な共通性と差異にこれまで以上に注意が向けられるようになる。流動化の増大によって，異なる民族がともに生活するということがますます頻繁に出てくる。そうした異なる民族がともに生活するという枠組みのなかでは，特にマイノリティーの人々が，部分的には非常な困難にぶつかることになる。こうした困難を前に暴力行為が発生することも稀ではないが，その中心にいるのは多くの場合若者たちである[143]。しかしこうした現象は，全体社会的暴力の複雑な構造の表出にすぎない。こうした暴力は他の人間に向けられているのであるから，他者との，異質な者との関わりの問題がますます重要となっている。いかにして異質な者の同質性への縮減を回避することができるかが，そこでの決定的な問題となる。他者が，多くの人々にとって荷の重すぎる課題となっていることも珍しくない。グローバル化の進展のなかでいかに他者と関わっていくのか，そして，グローバル化の諸現象は教育にどのような影響を与えるのか。今日，グローバルに妥当するような教育構想を展開することができるだろうか。あるいは，克服できない困難や限界にぶつかるのだろうか[144]。

1. 暴力の背後遡及不可能性

　人間の社会化は暴力を含んでいる。このことはすでにショーペンハウアーやニーチェやフロイトが指摘している。文化は，欲動と快楽の断念，禁欲と規律化，他者と自己に対する暴力に結びついている。暴力への能力が，「人間」という種の保存をおそらくははじめて可能にするのである。生物学者は人間行為

---

[143] Wimmer/Wulf/Dieckmann 1996; Dieckmann/Wulf/Wimmer 1997; Paragrana 2011a, 2011b.
[144] Wulf/Merkel 2002; Wulf 2006; Paragrana 2010a, 2010b, 2011b.

の「遺伝上の利己性」について語る。その道徳的な価値は，彼らにとっては文化的諸価値のなかの下位に位置する問題にすぎない。道徳的にネガティヴに評価される暴力行為もまた，中長期的に見れば，種の保存や個々の社会・文化の維持を確かにするものとなりうる。こうした見方においては，破壊的な暴力と建設的な暴力とを区別することは相当に難しい。個人的な活動としては何ら暴力的でないように見える行為も，集団的活動としてはその暴力性を露わにする場合がある。社会的な諸現象の破壊的性格は，さしあたりは目に見えないことが多いが，後になって顕著に現れるのである。同様に，最初は破壊的とみなされた社会的行為が，結局は改善であったことが明らかになる場合もある。そうした場合には，暴力は創造的な力として現れ，積極的に評価されるような社会変化をもたらす。以上から明らかになるのは，様々な暴力形態の精確な評価は文脈に即してのみ可能だということである。

　暴力は，「力への意志」(ニーチェ) として，「破壊の力」や「死への衝動」(フロイト) として現れる。暴力は，生きるための最小限の条件を奪い去る，という形で露わになる。暴力は，野心，競争，敵対といった社会的に容認された形でも現れる。顕在的な暴力は，人間の身体の損壊，切断，破壊において際立つ。暴力は，恣意的に，先の見通しもなく，偶然に，思いがけず，生じる。戦争のなかで，群衆のなかで，夢のなかで，暴力は理性や個人による行為制御を無力化する。暴力はリスクや不確かさや突発的なものが与える快楽と混ざり合う。暴力は人を引きつけ，突き放す。暴力は，残酷と恐怖ゆえに人を魅了する。暴力は，人間の生命と社会化の条件の一つであり，そのように見れば，暴力はその背後に遡ることのできないものである[145]。

　暴力の歴史を見ればわかるように，人間は信じられないほどの暴力行為をふるい，しかも犠牲者の苦しみに対する一切の共感を押し殺してしまうことができる。禁止や儀礼のもつ抑制作用が力を失い，かつ例外状況が生じた場合，暴力行為の極限形態も生じうる。たとえば大量殺戮がその一例である。その唯一の目標は破壊であり無力な犠牲者の抹殺である。植民地征服の際の大流血や人間狩り，戦争や内戦での残虐行為，ジェノサイドにおける集団殺戮がそれであ

---

145) Wulf 1973; Paragrana 2011a.

る。大量殺戮は手綱の切れた野蛮さの所業である。加害者は何をしても許される。いかなる限界も，制約も，距離もない。逸脱は犠牲者を求める。逸脱は加害者を駆り立て，陶酔させ，我を忘れさせる。加害者と犠牲者の間の深淵は架橋し難い。犠牲者の置かれた状況は絶望的である。誰も逃れることができない集団的な暴力が生じる。それは仮借なき破壊性であり，その唯一の目標は破壊それ自体なのである。

　暴力の何が人を魅了するのだろうか。他の人間の身体や生命に対して，際限なく力をふるえるからだろうか。暴力が自分自身の脆弱さや死すべき運命を忘れさせてくれるからだろうか。自分の代わりに他者の生命を破壊する力をもつことの快楽が理由なのだろうか。暴力の魅力が示しているのは，暴力が，それを行使する加害者と暴力行為の傍観者をともに支配するということである。人を興奮させるものは暴力それ自体なのである。暴力は人を引きつけ，嫌悪させ，不安にし，愉悦を与える。暴力によって集団的な興奮状態が生じる。暴力行為は，抗いがたい恐怖の快楽を上演する舞台となる。そこでは，傍観者と加害者との間の境界が消え傍観者が加害者となることさえある。フーリガンはその顕著な例である。

　生物もシステムも「無私」ではない。むしろ，自己保存の願望と結びついたその「エゴイズム」が，暴力と対抗暴力を産出するのである。暴力概念を単に暴力の顕在的な形態に結びつけるのではなく，生命，システム組織，性別関係・世代関係，人間の対自然関係・対自己関係，といったものがもつ暴力的側面をも視野に入れるなら，暴力概念は新たな人間学的複雑性を獲得することになる。「構造的暴力」（ガルトゥング），「象徴的暴力」（ブルデュー），「文化的暴力」といった概念にはそうした複雑性が表れている[146]。

　暴力の発生と拡大にとってミメーシス的過程は決定的な役割を担っている。ミメーシス的過程の助けを借りることで，暴力的な構造・象徴・文化事象への類似化と同化も起こる。暴力的な構造・象徴・文化事象が内面化され，それらに内在する暴力関係が身体化される。（ミメーシス的な）類似化のなかで，構造的な暴力関係の「自然さ」と変革不可能性が暗示される。死せるものへのミミ

---

146) Galtung 1971, 1997; Bourdieu 1987, 1993, 1997; Bourdieu/Passeron 1973.

クリー——ホルクハイマーとアドルノはこの過程をそう名づけている[147]。構造的暴力の諸形態へのこうした類似化は一般的には無意識的に行われ、そのためその効果はなおさら持続的なものとなる。同様のことが、象徴的・文化的な暴力の諸形態、たとえば民族主義や人種差別主義に関わる信条の、ミメーシス的な内面化にも当てはまる。その作用は深部にまで達するため、そこから完璧に身を守ることは困難である。

　顕在的な暴力もまた、報復行為に至るようなミメーシス的反応を誘発する。暴力行為を被った者は、多くの場合、被った不正に対する報復を希求する。仇討ちや欠席裁判が制度化されておらず、国家が暴力を独占し、暴力行為の犠牲者自らが復讐をするのではなく国家がその義務として暴力行使者を罰するような社会でさえ、暴力行為は一層の暴力行為を生み出してしまう。あらゆる新たな暴力行為は、先行する暴力行為によって根拠づけられ正当化される。暴力のミメーシス的スパイラルが生じるのである。一方の側の暴力行為に対して、それを上回るもう一方の側の暴力行為が重ねられる。その帰結は暴力行為のエスカレーションである。こうした過程は敵対する個人や集団の間で生じる。暴力スパイラルの強制を解除するためには、対立陣営間のミメーシス的ダイナミズムを中断することが必要である。対立解消に向けての戦略は、したがって対立関係のなかでのミメーシス的過程の作用様式を考慮する必要がある。

　態度や行動様式のミメーシス的な習得は、しばしば競争や競合を生み出し、それが暴力行為の出発点ともなる。ある人物を熱心に見習いたいという願望のなかで、その人のようになろうとする試みと、その人と自分を区別し無比の者になりたいという願望が同時に生まれ、葛藤が生じる。両方の試みが衝突し、相容れないものとなり、パラドックスに満ちた状況が生まれるが、そうした状況の緊張が暴力行為をもたらすこともある。文献にはこうした過程の記述が多く見られる。記述が最も際立つのは、カインとアベル、ロムルスとレムスといった兄弟間の緊張関係である。彼ら兄弟は互いにミメーシス的な関係にあり、この関係が一方の他方に対する暴力行為をもたらす結果となり、それによって暴力のスパイラルが起動したのであった。ルネ・ジラールはこのメカニズムを

---

[147]　Horkheimer/Adorno 1971.

繰り返し探究し，その作用様式を明らかにした[148]。

　ミメーシスに由来する暴力を統御する手だてとして，二つの戦略が考えられる。禁止と儀礼である。禁止の助けを借りることで，共同体にとって脅威となりそうなことはすべて排除される。ミメーシス的過程によって引き起こされた競争や競合や暴力といった対立が排除の対象となる。禁止されるのは，社会の内的秩序の維持のために構造的に必要な差異を，消失させてしまうような模倣行動である。たとえば，機能分化と位階秩序によって条件づけられた行動様式は必要な差異に数えられる。そうした行動様式は社会全体にとって一定の統合機能を有するが，ミメーシスを無制限に許容すればこの統合機能が脅かされてしまう。したがってそうした行動様式は維持される必要があるわけである。ミメーシス的過程は社会統合的な力と社会解体的な力をもっており，この両者の間の綱渡りが求められる。したがって，とりわけ誰もが熱望するような対象をめぐる競争と競合は禁じられることになる。

　禁止は，ミメーシス的競合が潜在的に含みもっている社会の結合を脅かすような暴力をミメーシス的な競合の排除によって抑圧しようとするが，これに対して儀礼は，顕在化したミメーシス的な危機を，社会の統合が脅かされないように回避する試みである。禁止が破られれば，共同体を脅かすミメーシス的な危機が，さらには相互的暴力の悪循環が生じる。儀式が，一つの社会を，その結合の危機から救い出し，共同作業の場面へと導き入れるべきなのである。迫りくる社会の解体を危機のミメーシスという形で目の前につきつけることによって，儀礼は統合への願望と力を強め，危険の回避に貢献する。禁止はミメーシス的な危機がそもそも生じないようにさせるが，これに対して儀礼は，社会を統合させるような特定の行為を繰り返すことでミメーシス的な危機を乗り越えることを目指している。競合関係に内在する解体的な暴力の発現を封じるために，儀礼の反復によって統合的な諸力が活性化される。ある社会のなかで儀式が共同で執り行われることで，儀式に参加する者は，ミメーシス的過程のなかで，儀式がもつ和解の力に加わることになる。このように，儀礼と禁止は，暴力を回避ないし克服するための異なる手段なのである。

---

148)　Girard 1987, 1988.

儀式の多くは，何らかの犠牲によって終結する。この犠牲が，いったんは儀式によって舞台に上げられたミメーシス的な危機の，終わりを告げるのである。犠牲は一人の手で屠られることもあるが，リンチ殺人のように多くの者の行為であることもある。決定的に重要なのは，犠牲が全員の名の下に実行される，ということである。儀式において，共同体は，迫りくる暴力行為によって基本合意を脅かされ危機のなかにあるものとして表現されるが，犠牲を目の当たりにして状況は一変する。共同体は，全員注視の犠牲を前に，一致団結して盟約を結ぶのである。犠牲は，抵抗しても成功する見込みはなく，その死がいかなる報復の暴力行為もおそらく引き起こさない，という想定で選ばれている。たしかに犠牲を屠ることは暴力行為であるが，それに期待されているのは，犠牲が暴力のスパイラルを停止させ社会に融和をもたらすということである。

　この種の儀式の形態は様々であるが，偶然によって選ばれることの多い犠牲に向き合う集団の連帯は驚くべきものである。連帯の基盤は敵対者のミメーシス（ジラール）にあり，これが共通の敵に対する同盟と，危機の終焉をもたらす。そこに働くのは二つの過程である。一つには，犠牲の側に暴力行為の責任が転嫁され，有しているはずもない力が犠牲に割り当てられる。もう一つには，犠牲には融和の力が帰せられ，その力を社会は犠牲の死の後に体験することになる。どちらの場合も，起きていることは責任転嫁と権限委譲であり，これが，犠牲が期待される結果をもたらすことを保障する。再び平穏が訪れることは，犠牲の側に危機の責任があったことの証拠として現れる。しかし実際には事態は異なる。犠牲の側の攻撃に社会が苦しんでいるのではなく，犠牲の側が社会の暴力に苦しんでいるのである。この逆転メカニズムが機能するためには，犠牲の側への上述の二つの転嫁は見抜かれてはならない。見抜かれてしまえば，解放をもたらすような融和の力を犠牲は失うであろう。

　犠牲に供されるのは「スケープゴート（贖罪の山羊）」である。それは，社会に内在する暴力を統御するために社会が差し出す身代わりとしての犠牲である。「スケープゴート」という言葉は，ウルガタ聖書の「使いの羊（caper emissarius）」という言葉に遡る。この言葉は，ギリシア語の「アポンパイオス」つまり「災いを取り払う者」の訳語である。これに対して七十人訳聖書はヘブライ語の概念を伝えており，その厳密な訳では，古くから伝わる堕天使の「アザゼルに捧

げられた」という訳語になる。「スケープゴート」という概念が転用された意味で用いられる——フレーザーが「スケープゴート儀式」とよぶ多くの儀式[149]のような——場合にも，同じ構造が見られる。犠牲は社会の罪業の憑代（よりしろ）となり，その死によって社会を融和させる。犠牲が効果を持つうえで決定的に重要なのは，犠牲に責めがあるということが一般的に信じられていることである。この信憑が，誰が犠牲として選ばれるかをすでに決定している。後代の犠牲は，足萎えであれ背中の瘤であれあるいは他の欠損であれ，際立った身体的特徴を有することが多くなる。一見したところ偶然にスケープゴートとして選び出されたかのような場合もあるが，その場合でも，犠牲が社会に復讐しないということが確実でなければならない。

　類似性によってではなく，その異他性と想定上の罪業によって，スケープゴートが同定され犠牲に供される。社会的な危機——それは失業や，社会的・文化的アイデンティティの挫折や，将来に対する見通しのなさによって引き起こされている可能性があるのだが——に対する責めが犠牲に帰せられるため，危機に苦しむ集団から見れば，罪ありとみなされた犠牲を血祭りに上げることは「正当」なのである。集団的状況が暴力行為に対する個人の権能と責任を引き下げることで，暴力行為を犯す者はもはや個人ではなく「群衆」となる[150]。ミメーシス的過程のなかで，集団内の個人同士の差異は消し去られ，暴力行為を犯す匿名の集団主体が生じる。暴力行為は個人によるものではなく集団主体によるものとなるため，個々人はしばしば，不正を働いているという意識を何ら示さない。未解決の生活問題・暴力問題のスケープゴートへの投影や「集団主体」への暴力行為の転嫁が暴力行為を生じさせるメカニズムとなるが，このメカニズムが効果を有するためには，関与者にそのメカニズムが見抜かれることは禁物である。

　暴力に関する研究の多くは，犠牲者よりも加害者の側に注目する。加害者側の動機やそれに対抗して働きかける可能性が問われる。暴力行為がどのような作用を犠牲者に与えるか，について考察されることはずっと稀である。なすすべもなく暴力に身を晒すことは，何を意味するのだろうか。想像を超える身体

---

149) Frazer 1977.
150) Canetti 1976.

的・心理的な損傷から，どのような結果が緊急に，また長期的に現れるだろうか。恣意的な暴力に晒され，痛みに苦しむなかで，自らの身体が犠牲者にとって問題となる。自らの身体を犠牲者は拒絶し始める。逃れることのできない痛みが身体を介して伝えられるからである。こうした痛みに苦しむなかで，犠牲者は自らを憎むようになるかもしれない。犠牲者は，苦痛や屈辱や絶望の状況を忘れることができず，それを恐れ耐え忍ぶ[151]。

　デュルケムの考えによれば，・聖・な・る・も・のは，利益を目指した自己中心的な行為の放棄と献身や自己放下の拡大を要求する[152]。聖なるもののアウラのなかで，驚愕や恐怖が魅力や魅惑と混ざり合う。こうして聖なるもののアンビバレントな特徴が生じる。しかし儀礼や儀礼がもたらす犠牲を聖なるものの領域に算入して済ますような規定では不十分である。むしろ供儀(くぎ)が，恐怖と魅力の混ざりあった聖なるものをはじめて作り出すのである。暴力の多くの形態は，このアンビバレントな魅惑を行使する。社会が自己破壊的な暴力のなかで解体しないように，暴力行為は犠牲に集中的に向けられ，犠牲の死が社会に融和をもたらす。このように見れば，聖なるものは暴力であり，宗教的なものは平和を創出あるいは維持する暴力的な努力なのである。宗教的なものが暴力に魅了されており，また暴力を賛美するのは，暴力が平和を創出するものと期待されているからである。たしかに宗教的なものは何よりも平和を目指しているのではあるが，平和への途上では暴力的な供儀が出来する。聖なるものを生み出す犠牲のメカニズムの実効性は，このメカニズムが見破られないということに依拠している。このメカニズムが見抜かれつつある社会では，現存する暴力を犠牲に焦点化するという力をこのメカニズムは失っている。聖なるものはその魅力を奪われる。しかしながらこれによって自動的に非暴力や自由が可能となるわけではない。むしろ，犠牲のシステムの危機を犠牲の数を増すことによって乗り越えようという試みが出てくる危険がある。聖なるものの雲散霧消という状況において遂行される暴力は，もはや宗教的連関において期待されていたような平和をもたらさない。聖なるものは暴力に満ちている。宗教的なものは暴力の承認であり，暴力克服への叶えられることのない期待である[153]。

---

151) Sofsky 1996.
152) Kamper/Wulf 1987b.

おそらく，世俗化された社会は，まさに犠牲実践の意識的拒絶のゆえに，財貨や資源や生命に関してますます大きな犠牲を捧げねばならないのである。すでに以前から，そうした世俗化された社会では，聖なるものは世俗的なものと混ざり合い，神聖なもののシュミラークルやシミュレーションとの戯れが盛んになされてきた。今日生じているのは，神聖なものと世俗的なものがもうほとんど区別できないという状況である。折り重なりや取り違えが生じる。商品市場の対象物は神聖なもののアウラを受け取るし，かつての聖なるものは俗になる。明確な区別を可能にしてくれるような視点が欠けているのである。

以上のような状況を前に，暴力に関する人間学的研究にとって重要な一連の視点を述べることができる。

- 暴力という現象は，歴史的文化的文脈のなかでのみ理解することが可能である。こうした文脈が，そのつど何が暴力とみなされるのかを決定する。たとえばノルベルト・エリアスがいうように，文明化の過程が情動からの疎隔やそれに伴う暴力の文明化をもたらしたと想定してよいのか，それとも，民族学者のペーター・デュルが数多くの著作で証明しようと試みたように，エリアスのこの見方は幻想なのか，については議論の余地がある[154]。
- 文化的・歴史的現象として，「暴力」は文化的・歴史的な変転に支配される[155]。その際，われわれがそのつど暴力とよぶものは，われわれの想像界とそのつどの文化的・歴史的現象との間の関係に左右される。何が暴力とみなされるかは，二重の文化性・歴史性によって規定されるわけである。
- 暴力の現象は極めて複雑である。そこには非常に異なった感覚・感情が入り込む。このことは暴力を行使する者にもそれを見る者にも同様に当てはまる。暴力行為からは強力なミメーシス的作用が発せられ，この作用の魅力から逃れることは難しい。このことから，プラトン的な論証に倣って暴力のあからさまな表現を禁止しようとする者もいるであろうし，あるいは，アリストテレス的な論証に倣って，建設的に暴力と関わる能力を個々人につけさせるために暴力行為と取り組む機会を作り出そうとする者もいるで

---

153) Wulf/Poulain/Triki 2006; Paragrana 2011b, Pinker 2013.
154) Elias 1976; Duerr 1993.
155) Pinker 2013.

あろう。暴力との関わりとしてどちらが個々人や共同生活にとってより実り多いものであるのかについては，今日なお結論が出ていない。
- 社会科学的な暴力研究は暴力の複雑性を縮減する傾向がある。暴力が何であり暴力の原因が何であるかがすでに正確に知られているかのように，また，科学は暴力の出現を理解し，かつこの理解の助けを借りて暴力を制御できる状態にあるかのように，暴力を描いてしまう傾向が社会科学的な暴力研究にはある。
- こうした形での暴力との取り組みにおいては，多くの暴力行為はいわば「理由なく」生じる，ということがしばしば見過ごされてしまう[156]。暴力行為は特定の状況で発生するが，多くは自然発生的に生じ，制御不可能である。ときには，暴力行為は十分に避けることが可能であったかのようにも見える。加害者も犠牲者も，なぜ暴力行為が発生したのか後になるとよくわからないことも多い。まるで「自分以外の誰か」が暴力行為を行ったかのように思える場合も稀ではない。
- 暴力の背後遡及不可能性の原因の一つは，人間の完成可能性の達成を疑わしめるようなミメーシス的過程の威力にある。恐るべき残虐行為を伴う戦争がいまだに根絶されていないこと，自然に対する仮借なき暴力，人間社会における構造的・文化的暴力，といったものを見れば，人間的生が傷つきやすく脅かされているという認識はますます強まる。破壊性のこのような認知は，たとえ暴力を根絶するという希望が消え去ったとしても，それでもなお社会的・個人的な暴力と取り組むべきだという見方を強める。暴力制御の限界というここから出てくる洞察は，暴力との生産的な個人的・対人関係的・全体社会的関わりのための重要な前提である。

2. 他　者

いかなる社会，いかなる社会的主体にとっても，他者との関わりは不可欠の前提である。すでに人間の身体とともに，他者への依存は与えられている。身

---

156) Wimmer/Wulf/Dieckmann 1996.

体の産出，維持，社会化はすでに他者を必要としている。身振り，儀礼，贈与交換，遊びは他者との関係のなかで構成される。ミメーシスの運動は他者に向けられる。ミメーシスの運動は他者の「擬態」へと，そして他者理解の可能性の限界の経験へと至る。以下の観点は注目に値する。

- 他者の背後遡及不可能性
- 差異と異他性
- 縮減と抑圧
- 異人としての他者
- ミメーシスによる接近

他者との関わりはアンビバレントである。それは成功と失敗の間を揺れ動く。成功すれば関わりは他者や自己の豊穣化に至るが，失敗すれば関わりは両者に損失をもたらす[157]。

他者の背後遡及不可能性

> 「われわれの最も快いあり方は，相対的で集団的なものであり，われわれの真の《自我》は全面的にわれわれの内部にあるというわけではない。結局，人間というものはこの世ではそのようにつくられていますから，他人の協力なしにはけっして十分に自己を楽しむには至らないのです。」[158]

このようにルソーは他者への個々人の本質的な依存について記している。幸せな生のためにはいかなる人間も他者を必要とする，というだけではない。自分自身に喜びを感じるためにも他者が必要なのである[159]。他の人間なしで済ますという可能性を個々人は有していない。たとえ他の人間との関わりから身を引いたとしても，それでも個々人は他の人間に結びついて生きている。他の人間が，初めて個々人に自己の存在の感情を与えるのである。その原因は，感覚や感情を別のなじみのない人間に向けることができるというわれわれの能力にある。他者の接触や呼びかけやまなざしなしには，われわれのなかに置かれ

---

157) Wulf 2006.
158) Rousseau 1959, S. 813. 〔邦訳：165頁。〕
159) Paragrana 2013a; Wulf/Suzuki/Zirfas/Kellermann u.a. 2011; Zeitschrift für Erziehungswissenschaft 2012; Paragrana 2011b.

た他者の表象なしには，われわれは生きることができない。他者はわれわれにとって，われわれ自身を眺め発見し探究するための鏡の役割を果たす。他者のおかげで，われわれは，われわれ自身の表象を内面に知覚し，そのことによって意識を発達させることができるようになる。他の人間への，また他の人間の表象への，こうした依存性ゆえに，人間の現実は根本的に社会的な現実なのである。

　自己の存在が承認され，自己を伸ばすことができるためには，幼児のうちから両親という他者の心遣いや触れ合いが必要である[160]。子どもの援助必要性や援助を担う両親との相補関係は「不完全性」の現れである。両親の世話の結果はじめて，子どもはその「劣等性」から自らを解放することができる。子どもと大人の関係における不等性は子どものミメーシス能力を刺激する。子どもの欲望は，他者に自分を関係づけその他者と似たものになることに向けられる。この過程は，子どものミメーシス的行為に応える両親の行動によって促進される。両親のミメーシス的な行為が承認への子どもの願望に応え，この願望の充足に向けた活動を促進する。小家族においては両親と子どもの相互作用ははじめから活発であるが，そうした相互作用のなかで，家族の帰属意識・共同意識が生じる。

　すでに誕生の時から，子どもは社会生活に向かう素因をもっている。幼児期の発達が進むにつれ，この素因は多様化・特殊化されていく。触れ合いや心遣いのなかで，両親と子どもとの間の前言語的な交流が行われる。呼びかけやまなざしは子どもに他者についての意識をもたらす。呼びかけられまなざされることにおいて子どもは自己の存在を経験する。両親やその他の関与者との響応関係のなかで，世界の探索が行われ自己意識の初期形態が形成される。言語の助けを借りて，子どもは他者の世界に入り込む。こうした乳幼児期の発達においてはミメーシス的過程が決定的な役割を果たす。ミメーシス的過程は相互的なものである。それは両親と子どもの身体的な響応のなかに，触れ合いやまなざしや儀礼的行為のやりとりのなかに，現れる。母親・父親は自らの愛着を子どもに示して見せる。両親の感情は子どものミメーシス的な反応を呼び起こす。

---

160)　Wulf/Bittner/Clemens/Kellermann 2011.

子どものこの反応は両親への回答であり、それに続く両親の働きかけを促すものともなる。一つの共同体が姿を現すのであり、この共同体の文脈のなかで、子どもは、見る、触れる、記憶する、話す、といったその活動を展開する。両親というモデルがなければ模倣への促しもない。両親はやって見せ、励まし、その反応によって子どもの活動を承認する。両親との交流のなかで、子どもは社会的な存在として成長する。子どもは他の人間への自らの依存性を経験し、存在を承認されることが生の不可欠の条件であることを体験する。他者とのミメーシス的な関係のなかで、子どもの個人的な構造は現れる。個人的な構造の展開には他者の多くの形象が入り込んでいる。そうした形象が子どものアルカイックな自己の上に折り重なりそれと結合するのである。周囲の人間の提供物や欲望と遭遇するなかで子どもは自分の自己像を作り出し、これがその後の生活史の進行のなかでさらに展開されていく。自己像は他者のフィードバックの結果として現れる。それは子どもと他者とのミメーシス的過程のなかで形成されるのである。

　人間同士の交流は現在において行われるだけではない。世代間の共同生活を介して、交流は世代と世代の間でも行われる。言語や文字や慣習への参加を介することで、交流は歴史を遠く遡ることになり、同時に未来に関わるものともなる。過去の世代の文化的な達成を土台として後続世代は自分たちのものを構築していく。生の時間性は共同体への個々人の依存を強めるのである。自己完結や自律や至高性は幻想である。個人の発展は共同体を必要とする。集合生活や共同生活への関わりが欠ければ孤立化・硬直化のおそれがある。こうした状況やそこに見られる人間の不完全性ゆえに、共同生活の構成員の相互承認が必要となる[161]。承認によって、個々人は共同生活のなかに自分の場所を見出し、社会的な自己を発達させることができるようになる。必要な程度の承認がなされない場合、個々人は周縁に追いやられて排除されたように感じ、「誰からも注目されない」存在となる。孤独と苦悩がその帰結である。

　他者が規定的な役割を果たすのは個々人の生成に限らない。どのような集団、共同体、文化にとっても、他者との関係は不可欠である。自分自身にとっ

---

161) Todorov 1996.

て他者は相補的な関係にある。境界設定や配置パターンの助けを借りて，他者を区別可能にするような様々な差異が創出される。なぜある者が他者とみなされるのかは，歴史的・文化的文脈とその文脈の象徴的な秩序に左右される。自分のものと他人のものとは互いに前提となっているが，それと同じように，当人とその他者とは相補的な関係にある。当人は他者なしには理解できないし，他者は当人なしには理解できない。

　人間の素質として与えられた分裂ゆえに，人間は自分自身に対して態度をとることができる。こうした反省性は他者を知覚するための前提条件でもある。注意の方向に応じて，他者の形象は違ったものとなり，違った姿をとる可能性がある。人間の素質の可塑性は多様な造形を可能にする。他者として感覚される存在は，内的・外的な対向者を自己と関係させる過程から生じる。異人，敵，狂人，異人種，亡霊，悪，不気味な者，聖なるもの，といった具合に，他者の形象は多様である。上の諸例の場合，他者の具体的な姿と全き他者との折り重なりが見られる。他者の具体的形象はどれも，規定と固定を逃れる全き他者を指し示している。神の場合，人格化した他者と全き他者との折り重なりは特に明確である[162]。しかしこうした折り重なりは他の形象にも現れている。根源的他者が具体的な他者に折り重なる場合，具体的な他者の形象はそうした形象を越え出るような特徴を見せる。他者のこうした多様性は言語の象徴的秩序から生じる。

差異と異他性

　平等主義の要求の下，ヨーロッパ文明は，異他的なものとの差異を破壊し異他的なものを平等の名の下に同化するという危険にしばしば陥った。自分たち以外の国々や文化は，他なるものとしてとどまるのではなく，ヨーロッパ文化と取り組み，ヨーロッパが主導する世界文化の一部となりうるまでに自己を変容させるべきだと考えられたのである。こうした態度はヨーロッパ内部にも影響を及ぼした。多くの国が，ヨーロッパ精神，ヨーロッパ文明，世界文化といったものの規準を自分たちが設定するのだという要求を抱いた。ヨーロッパに

---

[162] Otto 1963 参照。

おける，また世界における覇権争いがその帰結である。ヨーロッパの国々は，それぞれの文化や文化の特徴がもつ特別なものを強調するのではなく，個別的なものを一般的なものの犠牲にするという危険に陥ったのである。今日，これまで以上に重要となっているのは，様々な文化の個別主義を受け入れそれを発展させることである。他の文化や他の人間の差異と支持的に関わることを基盤としてはじめて，トランスナショナルな共通性を発見し，それを促進することもできるのである。

　国ごとの差異にもかかわらず，社会状況が類似しているため，ヨーロッパの国々には強固な共通性も見られる。共通性は，民主的構造，文化的伝統，経済秩序に及ぶ。共通性は人生への期待や生活のスタイルをも含む。こうした共通性は，国境を越える忠誠心が発展するための基盤を形作る。そうした忠誠心の発展は多くの要因によって促進されるが，ニューメディアもその一つである。いたるところでマスメディアは同じ出来事について報道し，それによって同じ情報の普及を促進する。出来事と，出来事についてのイメージおよび報道との同時性が可能となる。情報の加速化，イメージ化，細密化がメディア的な知覚を規定する。メディアに即応した世界の表現が美的感覚を規定する。抽象化とイメージ化の過程は新たな強度に達する。メディア的に編成された知覚能力の展開が態度・価値・知見のグローバル化を促進する。これが商品・貨幣・記号のグローバル化を促進し，個別的なものの未知性をグローバルなものの既知性に還元するという産業社会のダイナミズムを強化する。

　こうした一般的なものへと向かうダイナミズムに対して，一般的なもののなかの他なるもの，様々な文化がもつ特別なものを強調することが重要である。文化的多様性は維持するに値するヨーロッパの特徴である。文化は，価値と結びついた精神的統一体として見るよりも，根深い差異の集合体として，帰属と存在様式の複数性として，根深い多様性として見た方がより良く捉えることができる。文化についてのこうした理解は，世界の脱中心化と文化の断片化の経験から生じる。こうした態度は，異他的なものに対する否定的な感覚や攻撃性を低減させ，その他者性に対して自己を開くことに貢献する。差異の受容が，間文化的意識が生じるための決定的な前提条件となる。他なるものの異質性を知り受容することで，相互理解，共感，連携への道が開かれるのである。

2. 他　者

　他者への関係においては，三つの次元を区分することができる。
- 第一の次元は他者についての価値判断に関わる。異文化に属する人々を，人はどのように評価しているだろうか。魅力的と感じているのか，それとも嫌悪を感じているのか。こうした感覚や感情の帰結はどのようなものだろうか。
- 第二の次元では他者への接近が中心にくる。どのようなコミュニケーション的行為が可能になっているだろうか。他者を求めるのか，他者が近くにいることを望むのか，自己を他者と同一視し他者に同化するのか，あるいは，異他的なものを歓迎して他者に服従するのか。
- 最後に第三の次元では，他者を知ることができるのか，どこまで知ることができるのか，また，他者についてのその知識はどの程度実質的なものであるのか，が問題となる。こうした知見や知識は，他者との直接的な関わりがない場合でも意味をもつ。

　異他性のこれら三つの次元は相補的な関係にある。三つの次元に共通するのは他者の外在性の肯定である。他者の受容は自己克服を要請する。自己克服によってはじめて，他者を経験することが可能となる。他者の異質性を体験できるためには，自己自身の内にある他なるものを知ろうとする用意が前提として必要となる。いかなる個人も統一体ではない。個々人は誰でも，固有の行為願望を伴った矛盾しあう諸部分から成り立っている。個々人のこうした状況を，ランボーは，「私は一人の他者である」と印象深く定式化した。目立った矛盾を抑圧することで自我は自分なりの自由を作り出そうと試みるが，しかしその自由は，雑多な欲動衝動と規範的な命令によって繰り返し制限される。このため，排除された自我の諸部分を組み込むことは，他者と受容的に関わるための不可欠の前提条件となるのである。

　自我と他者の間の関係の複雑性は，自我と他者が互いに完結した二つの実体として対峙するのではなく，他者が多様な形で自我の生成に入り込んでいる，という点にある。他者は，個人の外のみならず内にも存在する。自我のなかに内面化された他者が外部の他者との関わりを困難にする。こうした布置ゆえに，他者のこちら側やあちら側といった確固たる立場は存在しない。自我の多くの

特徴のなかに，他者は常にすでに含まれている。他者とは誰なのか，他者をどう見るのか，ということも，自我のみに左右されるのではない。同様に重要なのは，他者が他者自身に対して与えている自己解釈である。他者の自己解釈は，自我が他者に関して描くイメージと照応するとは限らないが，そのなかに流入することは確かである。

異他性なしの同一性は考えることができない。とすれば，異他的なものとの関わりは，そのつどの現れのままで縮減不可能なフラクタルな自己と，多様な顔をもつ他者との，不可分の関係を表してもいる。両者の関係を理解するためには以下の二つの観点がとりわけ重要である。

- 他者性と同一性の一回的な結合。どの個人も生活空間，生活状況，生活史を異にしており，そうであるがゆえにこの結合は一回的である。
- 自分に固有なものと異他的なものの，またこの両者の関係の，歴史性。

他なるものへの問いが自分に固有のものへの問いを，自分に固有のものへの問いが他なるものへの問いを含んでいる以上，異他的なものと自分に固有のものとの間の相互了解の過程は自己主題化と自己形成の過程でもある。この過程が成就すれば，異他的なものの理解不可能性についての洞察に至ることになるし，自己のなかの異質性にも気づかされることになる。世界の脱魔術化へ，不可思議なものの消滅へと突き進む社会発展を前にすると，将来的には，人間が世界のなかで出会うのは自分自身しかなく，それと対峙しながら人間が自己を発展させていけるような異他的なものがなくなってしまうという危険がある。異他的なものの喪失が人間の発達能力を脅かすのだとすれば，異他的なものの防衛，つまり既知のものの疎遠化と自己のなかの異質性の保持が重要となる。人間の内面と外部世界に異他的なものを保持するための様々な努力は，差異を平準化するグローバリズムに対する不可欠の対抗運動だということになろう。

異他的なものの消滅は，すぐにも個人的なものの喪失に結びつく。個人的なものは，異他的なものをその人なりに消化することで形成されるのである。個人の背後遡及不可能性は，どの個人のなかにも働いている自己確認への欲求に依拠している。自己確認は，個人が何になったのか，何であるのか，何になろうと欲するのか，についての知をめざしている。こうした知の生成においては，自己主題化，自己構築，自己反省が重要な役割を演じる。この種の知は暫定的

2. 他 者

なものでしかなく，人生の経過のなかで変化していく。アンドレ・ジイドはこうした経験を『贋金つくり』のなかで以下のように表現している。「私は，自分でこうだと思っている以外の何者でもない。——しかも，それは絶えず変化する。従って，私が付ききりで変化する自分を互いになじませないと，朝の私は夕の私を見忘れるようなことになりかねない。私自身ほど，私と異なるものはあるまい。」（川口篤訳）

　個人の非同一性に関する意識が，他者に対して開かれてあることの重要な条件を形作る。異文化や，自分自身の文化のなかの他者や，自分自身の人格のなかの異人と格闘することで，異人ないし他者の視点から知覚し思考する能力が育つことになる。こうした視点の転換によって異他的なものの自分に固有なものへの還元を回避することが重要である。試みられるべきは，自分に固有なものを棚上げし，それを他者の視点から眺め経験することである。目標は異種混淆的な論理をもった思考の展開である。この思考の中心にあるのは，慣れ親しんだものと異他的なもの，知と非知，確かさと不確かさの関係である。脱伝統化と個人化，差異化とグローバル化の結果として，日常生活においてこれまで自明であった多くのことが疑わしくなり，個人の反省と決定が求められている。こうした展開によって個人の活動の余地は増大したが，しかしそれがそのまま自由の獲得を意味しているわけではない。個々人はしばしば，決断する状況の前提を変えることができないところでのみ決断の余地を与えられるのである。たとえば環境問題がこうした場合であって，そこでは個々人は確かに環境を意識した決断を下すことができるが，しかしそうした決断は，環境の質を実際に規定している社会のマクロ構造にはほとんど影響をもたない。

　われわれの現実理解の変容は異人や他者の新たな見方をもたらす。その現れの瞬間における現実を受け入れるしかなかった古代とも，現実が神によって保証されていた中世とも，至高の理性が世界把握や世界との関わりを確実なものにしていた啓蒙時代とも異なり，今日では信頼のおける現実は存在しない。現実は構成され解釈されたものとして現れるのであり，フラクタルで異種混淆的なものとして経験される。私自身の世界の見方には，ただちに他者が，他者なりの世界構築・世界解釈をもって関与してくる。複数性はフラクタルな現実経験の必然的な帰結である。世界のいかなる見方も，唯一妥当する見方だと主張

することはできない。いかなる解釈も他者の見方のなかにその限界を見出す。他者の見方を可能性として常に考慮に入れなければならないような世界の経験のなかに，新たな複雑性が現れている。

　世界の不透明性の増大とともに，自己と他者との差異を維持しなければならない個々人の不安も大きくなっていく。こうした状況においては，不確実性と不安が社会生活の中心的特徴となる。不確実性と不安の起源は，一方では人間の外の世界にあるが，他方では人間の内面にあり，結局は外と内との相互関係のなかにある。こうした状況を目の当たりにして，この不安を見せかけの確実性によって耐えうるものにする試みも多く見られる。しかし，こうした見せかけの確実性は，失った安心を再び取り戻すのに役に立ちはしない。その妥当性は相対的であり，たいていは他の選択肢を排除することで成り立っている。何が排除されるかを決定づけるのは，一方では個々人の心理的・社会的な組成であり，他方では社会の権力構造，そしてその帰結としての，価値や規範やイデオロギーや言説の措定・排除の過程である。

　現実や科学についての理解の複数性にともなって，差異の経験は個人的・社会的な知識の産出と利用において決定的な要因となる。そうした経験によってはじめて他者の経験が可能となる。他者なしには異文化とのいかなる建設的な関わりも不可能である。こうした経験の際には偶有性との関わりが決定的な役割を果たす。偶有的とは，別様であることも可能だ，ということである。計画段階で思い通りにはならないと認識されるもの，偶然によってあるいは行為を通して影響行使可能なものは，偶有的である。このように偶有性とは，開かれた可能性の自由空間のことなのである。そうした自由空間において，出来事は偶有的となる。出来事はたいてい行為の結果として生じるが，出来事がどのような姿をとるのか，なぜそうなってそれ以外ではないのか，をあらかじめ述べることはできない。

　「偶有的なものは，必然的でもなければ，不可能でもないものである。したがって，ことがらが現にある（過去にあった，今後あるであろう）あり方は，そのようにあることが可能であるのみならず，またそれとは別様にあることも可能なのである。したがって偶有性の概念は，現に存しているもの（経験されるもの，期待されるもの，想定されるもの，空想されるもの）について，それとは別様のあり方を顧慮したうえで

その特徴を把握している。言い換えるとこの概念は，それぞれの対象を，起こりうる変化の地平において捉えている。偶有性の概念は，現に存している世界を前提としているのであり，したがって可能なもの一般ではなく，この現に存している世界というリアリティから見て，別様にありうるものを言い表している。」[163]

偶有性についてのこの規定は，今日的な現実経験の──現実経験にとって他者の役割が不可欠であることを含み込んだ──記述としても捉えることができる。他者と関わるとは，完全には計画できない偶有性と関わることである。その結果は偶然的な部分をもち，したがって予見することができない。しかしまさにそれゆえに，偶有性からは，異他的なものと自分に固有なものについての新たな経験の可能性が生まれてくる。この過程が進行するなかで仮想性の意識が生まれ，これが他者との新たな関わりを可能にする。

縮減と抑圧

他者についての議論は，自我中心主義，ロゴス中心主義，自民族中心主義によって起こる心理学的・認識論的・文化的な切り詰めに注意を向けさせる[164]。一時的には他者のヴェールを取り去ることに成功したように見えることがあったとしても，こうした印象は結局長続きしなかった。日常的なもの，既知のもの，慣れ親しんだもののただなかで，事物や状況や人間が異他的なものと化す。生の諸条件の予期された安心や熟知は疑わしいものとなる。確かに，他者を理解によって解明するという戦略によって，多くの異他的なものは既知のものとなり，不安と恐れに代わって安心と熟知が生じることになる。しかし，こうした安心は多くの場合見せかけにすぎない。〈世界を熟知している〉という身振りは，その身振りに向けられた期待に応えられなかった。既知のものが増えるとともに，未知のものの範囲もまた大きくなる。知識の拡張によっては，生活連関の複雑性を減少させることはできない。現象や連関についての知が増大するにつれて，非知もまたふくらんでいく。繰り返し非知が姿を現し，知とそれに基づく至高の人間の行為に限界を指し示す。他者は，しばしば同一のものに縮減されるが，しかしそれによって克服されることはない。他者は既知のもの

---

163) Luhman 1984, S. 152. 〔邦訳：上巻，163 頁。〕
164) Waldenfels 1990.

の中心にも境界線上にも顔を出し顧慮を要求するのである。

エリアス，フーコー，ベックは，近代の主体構築の過程と自我中心主義の成立過程を詳細に記述した[165]。「自己のテクノロジー」が主体を形成するために用いられる[166]。こうした戦略の多くは，自己完結した自己の観念を指針としている。そうした自己には，主体的な行為中心として，自分固有の生を営み自分固有の生涯を送ることが求められる。自己充足的な主体へと向かうこうした展開の意図せざる副作用には様々なものがある。自己自身を措定する主体が自己措定の行為に失敗することも稀ではない。自律的な行為には自己決定の望みがかけられ幸福が期待されたが，こうした自己決定も幸福も，自律的行為の要求に服することのない他者の力によって挫かれてしまう。主体構築のアンビバレンスは，主体構築に内在する自我中心主義が，一方では生き残りと我有化と権力の戦略として，他方では縮減と平準化の戦略として，役立てられる点に表れている。自我の諸力への集中は，他者をその有用性や機能性や使用可能性に還元するという試みを内包しているが，この試みは成就と同時に挫折したように見える。ここからは，他者との関わりのための新たな地平と，新たな認識領域・課題領域が生じる。

ロゴス中心主義は，他者のうちの理性に対応する部分のみを知覚し処理するという帰結をもたらした。理性に値しないもの・理性に即応しないものは視野に入ってくることがない。理性の側に立つ者こそが正しいのである。このことは，機能的合理性という制限された理性にすら当てはまる。成人は子どもよりも，文明人は未開人よりも，健常者は病者よりも，正しい。彼らは，理性をもつことを理由にして，理性の前駆形態や錯誤形態しかもたない人々に対する優越的な立場を要求する。もし他者が，普遍性を求める言語や理性の特性と相容れなければ，そうした他者に近づきそれを理解するうえでの困難は増大する。ニーチェ，フロイト，アドルノなど多くの論者が，理性のこうした自己満足を批判し，理性が接近困難であるような連関のなかでも人間は生きているのだ，ということを示したのであった。

自民族中心主義もまた，持続的に他者の従属を推し進めてきた。トドロフ[167]，

---

165) Elias 1976; Foucault 1977; Beck 1995.
166) Marin u.a. 1993.

2. 他 者

グリーンブラット[168]らは，異文化が破壊される過程を分析している。最も恐るべき所業として，キリストとキリスト者たる国王の名の下で行われたラテンアメリカの植民地化がある。南米大陸の征服とともに，当地の文化の絶滅が行われる。すでに最初の接触の際に，適応と同化への要求が掲げられる。奴隷化か絶滅か，が選択肢となる。常軌を逸した支配の身振りによって，自分に固有のものが他者に無理強いされる。他者も他なるものも存在しない世界が創出されねばならない，といわんばかりに。権力戦略に即応した他者理解の助けを借りることで，その地に生まれた諸民族の根絶やしが可能になる。インディオたちは，スペイン人が躊躇なく打算的に振る舞い，その言語を詐術のために用いることが理解できない。友好的であることは，友好が約束するものを含意しない。約束は，何事かについて合意することに役立つのではなく，他者の裏をかくことに役立つ。他者とのこうした関わりは，王国の栄光，キリスト教宣布の責務，原住民の劣等性によって正当化される。金銭欲や経済的な動機は黙秘され自分たちの自己像・世界像から排除される。

　コロンブスは，原住民について，彼がすでに知っていることのみを知覚する。彼は，原住民たちの世界にあって，自分に既知のものを指し示してくれるような徴候，自分の準拠枠に関連づけて読み取り分類し解釈できるような徴候のみを見る。この準拠枠はプロクルステスのベッドに似ている。あらゆる異他的なものが，無理矢理そこに押し込まれ，前もって与えられた構造に「ぴったり合う」結果となるのである。他者は，それを見る者に固有の図像やシンボルにくるまれ，そこに閉じ込められる。うまく適合しないものは知覚と考慮の外部にとどまる。このため他者への運動は生じることがない。驚愕と驚嘆がその帰結である。目にした世界の特別さと異様さが報告され，夢のイメージと比較される。そのような記述は目にしたものを遠いところに押しやってしまう。

> 「驚くことは言葉を失うこと——よろけながら古い騎士の寓話に訴えること——であると同時に，視力の喪失をも経験することである。なぜなら，見ても，視力の対象が現実に存在していることは，決して確証されはしないからである。」[169]

---

167)　Todorov 1982.
168)　Greenblatt 1994.
169)　Greenblatt 1994. S. 204.〔邦訳：211-212 頁。〕

驚嘆は，他者への運動をせき止め興奮をいや増しに高めるような，一種の障害物となる。他者へと向かう運動のせき止めから生じる距離とともに，この境界を越えたいという欲望もふくらむ。このとき二つの道が考えられる。一つは，他者の表象の形成，つまり異他的なものを形象に転換するという道であり，それによって異他的なものとの関わりが可能となる。こうしたやり方に属するものとしては，言説を通しての他者への接近や，テクスト化によって可能になる言語的な表象も挙げられる。この道を進むことで，外的で異他的なもののなかの他者にも，自分に固有で慣れ親しんだもののなかの他者にも及ぶような，他者受容のある種の形式が実現する。形象的・言説的・文字的な表象のなかで，他者は自分に固有のものとなり，自分に固有のものが他者となる。もう一つの道は，他者のいかなる変形も不可能にするような，乗り越えがたい差異を強調するものである。

「ここでの動きは，同一であることの確認から，完全なる疎外へと至る。つまり，しばらくの間自分が他者とごちゃごちゃになっている事態を目の当たりにするが，次に意のままに破壊もしくは合併することの可能な異質の対象，つまり物に他者を化しているのである。」[170]

スペインから来た征服者はこの道を選ぶ。彼らは原住民の世界に対する差異を保つことができないし保とうともしない。したがって，彼らは原住民の世界を所有しようと欲するし，またそうせずにはいられない。所有という彼らの夢は，土地にも，金にも，人間の身体や精神にも向かう。しかしそうしたものの所有は破壊の後にはじめて可能となる。破壊の結果はじめて，原住民の世界はその他者性を失うのである。破壊の後の瓦礫は，誰はばかることなく自由に利用できる。破壊によってはじめて，熱望した他者の世界の所有が可能となる。スペイン人にとって，破壊と所有は，原住民の間で埋没する危険に対する防護なのである。

インディオの人肉食についての繰り返し報告される架空の物語のなかに，殺されてむさぼり食われ，分解されて同化されるという征服者たちの不安が表れている。こうした物語のレトリックのなかで人肉を食べる原住民に対する嫌悪

---

[170] Greenblatt 1994, S. 206.〔邦訳：214 頁。〕

が生み出されるが，こうした嫌悪は，他者に魅了されることから距離をとろうとする一つの試みである。原住民の破壊は，長期にわたって距離を作り出すことになるのであり，スペイン人の自己保存戦略・生き残り戦略として理解することができる。原住民が絶滅してしまえば，彼らはその他者性をもはや表現することはできない。原住民はその脅威を失う。征服者は，得られる限りのものを所有し，好きなようにそれを利用する。征服者は富と女の所有では満足しない。彼らの欲望は，原住民の宗教的なエネルギーを征服者に固有のシンボルへと向け変え，そのようにしてインディオの想像力を屈服させることにも向かう。異他的なものへの開かれと豊穣化ではなく，所有と破壊がその帰結である。

　自我中心主義，ロゴス中心主義，自民族中心主義は，他者の変容の戦略として絡み合い，相互に強めあう。その目的は異他的なものを自分に固有なものに同化させることであり，またそのことによる異他的なものの解消である。こうした過程は多くの分野に見られる。それは文化の多様性を破壊するだけではない。強力な変化強制・順応強制の下にあるような社会に生きる多くの人間の生活をもそれは破壊する。こうした破壊が顕著に生じるのは，地方的あるいは地域的な文化が解体していく一方，変化した生活条件の下での指針を人間に与えてくれる別の文化的価値が現れないような場合である。

異人としての他者

　異他的なものについての学として自己を捉えている文化人類学では，近年，他者について広範囲にわたる認識論的な議論が重ねられてきた。他者を，いかに考え，把握し，表現すればよいのか。当初は，他者を認識し，理解し，適切に表現できる，と考えられていたが，そのことの確実性が近年では疑問視されるようになった。異文化を表現するとき，そこで用いられる視点や規準は必然的に異文化の自己理解を捉えそこなってしまうのではないか。ある社会の「自己理解」の表象も，はたしてその社会を研究する際の適切な形式といえるのだろうか。ある社会のいかなる「自己理解」も，その社会の現実の様々な部分を捉えそこなっているのではないか。この場合の現実とは何なのだろうか。いかにすればそれを把握できるのだろうか。客観化する研究やそれと結びついた対象化は，現実の把握を可能にするのだろうか。そうした方法は現実のどの側面

を視野に捉え，どの側面がそこから逃れ，どの側面がその手法のために捏造されるのだろうか。文化人類学が展開した他者のイメージは，文化人類学自身のイメージであることを，異人について文化人類学自身が作り上げた構築物であることを，どの程度まで免れているのだろうか。こうした批判が実際にあてはまる場合が一部にすぎないとしても，科学はそれが携わる対象をどの程度創出するのか，という問いは根本的な問いとして出てくる。方法論的に見れば，事例研究が異人についての文化人類学的研究の中心に据えられる。参与観察の助けを借りて情報が収集され，その情報はフィールドワークの手続きに従って文書に起こされる。事例研究における他者の参与観察と文書化は，依然として文化人類学的な研究の中心である。ただし今日では，以上のような様々な条件によって否応なく生じる，他者を研究する際の切り詰めについて，繊細な意識が見られるようになっている。上述のような配置のなかでは，他者は特定の仕方においてのみ視野に入ってくる。他者の表現は，テクストのように「読まれ」，続いて事例研究という形式のなかで文書化される。他者の理解と表現は，他者がもつテクスト構造から，文化人類学者が他者について書いたテクスト表現へと進む。テクスト表現の課題は「厚い記述」を達成する点にある[171]。この厚い現象学的な記述の前提になっているのは，他者の身体の現れや表出様式は一つの「テクスト」のように読まれるし，読んだ結果は，他者を表象するような新たなテクストへと翻訳することができる，ということである[172]。この前提が疑問視されれば，この手法で得られた認識の証言能力や価値は低下する。

　解釈学的な学としての文化人類学は，「差異の契機，非同一的なものの契機を，理解という一般的な概念に，また，異他的なものを解釈可能な形に整えたうえで受容するという普遍的で肯定的な方法論に，解消してしまう」危険のなかにある[173]。文化人類学は，他者の差異への洞察と，差異を一般的な概念使用へと移し替える試みとの間の緊張関係のなかにある。解釈学を指針とする文化人類学は，他者の世界を読解と解釈によって加工する。文化人類学はしかし，他者と自分に固有のものとの間の関係，他文化と文化人類学の準拠枠との間の

---

171) Geertz 1983.
172) Clifford/Marcus 1986.
173) Berg/Fuchs 1993, S.20.

関係をも主題化し，解釈者を解釈のなかに組み込む。解釈学を指針とする文化人類学は，客観化という手法と，世界関係・自己関係の反省という方法の，両方を駆使するわけである。後者は，他者の文化人類学に欠けている重要な認識を補う自己の文化人類学をもたらす可能性がある。

　文化人類学は，他者を，文化分析と，人間の一般理論やエスノグラフィー的な翻訳・記述との，交点に構成する。これに関してマリノフスキーは，『西太平洋の遠洋航海者』の序論で，互いに補い合う三つの客観化の手法を提案した[174]。

● 聞き取りと観察によって得られたデータによる資料作成。これは法則性と秩序図式を取り出すことを目ざす。

● 研究対象となる人間の行動観察をフィールド日誌に体系的・持続的に記録すること。

● 典型的な物語，発言，呪文の収集。

　マリノフスキーのこうした手法は，「他者を，親密でありつつ体系的な科学的観察の対象としてそもそもはじめてまともに」創出する。つまり，「距離を取ること，文脈化すること，包摂すること（ホーリズム）による「他者化（アザーリング）」である」[175]。文化人類学者として，マリノフスキーは異他的な社会の包括的な表現を練り上げた。アウトサイダーとして，彼は当該社会の特徴を的確に指摘することができた。彼は他者の社会の翻訳家，年代記作者，報道官となった。マリノフスキーのこうした研究においては，異文化の代表として選ばれた人々と研究者との間の積極的な交流はまだ問題になっていない。積極的で創造的なのは文化人類学者のみである。その立場と研究に即した表現形態・テクスト形態は学術論文であり，それは依然として文化人類学のテクスト化や対象化や表象の中心的な形態である。マリノフスキーの他者との関わりは，あらゆる他者認識にとって根本的であるような困難にぶつかる。それは，対象構成の困難であり，親密さと距離，特殊なものと一般的なもののパラドキシカルな関係の困難であり，フィールド研究者でもあり作家でもあるという文化人類学者の二重の役割の困難である。他者との関わりにおけるこの困難は，その後，文化人類学のテ

---

174) Malinowski 1979.〔邦訳：65 頁。〕
175) Berg/Fuchs 1993, S.20.

クスト性と言説性を反省し，新たな表象形態の実験を展開するという結果をもたらすことになった。

　他者とその表象の可能性についての近年の議論のなかでも特に重要な研究として，クリフォード・ギアーツの一連の著作がある。それは文化人類学における解釈学的転回に大きく寄与することになった。もはや行動の研究ではなく，異他的な生活構想・世界構想が研究の中心に据えられる。いかなる意義や意味を人間はその感覚や行為に帰しているのか。そしてこの意義連関・意味関連はいかに表現することができるのか。意義と意味は，伝統と新解釈の間で，集団的な理解と個人的な解釈を通して生じる。そのようにして生じた意味は社会的に構成されており，したがって公共的である。中心にくるのはシンボル体系の解釈である。シンボル体系によって，人間は他の文化のなかにその文化独自の世界や行為を知覚し解釈する。研究の重点は，行為者の個人的な意図や解釈よりも，意図や行為の客観的な意味内容に向けられる。目標となるのは他の文化のなかで使われている価値や意味や行為指針の研究である。そのためには，経験に近接した概念による，行為と会話の「厚い記述」が必要となる。この手法において，記述されたことの内容への集中が生じる。文書化の助けを借りることで，口頭による談話の意味内容の固定がなされる。ただしそれは口承的出来事としての，ないしは発話行為としての談話の固定を意味しない。テクストへの談話の変換は，語る人間の情緒的・精神的な意図に対して距離を置くことを必然的に意味する。さらには，文書化することで，談話の内容が時間と場所に結びついた発話の状況的な諸条件から切り離される。話者の身体的・場面的な現前の脱落によって話者の談話の抽象化が生じ，この抽象化によって談話の内容は多くの相異なる名宛人にとって意味をもつものとなる。これによって文化人類学はエスノグラフィーとなるのであり，テクストを読み，その構造を取り出し，その意味を解読し，そして以上の過程の成果を一つの文化人類学的なテクストにまとめる，という努力となる。関心の中心にあるのは，文化と社会的行為，制度と伝統を，テクストのように読み解釈するという考え方である。そこでは，分析において言葉遊びや隠喩や換喩が考慮されなければならない。まず解釈されるのは，調査された人物が，文化人類学者の考えによれば何を述べているのか，である。次に，この過程の結果がもう一度より高次の段階の解釈

に付されるが，そこでは，文化人類学者による構築・仮構・批判が中心的な役割を果たす。一般的にいって，文化人類学者の名宛人は彼ら自身の文化のメンバーである。文化人類学者は彼らのために書き，他の文化の翻訳に従事する。このような過程がどのように遂行されるのかについては，以上の考察においても未決のままにとどまる。しかし確かにいえることは，以上のような見方の結果として，新たな言語表現的・方法論的・認識論的意識が文化人類学のなかに生じたということである。この意識は，学の展開とその反省のレベルに実り豊かな作用を及ぼしている。ギアーツが，彼のフィールドワークにおいて，他者への接近についての，また異他的なものの表象がもつべき質と流儀についての，彼自身の要求をどの程度実現しえたかについては，彼の研究を受容している人々の間でも議論がある。

　マリノフスキーの著作のなかで主観性と客観性の分裂が問題として示され，ギアーツが解釈学的循環に立ち戻ることでこの困難に対処しようとした。その結果求められたのは，他者の声により多くの余地を与えねばならない，ということであった。他者は抗弁する（*The other speaks back*）が，文化人類学の国際的に重要な潮流の綱領となった[176]。

> 「そこでの議論の幅は，フランツ・ファノン[177]の原則論的な政治的攻撃やアピールから，西洋の覇権的な言説——それは他者を固定し，批判さえもその固定した他者に縛り付けてしまう危険がある——の脱構築[178]へ，さらには個別文化について文化人類学が広めた権威あるイメージの疑問視にまで至る広がりをもつ。」[179]

　土着人類学の主唱者たちがますます多く発言するようになる。しかし認識論的な観点から見れば，彼らの研究は英米圏の文化人類学に結びついていることが多い。1970年代・80年代に人間諸科学において下された主体の「危機」——その後にはすぐに客体の「危機」が続いた——という診断もまた，他者自身にもっと発言の機会を与えそれに耳を傾けようという上述の試みに影響を与えた。こうしたアプローチは，いうまでもなく，他者の文化への特権的な通路

---

176) Nandy 1983.
177) Fanon 1969.
178) Said 1981.
179) Berg/Fuchs 1993, S. 67.

を自分が手にしているということを前提にするわけにはいかない。こうしたアプローチもまた，対象の構成，他者の表象，文化人類学者の側の主観性と統制といった問題に直面せざるをえなかった。

ミメーシスによる接近

　他者と関わる方法のなかで，ミメーシスは中心的な意味をもつ。文化人類学では，すでに早くにフレーザーがこのことを認識していた。たとえば，『金枝篇』における共感呪術についての論述を，フレーザーは類似性に基づく「類感呪術」と接触の法則に基づく「感染呪術」を区別することから始めている。それら呪術の機能を彼は次のように規定する。

> 「呪術はどのようなものの考え方に根ざしたものなのか，その原理を分析すれば，次の二点に帰着するようだ。すなわち，一つは，似たものは似たものを生み出す，言い換えれば，結果はその原因に似るということだ。もう一つは，かつて互いに接触していたものは，その後，物理的な接触がなくなったのちも，引き続きある距離をおきながら互いに作用しあうということだ。前者を『類似の法則』とよび，後者を『接触の法則』あるいは『感染の法則』とよんでもよい。」[180]

　呪術という枠組みのなかでは，ミメーシスの助けを借りることで他者に対する権力が行使される。呪術的行為の成功の前提は類似性である。この類似性が，二つの対象，二つの状況，あるいは二人の人間の間に呪術師が作り出す関係を確実なものにする。この類似性のおかげで，呪術師は，オリジナルの模像ないし表象の助けを借りて，オリジナルに影響をふるうことができる。呪術の効果にとって決定的に重要なのは，呪術が信じられているということである。ところがフレーザーは，ミメーシス的過程の助けを借りて呪術が効果を発揮するための不可欠の条件として類似性を見ているのであり，この点で彼は誤っている。決定的なのは類似性ではなく，表象と，表象が依拠している出発点との間の関係の構築，ないしは，二つの「世界」の間の関係の創出である。他者の「世界」への私の「世界」のミメーシス的関与を通して，他者への接近はなされるのである[181]。

---

180) Frazer, 1977, S. 15f.〔邦訳：上巻，83頁。〕
181) Michaels/Wulf 2010, 2012, 2014; Imai/Wulf 2007; Paragrana 2013b; Suzuki 2010.

タウシッグはこうした過程を，クナ族の人形——そのなかには外見や衣服から白人植民者を模しているものが見られる——を例に明らかにしている[182]。クナの人々は，ミメーシス的な行為によって，人形という形で白人の表象を創造する。そうすることで，白人植民者を小型化し，脅威となるような特質を白人植民者から取り去ることが可能になる。呪術的な手法の助けを借りて，クナの人々は，圧倒的な力をもったものとして体験された白人たちに対して，今や権力を行使する立場に立つわけである。文化人類学の文献にはこの種の事例が多く見られる。そこでは，他者への接近が他者の表象を製作することを通して行われる。このような表象の創造によって，他者に対する感情や態度が表出され表現される。他者は自分たちに固有のシンボル世界のなかに移し入れられ，他者との関係は物体化される。表象のなかで，それ以前は把握できなかったものが可視化される。白人たちの表象の製作は，したがって単なる模倣ではなくミメーシス的行為であり，これによって，前もって与えられたものとの関わりで新たなものが生じてくる。ミメーシス的行為は単なる複製ではなく創造的行為である。白人の形象化の行為は，白人の異他性に何とか対処しようとする一つの試みである。このような表象が生み出される背景にはいら立ちや不安があり，白人がもつ未知のもの・魅惑的なものを，白人を形象的に表現し自分たち固有のシンボル世界に関係づけることで限定したい，という願望がある。こうした白人のミメーシスにおいてクナの人々にとって重要なのは，白人を他者として，その行為の動機において，またその文化の価値やシンボル化において理解することではなく，クナの人々にとって白人がもつ意味を表出し表現することである。こうした表象のミメーシス的産出は，白人を想像的・シンボル的に所有することを意味する。こうした想像的・シンボル的所有は，白人との関係を解明するという必要がもたらした帰結である。

　他者への接近は様々な形の表象の助けを借りることで実現可能となる。その際，テクストやイメージの製作と並んで，身振りや儀礼，遊びや交換行為が重要な役割を果たす。表象の創出においては自分に固有なものと他者とが折り重なる。他者のいかなる表象も遂行的な側面をもつ。遂行的な側面において，何

---

182) Taussig 1993; Suzuki/Wulf 2007.

かが表現にもたらされ，対象化ないし身体化が生起する。ミメーシスのエネルギーによって，表象は単なるモデルの模像ではなくなり，モデルから自己を切り離し，新たな世界を産出することになる。多くの場合，表象は，まだ完全には形作られていない他者の形象に結びつく。それは，表現不可能なものの表現であり，表現不可能なものの対象化ないし身体化である。こうしてミメーシスは，表象の形象化を行い，模倣の対象それ自体を産出するのである。

　ミメーシス的過程のなかで，異他的なものは，ミメーシスする自分に固有の想像世界の論理とのダイナミズムのなかに組み込まれる。そのことを通して，異他的なものは表象へと変換される。表象となることで異他的なものがただちに自分に固有なものとなるわけではない。異他的なものが形象化され，この形象のなかで，異他的なものと自分に固有のものが混ざり合い中間の形象となる。そのような「中間」の形象の成立は，他者との出会いにおいて特別の重要性をもつ。ミメーシス的に創出された表象によって，異他的なものを固定するのでも同化するのでもなく，異他的なものであると同時に既知のものでもあるというアンビバレンスのなかに保持する可能性が生まれる。ミメーシス的運動は，異他的なものと自分に固有なもののダンスにたとえることができる。それは，自分に固有なものにも他なるものにもとどまることがない。それは両者の間を行き来する。他者の表象は偶有的である。それが今あるものであり続ける必然性はない。他の形象のなかに表象されることも可能なのである。ミメーシス的運動がいかなる形象に至るかは決められておらず，ファンタジーの遊動やシンボル的・社会的文脈に左右される。表象や形象のいかなる形態も必然的ではない。多くの異質で多様な形態を考えることができる。いかなる形姿がダンスに供されるのか，どのような遊動の形式が選ばれるのかは，ミメーシス的運動のなかで決まる。他者のミメーシスは美的な経験をもたらす。そこでは，未知のものとの遊動が生じ，自分に固有なものの異他的なものへの拡張が生じる。他者のミメーシスは異他的なものへの接近をもたらす。それは感性的であり，あらゆる感覚を介して遂行可能である。それが異他的なものへの「惑溺」や異他的なものとの融合に至ることはない。そのような運動は自分に固有なものの放棄を意味する。それは同化であり，自分に固有なものを失ったあげくの異他的なものへのミミクリーであろう。異他的なもののミメーシスが意味するのは，

接近と距離の同居であり，中間という未決状態への滞留であり，自分に固有のものと異他的なものとの間の境界線上でのダンスである。境界の一方の側に滞留することは，自分に固有のものと異他的なもののいずれか一方を欠くことであり，ミメーシス的運動の終焉である。

　他者へのミメーシス的な接近は，自分に固有なものを断念して異他的なものに引き渡してしまうスキュラと，異他的なものを自分に固有なものに還元してしまうカリュブディスの間をぬって行われる。一方には自己投影的な異人好きの至福の顔があり，他方には異人嫌いの苦虫を嚙み潰したような顔がある。このどちらにも，出会いや対決からの逃避が表れている。前者の場合は差異が素通りにされ，後者の場合は差異が許されない。いずれの場合も，異他的なものか自分に固有のものか，どちらかが犠牲になる。ともに，新たな関係あるいは認識が生じることはない。異人好きがせいぜいのところ行き着くのは縮減された他者経験である。他者のイメージと他者にまつわる感情で満足してしまうのである。彼らは外部の異他的なものとの出会いを求めず，ミメーシス的接近のアンビバレンスに直面するわけでもない。もし他者が他者に向けられた期待や希望を満たさないということになれば，投影された好意は拒絶や敵意に変わり，それは時を経て他者にも同様の感情を引き起こす。敵意と暴力のミメーシス的スパイラルが生じる。両方の側が他者の敵意に対して反応し，反応することで暴力の程度を深刻化させていく。「ミメーシス的な危機」を乗り越えるために「罪人」が探し出され犠牲に供される。社会に内在する暴力を贖罪の山羊に投影することで，破綻した社会秩序が再構築される。このメカニズムが関与者によって見透かされない限り，このメカニズムは破綻なく働く。いかなる相互了解も不可能である。投影と相互に強め合う敵対イメージが，他者の知覚，他者との出会い，他者との取り組みを妨げる。他者を捉えそこなう第二の可能性は，他者を自分に固有のものとの差異において知覚しない，という場合である。この場合にも，ミメーシス的な過程に身を委ねることに対する拒否が生じてくる。差異をもちこたえられなくなるのである。他者を見るときにも他者のすでに知られている部分にのみ目が向けられる。他者に似せることは自分に固有の存在を脅かすことにつながってしまう。逃げ道としては，他者の貶価あるいは破壊しかなく，したがってミメーシス的接近は不可能でしかないのである。

他者へのミメーシス的接近はアンビバレントである。それは成功し，自分に固有なものの豊穣化をもたらすかもしれない。しかし失敗し，他者の，また自分に固有なものの，破壊をもたらすかもしれない。他者との出会いは，規定されたものと未規定的なものとを両極としてその間を揺れ動く。他者がもつ非同一的なものによって引き起こされる動揺にどの程度耐えることができるかが，異他的なものとの接近や関わりの成否を決する。自分に固有なものも他なるものも，自己完結し相互に分離した単位として捉えてはならない。むしろ異他的なものと自分に固有なものとは，「断片」において構成されるような相関からなる。この相関はミメーシス的なものであり，類似化と差異の過程のなかで形成される。それは歴史的であり文脈と時代に応じて変化する[183]。

3. 教育におけるグローバル化

現在，ヨーロッパの教育システムには決定的な変化の兆しが見える。EUの拡大と，EU内の国々の関係強化とともに，教育はもはやナショナルな課題とのみ見ることはできない。教育は間文化的な課題と捉える必要がある[184]。中心に据えられるのは，様々な教育システムに見られる地域的・地方的・国民的な共通性および差異とどのように関わるか，という問いである。一方で，ヨーロッパの文化的な豊かさと文化的多様性，国々や文化の間にある差異を維持することが求められる。他方で，ヨーロッパの政治的・経済的・文化的な展開は，共通性の促進とトランスナショナルな忠誠心の育成を求める。

重要な生活分野のグローバル化や世界規模の政治的・経済的・文化的統合に直面して，共通性の促進がますます求められるようになっている。中期的には，地域的なもの，地方的なもの，グローバルなものの間の緊張が高まるであろう。ますます多くの人間が地球という惑星の運命への連帯責任を意識しつつあるが，しかしそうした人々でさえ，自分たちの地域的・地方的・国家的文脈とそこから生じる要請に依然としてとらわれたままである。価値の衝突，そして不安状態がその結果である。対立すると同時に互いに他を前提としているような社会

---

183) Gebauer/Wulf 1998.
184) Wulf 1995.

発展の二つの傾向を確認することができる。この両者がヨーロッパにおける教育の重要な構成条件ともなっている。一方の発展傾向は個人化の増大を指向し、もう一方はグローバル化の増大を指向している。高度に分化したヨーロッパの諸社会は、自分に固有の生を営む可能性を個々人に与え、またそのことを個々人に強制してもいる[185]。この自分に固有の生への要求のなかには、今日的な社会形成の矛盾する諸前提が見られる。誰もが個人的な生を営まねばならないのだが、その社会的条件を個々人は制御することができないのである。成就した生を営むという期待をもっての生の自己組織が課題だということになる。人はその生を能動的に造形し、構成し、責任を引き受けるべきなのである。誰もが自分の人生を選択し造形すべきなのだ[186]。自己決定と自己実現が期待される。決断能力と反省性が生を営むうえでの重要な能力となる。他方で、この個人化の増大はますますグローバル化の過程に規定されるようになるが、この過程を個々人が操縦することはできない。ひとつの相互関係が生じることになる。高まる個人化の今日的諸形態はグローバル化の過程によってはじめて可能となるが、同時にグローバル化の過程は個人化の拡大と強化を求める、ということである。子ども・若者の教育と社会化に対するこうした過程の影響は強烈である。教育に対するこの過程の望まざる副次的作用は多様である。

グローバル化とよばれる現在の深刻な社会変化は多次元的な過程である。それは、経済的、政治的、社会的、文化的な影響をもち、ヨーロッパにおける地域的なもの、地方的なもの、国民的なもの、グローバルなものの関係を変容させる。この過程のなかでは、とりわけ以下に挙げるような諸変化が教育にとって重要である[187]。

稀少化する労働

これはとりわけ非熟練的な労働にあてはまる。この点は、労働社会からサービス社会への移行に対する希望的観測によっても何ら変わることはない。社会

---

185) Beck u.a. 1995.
186) これに関しては、教育学における生活史研究の重要性の増大を参照のこと。理論的な原則問題、方法論的問題、生活史研究と教育学の間の連関、さらには専門諸分野における生活史研究についての的確な概観を Krüger/Marotzki 1999 が与えてくれる。
187) Beck 1997 を参照。

的主体は生の意味を大幅に労働に結びつけてきたが，こうした結合がもはや不可能であるような人間がますます多くなっている。したがって労働に関して，キリスト教や市民社会の構造とのその歴史的な結びつきを検証する必要がある[188]。そうした検証から，教育制度に対する帰結も中長期的には出てくるだろう。しかしそれで十分とはいえない。しなければならないのは，特定の職業への職業教育課程の結合を解除することであり，また，協調能力，革新能力，達成能力，反省能力，メディア能力，多文化的能力といった，カギとなる能力をこれまで以上に考慮し促進することである。専門知識の伝達と並んで，教育は，規模においても持続性においても増大しつつある労働世界以外の分野を，作り上げる能力の伸張にこれまで以上に貢献する必要がある。グローバル化の結果複雑になりつつある生活連関・労働連関に対処できるようにするためには，したがって教育分野への投資を減らすのではなく強化することが求められる。

国民国家の意味軽減

　これまでは，他の国々から区別された領域をもつ国民国家が文化と教育の場であるとともに担い手であった。これに対してグローバル化は，国民国家の意味を徐々に軽減させ，それに伴ってヨーロッパにおける教育の条件を徐々に変容させることになる[189]。国民国家の至上権喪失にはいくつもの理由がある。一つには，国民国家は超国家的な協議体にますます多くの決定を委ねるようになる。その結果，国民国家はたしかに依然として決定に参加しはするが，単独で決定を下すことはもはやできない。国民国家にとっての利点は，こうした共に下された決定のヨーロッパ的な，さらにはグローバルな作用に，影響力を持つことができる点にある。もう一つには，多国籍企業が，国家間の齟齬を利用することで国民国家の力を削いでいるという事態がある。たとえば多国籍企業は高い技術的なノウハウをもつ国々で商品開発を行い，それを低賃金の国々で生産し，税率の低い国々で税金を支払う。多国籍企業は，それが本拠を置く国では働き口をつぶしつつ節税を進め，新たに発生する失業者のための費用を国

---

188) 本書の「労働の身振りと労働の儀礼」の節，および雑誌『パラグラーナ』（1996年第2号）の特集「労働としての人生？」を参照。
189) Wulf 1998, 2006; Wulf/Merkel 2002; Wulf/Weigand 2011.

民国家に押しつけるが，同時に，税金を払わないことによって，必要とされる財政手段を調達する可能性を国民国家から奪うのである。この戦略によって多国籍企業は利潤を高めている。その結果，教育，医療，福祉といった分野に向けられる財政手段が不足する。こうして国民国家は，その伝統的課題を引き受けることがますます困難となり，その統合機能をもはや満たしえないという危険に陥る。

　グローバル化は距離の克服を可能にし，遠く離れた新たな文化的・社会的空間を知ることができるようになる[190]。それはもはや国境や国境検査によって互いに隔離された国民国家の領域ではない。ニューメディア（電話，テレビ，コンピュータ）の助けを借りることで，途方もない距離がほぼ光速で克服される[191]。空間が収縮する。距離の克服に必要な時間と費用はごくわずかである。イメージや言説や大衆観光が，遠くのものを近くへもたらす。空間と時間，遠くと近く，見知らぬものと親しいものといった伝統的な秩序は砕け散る。新たな混合と「不純化」が生じる。トランスナショナルな世界社会は，統一性と一望性によってではなく，多様性と差異と複雑性によって特徴づけられる。たしかに，「惑星としての地球」を映し出しそれを人間の「故郷」として宇宙空間のなかに示す映像は，われわれの内的なイメージ世界や想像界に深く根を下ろしている。しかしそうした映像は，地球が文化的・経済的・政治的に見て同質である，あるいは同質となる途上にある，ということを意味するわけではない。世界のアメリカ化（マクドナルド化）という同種のテーゼは短絡的すぎる。アメリカもヨーロッパも世界の中心をなしてはいない。世界は文化的・経済的・政治的な「トランスナショナルな中心」を数多くもっている。そうした複数の中心において，技術，経済，メディア，イメージ，言説の，様々に異なるグローバルなシナリオが生まれてくるのである[192]。

国民文化の意味喪失

　われわれの議論にとっては，文化の領域，とりわけ教育と人間形成の領域に

---

190) Liebau/Miller-Kipp/Wulf 1999.
191) Bilstein/Miller-Kipp/Wulf 1999.
192) Castells 1996.

対するグローバル化の影響が特に重要である[193]。文化は今日でも依然として国民文化を意味することが多く，このため，一定の領土，共通の言語，共通の伝統・記憶・象徴・儀礼に結びついている。学校のような教育制度の枠内では，他の国民諸文化は自国の国民文化形成との関わりでのみ認知される。学校のカリキュラムでは，異文化は，自分たちの文化の，またそれとともに自分たち国民の，唯一性や特別性を引き立てるための背景として役立てられる。教科書を一見すれば，教育と人間形成についての国民国家中心的な見方は明らかである[194]。たしかに，他の国民についてのステレオタイプや敵対イメージはもはや――あるいはごく稀にしか――見られない。しかし他の国民文化に対する見方はたいてい限定されたものであり，遠近法的な限界もある。このことは，今日なお，とりわけ歴史の授業にあてはまるが，外国語の授業になるとあてはまることはずっと少なくなる。外国語の授業は，その外国語を使っている国民の自己理解の方により強く準拠するようになっているのである。ヨーロッパ諸国の内部で地方の重要性が増すとともに，学校の授業でも次第に地方の要素がより強く考慮されるようになってきた。このことは，言語にも，地方的文化内容にも，集団的記憶にも，シンボルにも，記号にも，儀礼にも，同様にあてはまる。地方的伝統の表象が学校のカリキュラムにおいてどの程度までなされるかは，それぞれの国民国家とその教育制度がどの程度強く中央集権的ないしは地方分権的に組織されているかに左右される。教育制度の国民国家的な性格は，世界の他の地方から新たな教育内容を学校のカリキュラムに取り入れるようにというグローバル化に伴う要求によっていっそう相対化される。ヨーロッパの学校は今日，中国や日本の歴史に，またこの両国の自己理解に，目を向けないままでやっていけるのだろうか。同様のことは，メキシコやブラジルや，グローバルな観点から見ても依然として周縁化された大陸であるアフリカの諸動向に，果たしていえるだろうか。しかし新たな学習内容やテーマのみが問題なのではない。少なからず重要なのは，グローバル化とともに学校のなかに分け入ってくる異他的なものへの関心を発展させることである[195]。

---

193) Wulf 1995.
194) Délory-Momberger u.a. 2011.
195) 本書の「他者」についての節を参照。

諸文化のグローバル化

　ヨーロッパにおける教育と人間形成が，外部に対して閉じられ，国民文化の領土の上に載せられた「コンテナ」のなかでのみ行われているかのように想像してはならない。むしろ，文化の様々な起源，端緒，焦点が重なり合い，グローバルなもの，地方的なもの，地域的なものが浸透し合っている。ローランド・ロバートソンによる「グローカリズム」という概念は，グローバルなものと地方的(ローカル)なもの，普遍的なものと個別的なものの重なりを表出している。これによって，文化的・社会的な複雑性の新たな形態が生じる。この形態は高度に自律的である。異なる文化的な諸要素の折り重なりと相互依存ゆえに，いかなる閉じた文化的な統一体も生じはしない。生じるのは，新世紀の生活条件の深部に及ぶ文化的多様性である。文化，教育，人間形成のグローバル化，地域化，地方化にもかかわらず，イタリアとデンマークの間の，オランダとイギリスの間の，ドイツとフランスの間の違いは依然として残っている[196]。厳密に共通性を見出そうとすればするほど，ますます差異がはっきりしてくる。逆に差異の知覚を介して共通性が形成されることも多い。異なる文化的諸要素の新たな混合物が結果として生まれてくる。統一的な世界文化や統一的なヨーロッパ文化が生じることはまずないだろう。多様性の喪失が起こることもまず考えられない。そこから教育と人間形成にとっての新たな課題が生まれる。他者の新たな表象を，新たな準拠点を，そして新たなトランスナショナルな信義と連帯を，発展させることが重要になる。エコロジー運動と平和運動は，トランスナショナルな連携や，それに対応した住民グループの活動の，最初の形式を実現した。それはたとえば，北海に海上掘削基地を沈めようとしたシェル石油に対する運動であり，あるいは太平洋での地下核実験を強行しようとしたフランス政府に対する運動であった。そのような国家と地域の境界を越えて広がる活動は，新しいグローバルな文化的価値や展望によって作り出されているのである。

　ヨーロッパ化とグローバル化の過程は今日あらゆる生活領域に浸透しており，生活世界と生活形式の複雑性を上昇させている。とりわけ新しいメディアや，新しいコミュニケーション形式や，世界市場を介して，ヨーロッパ化とグロー

---

196) Dibie/Wulf 1998.

バル化の過程は若い世代に影響を与えている。文化的な違いをこえてこの過程は類似性を生み出しているが，しかし同型性を生み出しているわけではない。類似性を同型性に還元し，そのことによって差異を平準化するという試みに対しては抵抗が生じることになろう。そうした抵抗のなかでは，人は個別的なものの一回性と背後遡及不可能性という価値に正当にも立脚することになると思われる。こうした展開を前に，教育と人間形成は，年若い人間を支援するというその課題にこれまで以上に取り組む必要がある。彼らは，知識の巨大な拡張から出てくる要請に自ら責任をもって対処し，知識と実験と経験によって個人としての能力を開発することを求められている。それは生活や生き方の複雑性の上昇によりよく対応するためである。このような状況において，機会均等の要請と競争の必要性の間を調停することは教育制度の最も困難な課題の一つである。機会均等の要請を考えれば，社会的に不利な状態に置かれた若者を特別に促進することが必要になる。しかし競争社会に生きるための支援という要請を考えれば，自己主張の能力の開発が求められる。一方の目標は連帯であり，他方は個人性である。両方の目標の間には，いかなる単純な妥協も許さないような二律背反的な関係があることがしばしばである。

グローバルな教育

　グローバル化によって生み出された社会的・文化的過程のなかでは，異他的なものとの出会いや異他的なものへの対応の重要性が増している[197]。異他的なものとの関係の成功あるいは失敗は，ヨーロッパ共同体における生活の質とヨーロッパ共同体の将来を決定的に規定する要因である。教育と人間形成は，世界規模で変化する社会的条件のもとでの生の課題に，成長しつつある世代を準備させなければならない。したがって，異他的なものや異他的な人々との取り組みを強化することは教育と人間形成の課題としてますます重要になる。しかし，異他的とは何であり，慣れ親しんだものとは何であろうか。異他的なものと自分に固有なものとの間の共通性と差異はいかなるものであろうか。何が「異他的」と経験されるかは，その経験がなされる歴史的・文化的文脈に左右

---

197)　Wimmer 1997, 1998.

される。自分に固有なものと他なるものとの間の関係は，何が異他的と経験されるかを決定づける。自分に固有なものも異他的なものも確固たる核を持ってはいない。むしろ両者は状況に応じて変化する。当初異他的であったものも自分に固有なものとなりうる。自分に固有なものの異質性の体験は重要である。それは，異他的なものをその差異において経験する——しかも異他的なものを同化や植民地化によって破壊するという試みに追い込まれることなしに経験する——ということを可能にする。異他的なものは完全には理解しえないということ，また，異他的なものとの豊かな関係のためにそうした完全な理解は必要ではないということは，異他的なものとの取り組みにおける最も重要な経験の一つである。今日では文化人類学も同じ認識に到達している。異他的なものの完璧な理解に固執すると，理解は，理解されたものを統制下に置いて所有し，異他的なものとしての性格を破壊してしまうような権力戦略に転じてしまう。それゆえ望まれるのは，異他的なものの原理的な理解不可能性を前提とし，異種混淆的な思考への，つまり他者から出発する思考への能力を発達させることである。これはたやすいことではない。異他的なものとのそうした関わりが，複雑性を処理する高度の能力を年若い人間に要求するものだということを考えれば，これはなおさらである。しかし若者はこの挑戦——異人は他者であり，苦労して作り上げた自分たちの心理的安定性をその他者性によってしばしば脅かすものだ，ということ——に耐えることを学ばねばならない。

　こうした差異や自分に固有なものの相対化に耐えることがうまくいかない場合，異他的なものへの暴力に移行する危険がある[198]。そうした場合，異人嫌いの暴力行為は，脅かされた心理社会的な安定性を維持するのに役立てられることになる。価値を低めること，レッテルを貼ること，贖罪の山羊を捏造することが，異他的なものに対する通例の防衛戦略である。異他的なものに対する敵対は，年若い人間の心理社会的状態を安定化させる働きを持つ。このため，こうした敵対イメージや暴力への傾向に働きかけ，それをうまく減少させることは容易ではない。自己像・他者像・世界像の負担軽減にとって，異人に否定性を投射することはかくも重要な役割を担っているのである。これに加えて，

---

198) Wimmer/Wulf/Dieckmann 1996, Dieckmann/Wulf/Wimmer 1997.

少数派や異人に対する暴力行為が，多くの若者が生きている社会的な状況によって支えられているということがある。そうした状況を特徴づけている要因を挙げれば，学校中退，職業訓練の欠如，家族メンバーの失業，社会的に認められた生活様式への組み込みの欠如，寄る辺なさ，無意味感，生活への不安，将来展望のなさ，といったものである。これらの社会的条件の結果として，少なからぬ部分の青年の排除と周縁化が生じ，ひいては，広範な住民集団が中長期的に貧困のなかで生きる結果になっている。このような状況に直面しての教育の一つの重要な課題は，異他的なものへの好奇心を目覚ませ維持することにある。それは，異他的なものが脅威としてではなく，魅力的かつ豊かさを生むものとして体験されるための一つの条件なのである。

　グローバル化の帰結としての以上のような展開は，いかなる作用を教育に対してもつのだろうか。共通性と差異のどちらが優勢だろうか。教育のための，単に国民的あるいはヨーロッパ的な妥当性のみならず，全地球的な妥当性を要求しうるような規準を挙げることはできるだろうか。そのような教育の目印になるような特徴はどのようなものだろうか。教育のためのグローバルなプログラム，あるいは少なくともグローバルな教育のための準拠枠は可能だろうか。多くの生活領域のグローバル化に直面して，以上のような問いが差し迫ったものとなる。しかし，そのような問いは解答可能だろうか。そしてどのような場合に，どのようにして解答可能となるのだろうか。1996年にユネスコの委託を受けて出された次世紀のための教育についての報告には，そうした問いに対する解答が期待された[199]。

　この種の問いに答えるための枠組みを構築するために，その報告では今日の教育を世界的に規定している以下のような対立の構図がまず特定された。

- **グローバルなものと地方的なものとの間の緊張**　一方で，ますます多くの人間が地球に対する共同の責任を負った「世界市民」として自己を捉えるようになるが，そのことによって地方的・国民的文脈への自分たちの結合を放棄するわけではない。
- **普遍的なものと単独的なものとの間の緊張**　人間生活のグローバル化への傾向

---

199) Delors 1996.

は，経済や政治の領域には限定されない。それは文化と教育をも包括する。それは大きなチャンスを含むが，また見通し難いリスクをも含む。個々人の，また特定の文化的伝統への個々人の結合の，背後遡及不可能性と，政治・経済・文化のグローバル化によって新たな生活形式・生活連関を創造するという傾向の間の，慎重なバランスをそれは必要とする。

- **伝統と現代性との間の緊張**　自己自身の文化的伝統を裏切ることなく，人はいかにして現在と未来の展開に対して自己自身を開いておけるのだろうか。様々に異なるダイナミズムを互いに建設的に結びつけることは，どうすれば達成できるだろうか。その際，現代的テクノロジーや新しいメディアはどのような役割を果たすだろうか。
- **長期的考慮と短期的考慮との間の緊張**　短期的な展望では意味ありと思えることが，長期的な展望で見れば重大な誤りだということもありうる。これはたとえば，その作用が中長期的にしか表れないような教育制度への投資にあてはまることである。
- **一方における必要不可欠な競争と，他方における機会均等への配慮の間の緊張**　教育領域の改革においては，この緊張は根本的に克服不可能である。単純なあれかこれかの解決は許容できない単純化を意味する。生涯学習という枠組みのなかで，競争・協力・連帯という対立する諸力をできる限りのバランスにもたらすことが重要になる。
- **知識の途方もない拡張と，それを同化する人間の能力の間の緊張を処理すること**　若者たちは，新しい知識連関の要請に応え，知識と実験と開発によって個人としての能力を展開していかねばならない。中心にくるのは，そうした際に若者を支援するという教育制度の使命である。
- **精神的なものと物質的なものとの間の緊張**　この両方の領域のダイナミズムのバランスをとることに成功した場合にのみ，人間はこの地球での生活を持続可能に形作る道を見出すことになる[200]。

教育は人間に，以上のような緊張や葛藤に対処し人類の共通の未来に向けた活動に参加するための，力をつけさせるべきである。教育は，社会的・経済

---

[200]　Zeitschrift für Erziehungswissenschaft 2012, 2013; Paragrana 2009, 2010a, 2011b.

的・政治的展開から出てくるこの要請に応えねばならないが，こうした要求の充足に自らを還元してしまってはならない。教育はそれ自体価値として，また生涯にわたる過程として捉えられねばならない。教育と人間形成は柔軟でなければならず，世界とその諸地域の多様性や異質性に配慮しなければならない。教育のグローバル化に向けてのこうしたプログラムの中心に位置するのは，人間学的な特質としての学習である。学習社会がテーマとなる。そこでは，すべての人間のための生涯学習が，ただしそれぞれに異なる形態で，それぞれに異なる内容をもって，実現されることになる。学習は人間の共同生活に関わるべきであり，また，共同生活を建設的に平和の精神において構築することに貢献するべきである。相互的な理解が促進されるべきであり，創造的な人生構築のための能力が開発されるべきである。多くある知識形態のなかで，社会的変化をデザインするためには科学的な知識がとりわけ重要になる。これに加えて，様々に異なる社会領域のなかでの行為能力の開発も重要である。教育と人間形成の努力は，記憶，反省，想像力，健康，美的・コミュニケーション的能力の促進に，また，特別なニーズをもった個々人の発達に，向けられるべきである。

　約7億人の非識字者がおり，未就学の子どもが7000万人いることを考えれば，何よりも基礎教育の充実を強化することが求められる。このことはしかし，中等教育や高等教育を削減することで実現されるべきではない。ますます多くの若者が中等教育・高等教育へのアクセスを要求しているのである。むしろ，教育システムの量と質を充実させようとする貧しい国々を支援する国際的な努力が強化されるべきである。こうした教育努力の成果はしかし，親，教師，学校長を含む共同体によって，また公共社会や国際社会によって，その努力がどの程度担われるかにも左右される。以下のような国際的協力がどの程度強化されるかが問題である。

- 教育領域において少女や女性を促進するための努力の強化
- 国際組織の開発援助の4分の1を教育援助に充てること
- 貧しい国々と豊かな国々の間の溝を少なくするための現代的な情報技術の世界規模での導入
- 国際協力のためのNGO（非政府組織）の役割の強化

一連の特徴が，グローバルな教育のこうしたプログラムを決定づけている。

これらの特徴は，出発点とともに，そこから想定される目標をも含んでいることが多い。ただし，この目標が達成可能なのか，どこまで達成可能なのかは開かれている。これらの特徴は，グローバルな教育のプログラムを，その展開の目標という形で以下のように具体化することになる。

- ローカルなコミュニティから世界社会へ　世界規模の相互依存とグローバル化が，今日では人間の日常生活を決定づけている。その作用はますます包括的になりつつあり，文化・教育・社会のグローバル化によって条件づけられた諸課題を持続的に考慮していく必要がある。一つの危険は，この新しい生活条件に創造的に対処できる少数の人間と，それに無力に翻弄される多数の人間との間に溝が生じることである。最終的には，相互了解・責任意識・連帯感の増大を促進することが重要になる。教育と人間形成は，世界規模で一新されつつある生活条件のなかで生きていけるように人間を支援するという課題をもつ。

- 社会的強制から民主的参加へ　教育政策は幅広いものでなければならない。それは諸個人あるいは住民グループの社会的排除に手を貸すようなことがあってはならないのである。社会化と教育という枠のなかで，全体社会的な要求と人格的発達への個人の権利とが相互に媒介されるべきである。教育は基盤にある全体社会的問題を解決することはできない。しかし，それを処理可能なものにすることには貢献できる。学校は，マイノリティーに属する子どもたちを援助し，社会環境のなかでうまく生きていくための手助けをする場合にのみ，学校の全体社会的課題を果たしたといえる。民主主義と市民的行動に向けての教育が学校において行われねばならない。そこでは，理解と的確な判断のための能力を含みこんだ民主的な参加が訓練され展開されることになる。教育と人間形成は，出来事と情報を秩序づけ歴史的な文脈のなかで理解することを可能にする文化的なバックグラウンドを育てられるよう，子どもや大人を援助すべきである。

- 経済成長から人間開発へ　現代的な生活条件をより強く考慮に入れられるような「開発」の新たなモデルが必要である。必要となるのは，労働の未来についての，またテクノロジーの発展の結果としての労働世界の変化についての，研究である。開発政策と教育政策の間の連関は新たな省察とより

良いデザインを必要としている。市場の要請に人間形成を還元することは避けねばならない。求められるのは，世界のあらゆる地域で基礎教育を拡充するためのいっそうの努力である。

- **教育と人間形成の四つの柱** 生涯学習は以下の四つの柱に立脚している。知識を学ぶこと，行為を学ぶこと，ともに生きることを学ぶこと，存在することを学ぶこと。自分に関わる諸領域により深く集中した一般教育，および学ぶことの学習が，さらに強く促進されるべきである。様々な地方的・国際的な状況において事情に即応して振る舞う能力を獲得することが必要となる。様々に異なる人間との相互尊重のなかで行なわれる共同作業が促進されるべきである。教育制度のなかでは，したがって，単に多くの形態の知識のみならず，学習や能力の様々な形態が伝達されるべきである。
- **生涯を通じた学習** 新しい世紀において個々人が実現すべき働きは従来の要求を超え出るものであり，そうした働きは生涯を通じた学習の助けによってのみ実現することができる。したがって，こうした必要のために備える「学習社会」においては，これまで以上に幅広いサービスや学習機会が必要になる[201]。
- **基礎教育から大学まで** 世界規模の教育努力の重点は，初等教育に重きを置いた基礎教育の促進であり，初等教育において行われる読み・書き・算の能力の開発である。基礎教育は，そのつどの国や住民グループの条件と可能性に関係づけられる必要がある。非識字者のための読み書きのプログラムは依然として必要である。自然科学的な基礎知識のより良い伝達が不可欠である。教師一人当たりの生徒数の比率はできる限り改善されるべきであり，それが困難な場合には現代的な授業技術の投入による補完がなされるべきである。中等段階の学校教育の供給と種類は，生涯学習の文脈のなかで新たに考慮されるべきである。教育相談の助けを借りることで，教育制度の風通しを良くし，機会均等の状況を改善すべきである。大学は，学生を研究と職業訓練へと準備するべきであり，経済生活・社会生活の必要に耐えられるような専門知識を伝達すべきである。大学は，勉学の条件を

---

201) Göhlich/Wulf/Zirfas 2007.

有するすべての人に開かれるべきである。大学は今以上に国際的に協力すべきである。大学は自律的であり，かつ研究・教育における自由をもつべきである。そのようにしてのみ，大学は社会の発展に対する望ましい影響を行使することができる。全体として，中・高等教育の領域においては，できる限り幅広くで専門分化した教育を提供すべきである。

● **新たな展望を模索する教師たち**　教師の社会経済的状況は世界各国で大きく異なる。多くの国々では，教師が自国の社会的発展に適切に貢献できるためには，状況の根本的な改善が必要である。多様な教育過程・人間形成過程を様々な社会的領域において起動させ遂行するためには，様々な「学びの場」の協調と協力が必要であり，様々な資格をもった人間の組み込みが必要である。学校における教育過程・人間形成過程の質は教師の能力に大幅に左右されるのであるから，教師の持続的な継続教育が不可欠となる。教えること・授業することは単なる個人的な活動ではない。教育と授業を改善するためにはチーム活動や協力が求められる。今日の生活の要求に応えるためには，教える人間の交流が必要である。国内的・国際的な交流は，次世代の責任意識や連帯感を国境を越えて発展させるのに役立つ。

● **教育のための決断：政治的要因**　教育システムの運営と質は，社会の方向性と質に大きな影響を与える。したがって，教育問題についての公的な論争や，社会的決定の担い手のこの論争への参画が必要となる。教育制度の分権化や相対的な自律性はその質を改善する。それでも，教育と人間形成は国家ないし地方公共団体の責任のもとに置かれるべきである。教育制度を財政的に支えることは国家と公共の責務である。個人的な方面からの支援は歓迎すべきことではあるが，国家や公共の責任を肩代わりすることはできない。教育システムの財政的支援においては，生涯学習はすべての人々のための機会として考慮する必要がある。より多くの人々向けに教育サービスを拡張するために，新しい情報技術・コミュニケーション技術を取り入れる必要がある。そうした技術の可能性は，とりわけ成人教育においてはこれまで十分には利用されてこなかった。このことはとりわけ発展途上国についていえる。

● **国際協力：世界共同体（グローバル・ヴィレッジ）の教育と人間形成**　国際協力

は教育の領域において今日不可欠である。教育投資は未来への教育として理解されるべきである。なかでも，世界の多くの地域で不利な扱いを受けている少女や女性に対して特別の援助が必要である。特別の援助を必要とするものとして，地域間の交流や協力がある。カリキュラムの国際化が，現代的な情報技術の利用によって促進されるべきである。国際組織は，教育プロジェクトの促進においてパートナーとして協働すべきである。ユネスコはそれに向けての刺激を与えるべきであり，国際的な情報交換のフォーラムとして機能すべきである。

　世界レベルでの教育と人間形成の未来に向けての以上のような構想について，ここでは詳細な批評を行うことはできない。しかし最後に，教育グローバル化の可能性と限界を適切に主題化しようとすれば必要となる批判的な取り組みの方向性を指し示すべく，いくつかの問いを提起しておきたい。
- グローバル教育のこうしたプログラムは，教育と人間形成の助けを借りて人間的発達のための一般的な見通しを構想するというその意図を，どこまで満たすことができるだろうか？
- グローバル教育のこうした構想は，世界の様々な地域から見た個別考察によってエピローグ部分で修正が加えられているとはいえ，あまりにもヨーロッパ中心的な特質をもっているのではなかろうか？
- このグローバルなプログラムの普遍的な要求や特質は，世界の様々な地域に対するその有意性を低めているのではないか？　地域に即した特殊化がなされていれば，その方が教育制度改革のためのこのプログラムの価値は高まったのではないか？
- グローバル教育のこの構想では，教育のための準拠点としての「持続的発展」を考慮すれば生じたかもしれないような葛藤や論争が，不必要に回避されてしまっているのではないか？
- 教育のグローバル化のこのプログラムの基盤にある人間学的な諸前提や人間の完全化能力についての想定は，あまりにも楽観的ではなかろうか？

IV

歴史性，文化性，超領域性

われわれのこれまでの考察が明らかにしたように，人間についての想定なしには，人間学なしには，教育と人間形成は不可能である。教育の歴史的・文化的な状況によって，教育に含意される人間像や，それと結びついた教育人間学のイメージは大きく異なる。したがって，教育制度に対して世界規模で新たな要求がなされる状況においては，教育と人間形成と社会化の，そのつどの歴史的・文化的な基盤についての人間学的な研究が極めて重要な意味を持つ[202]。今日の社会的・個人的発展の複雑性に直面して，今日の歴史的教育人間学は，学際的ないし超領域的に，またヨーロッパ的ないし全地球的な協力のなかで展開される必要があるし，教育と教育行為に及ぼすその影響力において評価される必要がある。これまで本書では，「改善不可能なものの完全化」，「社会的ミメーシス」，「グローバルで多文化的な教育」という教育学研究の三つの分野を代表例として取り上げて，教育人間学的な研究と省察の豊穣性を明らかにしてきた。以下では，歴史研究や歴史的人間学研究の領域における研究の現状を，その展開可能性に即して考察することにしたい[203]。

近年高まってきた教育人間学への関心とそのなかで生まれてきた研究は，この分野のそれ以前の研究から様変わりしている。この展開を決定づけているのは，とりわけ三つの複合的特質である。すなわち，多元性と歴史性，文化性・遂行性・多文化性，超領域性である。これら諸要因がともに作用するなかで歴史的教育人間学が登場する。これまで，その展開は歴史学および文化学における歴史的・人間学的研究という文脈のなかで行われてきたが，これは今後も変わることはないだろう。

1. 歴史的教育人間学への転回

17世紀における，そしてとりわけ18・19世紀における，近代教育学の始まり以来，人間学と教育学とは結びついている。人間の形成可能性・完全化・改善不可能性についての様々に異なるイメージが，ルソー，カンペ，カント，ペスタロッチ，フンボルト，ヘルバルト，シュライアマハーの教育学的思考を決

---
202) Michaels/Wulf 2010, 2012, 2014.
203) Wulf 2009, 2010, 2013; Wulf/Zirfas 2014.

定づけている。1750年から1850年の間に，人間学的な思考は教育学の不可欠の特徴となる[204]。ルソーは，自然，社会，人間についてのその人間学的想定の帰結として教育州における自然人の実験的な教育プログラムを展開する。存在と当為との区別から出発したカントによれば，存在と当為のこの人間学的差異を処理することが教育学にとっての課題となる。「人間は教育によってはじめて人間になることができる。人間とは，教育が人間〔という素材〕からつくり出したものにほかならない。（……）しかしながら，〔現実の〕教育は一方では人間にいくつかの事柄を教え込むと同時に，また他方では人間のなかからそのいくつかの可能性を発展させることにすぎないのであるから，人間の自然素質がどこまで伸びるかということについては，われわれにはわからないのである」[205]。フンボルトの人間形成論にとって，個人の背後遡及不可能性，世界との取り組みの必要不可欠性，言語と個人性と人間形成の人間学的に基礎づけられた連関は中心的な重要性をもつ。人間学的諸前提の未決定性についてのシュライアマハーの見方は，教育現実の歴史性を見据え，したがってまた教育目標をもはや規範的な人間学的設定から導き出さないような教育と人間形成の理論をもたらす。

　20世紀になると，人間学的な問題設定は，ヘルマン・ノールによって彼の「教育学的人間論」[206]において，オットー゠フリードリッヒ・ボルノウによって彼の著書『気分の本質』[207]において取り上げられ，さらに，ハインリッヒ・デップ゠フォアヴァルトによっても取り上げられる[208]。それに続いて，マルティヌス・J・ランゲフェルトの『子どもの人間学』[209]や，フリットナー[210]，ロート[211]，ロッホ[212]など，教育学の基礎的・統合的な一分野としての教育人間学を確立しようとする努力がなされた。1955年から1975年までの期間の教

---

204) Wulf 1996a.
205) Kant 1982, S. 699.〔邦訳：221頁。〕
206) Nohl 1929.
207) Bollnow 1941.
208) Döpp-Vorwald 1968.
209) Langeveld 1964.
210) Flitner 1963.
211) Roth 1966, 1971.
212) Loch 1963, 1968.

育人間学にとって重要となったのは，マックス・シェーラー[213]，ヘルムート・プレスナー[214]，アーノルド・ゲーレン[215]らによる哲学的人間学の研究である。シェーラーは，その出発点を次のように規定している。「われわれの時代は，およそ1万年の歴史を通じて人間が自らにとって余すところなく完全に「問い」となり，人間とは何かを人間が知らず，しかも自分がそれを知らないということを人間が知ってもいる最初の時代である。」[216] 山のような科学的細部知識を前に，教育人間学はその後，こうした洞察を忘れてしまうという危険にしばしば陥ることになった。

1950～70年代の教育人間学は統一的な学問分野とはいえない。それは，哲学的教育人間学とも，心理学，社会学，生物学，医学，神学といった他の諸科学が内包する人間学とも，明確に区別されてはいなかった[217]。それはまた，教育学内の他の諸立場から原理的に区別されてもいなかった。それは，教育の人間学的な基礎づけであり[218]，経験的な理論に加わる哲学的なカテゴリー分析であり[219]，人間が能力の相において考察されるような学習理論の基盤であり[220]，人格生成の理論なのである[221]。教育人間学は，特殊学科内の一部分学科として[222]，学問集合体を構成する一特殊学科として[223]，学科間コミュニケーションの場として[224]，捉えられる。

ロッホ[225]とボルノウ[226]は，「教育学的人間学」と「人間学的教育学」を区別している。「教育学的人間学」を，ボルノウは，統合的かつ基盤的で，経

---

213) Scheler 1988.
214) Plessner 1928.
215) Gehlen 1940 もしくは 1978.
216) Scheler 1988, S. 120.〔邦訳：128頁。〕
217) Gadamer/Vogler 1972/74.
218) Liedtke 1980.
219) Zdarzil 1980.
220) Loch 1980.
221) Derbolav 1980.
222) Bleidick 1967.
223) Stieglitz 1970.
224) Schilling 1970.
225) Loch 1963, S. 82f.
226) Bollnow 1965, S. 45ff.〔邦訳：91頁以降。〕

験科学的な構えをもった人間学として理解する。それは教育という現象を，人間の全体的理解のために教育という現象は何をなしうるのか，という問題設定の下で取り扱う。人間学の教育学的有意性を明確にし，人間（生物学的，社会的，心理学的，歴史的，宗教的に見た人間）の教育必要性を探究するという努力もここに含まれる。これに対して「人間学的教育学」とよばれる研究は，教育学の人間学的有意性を解明し，教育の現象学のために寄与しようとする。もっとも，こうした区別が首尾一貫して適用されるには至らなかった。

これに対して，「教育学における人間学的見方」という提案はその後も注目を集めた。この人間学的見方によって，異なるアプローチを互いに関連づけ比較考量することができるようになった。ボルノウはこの見方を次のように定義している。

> 「ここで問題になっているのは，新たに根拠づけられるべき一学科，つまり教育学の全体の中で特殊な課題を果たさなければならないような特殊な一分野なのではなくて，全教育学を貫く一つの見方〔考察法〕であり，（……）それは個々の教育学的問題を新しい仕方で一つの全体へと結合することを許すような新しい秩序図式をみずから提供することはできないわけである。人間学的見方はそれ自体として何ら体系形成的な機能を有してはいない。（……）人間学が取り出すものは，つねにただ個々の視座であり，特定の視点から生じる人間学的諸連関にすぎない。」[227]

当時の教育人間学的思考の数多くあるアプローチを体系化しようとした場合，五つの立場が区別可能であるが，1980〜90年代の展開を考慮すれば，これにさらに二つのアプローチを加えることができる。

- 統合的アプローチは，人間を「ホモ・エドゥカンドゥス・エト・エドゥカビリス」と捉える。人間は教育が可能でかつ教育を必要とする存在なのである（フリットナー，ロート，リートケ）。
- 哲学的アプローチは，人間を「確定されていない動物」（ニーチェ）と捉える。人間は開かれた問いの総体であり，「開かれたシステム」である（ボルノウ，デアボラフ，ロッホ）。
- 現象学的アプローチは，人間を「区分された人間」（ホモ・ディスティンクトゥス）と捉える。人間は，成

---

[227] Bollnow 1965, S. 49ff.〔邦訳：104-107頁。〕

人であり，子どもであり，教師であり，生徒であり，父親であり，母親である（ランゲフェルト，ラング，ラサーン）。
- 弁証法的・反省的なアプローチは，人間を「政治的動物（ゾーオン・ポリティコン）」として捉える。人間は，社会的な，また個人的な自己実現の相において現れる（ブーバー，レヴィナス，アドルノ，クラフキ）。
- 内在的アプローチは，人間を「人間のイメージ（イマゴ・ホミニス）」として捉える。人間はイメージの相において現れる（ショイアール）。
- テクスト的アプローチは，人間をアナグラムとして捉える。人間はポイエーシス的なテクストとなる（デリダ，フーコー，ギアーツ）。
- 複数的・歴史的アプローチは，人間を「隠れたる人間（ホモ・アプスコンディトゥス）」として捉える。人間は，複数性，反省性，二重の歴史性の相において現れる（カンパーとヴルフ，ヴュンシェ，モレンハウアー，レンツェン，ヴルフ）[228]。

1950〜70年代の教育人間学の様々なアプローチを概観すれば，以下のような批判的な異論が出てくるが，それが歴史的教育人間学の展開をもたらすことにもなった[229]。教育人間学は，その成立の歴史的社会的な諸前提の考慮という点で欠けるところがあった。教育人間学は，その基本諸概念と，それを条件づけている社会展開との間の相互関係を十分に省察してはいなかった。このことは「開放性」「形成可能性」「使命」といった概念にあてはまる。確かに教育人間学は，自らの研究の歴史性を洞察してはいたが，この歴史性を二重の歴史性という形で十分徹底的に強調することはなかった。そのうえ，教育人間学は歴史ということでとりわけ精神史・理念史を考えており，社会史や心性史を考えてはいなかった。人文諸学によって練り上げられた人間学的な知を教育学に導入し，それを教育と人間形成にとって有意性をもった全体へと統合できる，とする見解が教育人間学においては支配的であった。これによって学際的な知が生じるはずだと考えられた。こうした手法では，各学問分野に即して練り上げられた知がいかにして教育学的問題設定の下に統合可能になるのか，という問いは未解決のままにとどまる。人間学的な知の全体性といったものを今日な

---

[228] Wulf/Zirfas 1994, S. 19f.
[229] Wulf 1994, S. 19f.

お前提にできるのかも,非常に疑わしいと思われる。人間一般,子ども一般,教育者一般についての言明を行うという教育人間学の要求は問題が多い[230]。通例,こうした要求とともに論じられるのは,ほとんどが,白人であり男性である抽象的な人間についての言明,ないしは同一文化圏の子ども・教育者についての言明であり,そこでは虚構や権力要求を伴った許し難い一般化がなされている。「全体としての」人間への,またそれと結びついた一体性と連続性への準拠ゆえに,教育人間学は差異や非連続や複数性の重要性を過小に評価した。教育人間学は,人間の本質について語ることを前提とするか,あるいは教育途上・人間形成途上の人間について経験科学的な認識が獲得可能であることを前提とするか,このどちらかであった。教育人間学自身の観念や概念がもつ構築的な性格が視野に入ってくることはなかった。教育人間学はまた,もっぱら哲学や科学に準拠するにとどまった。それは文学的な知識形態も美学的な知識形態も取り入れることはなかったし,また,自ら広言していたことに反して,その研究実践において経験的研究に従事したわけでもなかった。教育人間学の代表者たちは,教育人間学のなかに,普遍的といえるような妥当性を持った準拠点・準拠枠を見ていたが,この準拠点・準拠枠の限界についてはほとんど省察されることはなかった。教育人間学はむしろ肯定的な人間学として自らを理解していた。規範的人間学の不可能性や否定的・脱構築的人間学の実り豊かさについての洞察は後になって現れた。人間学批判もまた,もっと後の時点になってようやく教育人間学の不可欠の構成要素となった。

2. 複数性と歴史性

　人間の普遍的な特徴を同定し探究しようとする生物学的人間学とは異なり,歴史的教育人間学は,研究対象と研究主体の歴史性,さらには研究問題や研究方法の歴史性を強調する。こうした状況を前に,歴史的教育人間学はその研究にとって根本的に重要な二重の歴史性を強調する。二重の歴史性は,生物学的人間学にとっても前提となっているのだが,そのことはしばしば見過ごされて

---

230) Kamper/Wulf 1994.

いる。遺伝学や動物行動学や社会生物学は，時代や文化を越えた人間についての認識を獲得しようと試みる。そうすることでこれらの学問がなおざりにしているのは，自らの問題設定や方法の歴史性や文化拘束性であり，進化論において示された研究対象の歴史性である[231]。生物学的人間学から示唆を得た哲学的人間学もまた，人間についての一般的な言明をめざしており，その言明の歴史的拘束性を見落としている。

歴史的人間学の領域における様々な研究は，歴史についての新たな理解を歴史学にもたらした[232]。事実史も構造史・社会史も，その足らざる部分を歴史的人間学が補うことになる。事実史においては，歴史的な行為や歴史的な事象の，多様性とダイナミズムの探究が問題となるのに対して，構造史・社会史では経済的・社会的・政治的な全体構造が関心の中心に据えられる。地中海についての名高い著作のなかで，ブローデルは，以上のような歴史の諸形態を，地理的状況によって与えられる深層構造である「地理的歴史(ジオイストワール)」によって補完している[233]。地中海地域における様々な変動は，長期持続（longue durée）を考慮することではじめて把握可能になるのである。歴史学における人間学的転回によって新たな方向性が現れている[234]。その結果として，対人関係的現実の全体社会的構造と，対人関係的主体の行為のなかの主観的契機の双方が主題化されるようになる[235]。「歴史は，そのつど目の前にある構造的な所与（生・生産・支配などの諸関係）と，そのつど構造化する行為者の実践（解釈と行為）との相互作用のなかで常に形作られる」[236]。こうした展開は，多くの雑誌の創刊にもつながった[237]。それらの雑誌に発表された様々な研究を支えた背景として，

---

231) Wuketis 1990; Eibl-Eibesfeld 1988; Meier 1988; Dawkins 1978; Zeitschrift für Erziehungswissenschaft 2006.
232) Dressel 1996; Dülmen 2000.
233) Braudel 1998.
234) Burke 1991, 1992; de Certeau 1991; Braudel u.a. 1990; Le Goff 1978, 1987, 1988; Chaunu/Duby 1989.
235) Erbe 1979; Süssmuth 1984; Ruesen 1989; Habermas/Minkmar 1992; Middel 1994; Conrad/Kessel 1994.
236) Dressel 1996, S. 163.
237) 以下の雑誌を挙げておこう。『過去と現在』，『比較社会・歴史研究』，『学際的歴史雑誌』，『サエクルム：世界史年報』，『歴史的人間学雑誌』，『パラグラーナ：歴史的人間学国際誌』。

三世代にわたるアナール学派がある。列挙すれば，(1) リュシアン・フェーブル，マルク・ブロック，(2) フェルナン・ブローデル，エルンスト・ラブルース，ピエール・ショーニュ，エマニュエル・ル・ロワ・ラデュリ，(3) フィリップ・アリエス，ジョルジュ・デュビィ，ジャック・ル・ゴフ，アルレット・ファルジュ，ロジェ・シャルチエ，ミシェル・ヴォヴェル，フランソワ・フュレ[238]。

近年のこうした展開の帰結として，人間の根本状況や要素的経験に――「人間学的に見て恒常的な根本要素」(ペーター・ディンツェルバッハー) や「人間の根本現象」(ヨヘン・マルティン) や「人間の要素的な行動様式，経験，根本状況」(ハンス・メディック) に――歴史研究の目を向けるということが生じ，またそれによって，問題設定，テーマ，研究方法の非常な拡大が生じている。人間の根本状況の普遍性を強調する様々な人間学とは異なり，歴史的人間学の領域では，そのつどの現象の歴史的・文化的に特殊な性格が研究されることになる[239]。問題はもはや近世初頭の子どもの発見ではなく[240]，特定の場所，特定の歴史時代，特定の文化における子どもなのである[241]。歴史的細部の――しかも一般的な重要性も要求できるような――研究の特に成功した例としては，ル・ロワ・ラデュリの『モンタイユー――ピレネーの村 1294〜1324』[242] とカルロ・ギンズブルグの『チーズとうじ虫――16 世紀の一粉挽屋の世界像』[243] がある。こうした研究がいかに魅力的かつ論争的であるかは，それぞれについての膨大な国際的な議論が示している。

「人間の基礎経験」の領域や心性に見られる歴史的変化についての研究は細部においてそれほど厳密でないことが多い[244]。その原因はたいてい史料が不十分なためである。歴史的な知の可能性は史料によって限定されざるをえない。

---

238) Burke 1991; Wulf 2009 第 3 章。
239) Dülmen 2000; Lüdtke/Kuchenbuch 1995; Daniel 1993; Martin 1994; Medick 1989; Brown 1991.
240) Ariès 1975.
241) Baader 1996.
242) LeRoy Ladurie 1980.
243) Ginzburg 1990.
244) Raulff 1989.

しかしこれが唯一の理由ではない。歴史的な知は，出来事と物語の間，現実とフィクションの間，構造史と物語的歴史記述の間の，緊張関係のなかで生じる[245]。「物語と記述との境界は維持しえない」[246]。

歴史記述はしたがって，常に，統御されたフィクションであり構成なのである。このことをよく示しているのがペーター・ディンツェルバッハーの『ヨーロッパ心性史』である。そこでは，人間の基礎経験が，事項ごとに古代，中世，近代に分けて描かれる。扱われる事項は，個人/家族/社会，性/愛，身体と精神，病気，年齢段階，死ぬこと/死，不安と希望，喜びと苦しみと幸せ，労働と祝祭，コミュニケーション，異他的なものと自分に固有のもの，支配，法，自然/環境，空間，時間/歴史である。歴史的な心性の研究が目標となっている。それは「特定の時代の特定の集団を特徴づけているような思考および感覚の様式・内容の総体である。心性は行為のなかに顕現する」[247]。心性の領域での歴史的変化は長期的に見てはじめて明らかになる，ということは繰り返し強調されてきた。異なる心性はそれぞれに自己完結したブロックをなしているわけではない。それらはむしろ互いに浸透し合い，網目状に結合している。心性は具体的状況のなかで行われる行為を前もって形作る。それは社会的行為に対する方向づけ支援・決定支援を含んでいる。それは文化特殊的・階層特殊的で，しばしば集団特殊的でもある。心性は，ハビトゥス形式同様，それぞれの心性に対応する特殊な社会的・文化的条件の下で生じる。それは対人的に振る舞う主体の社会的行為をあらかじめ構造化するが，行為を確定することはない。それは，別様であること・別様に行為することを個々人に許すのである。それは変革や歴史的変化に開かれている。教育と人間形成は心性の産出，維持，変革に組み込まれているのであり，このため，歴史的教育人間学や教育史にとっても，理論的教育学にとっても，心性史研究の成果は大きな意味をもつ。

変更不可能とみなされることの多い人間的諸現象を歴史化することは，人間の歴史の原理的開放性への視野を開くことになる。見えてくるのは，人間学的構造の歴史的制約性と変更可能性であり，人間に関わる諸現象の歴史的・文化

---

245) Lenzen 1989; Müller/Rüsen 1997.
246) Koselleck 1990, S. 113.
247) Dinzelbacher 1993, XXI.

的多様性である。こうした焦点化によって，歴史的・文化的な差異への関心が生じ，またそれとともに「下からの歴史」への関心も生じる。この「下からの歴史」という枠組みのなかで，これまで排除されてきた一群のテーマや人物が研究されることになる。この目的のために新たな史料が発掘され，新たな問題設定の下で考察される。たとえば『ニュー・ヒストリシズム』の著者たちはその説得的な事例を提供している[248]。

3. 文化性・遂行性・多文化性

歴史的人間学の枠組みのなかでは，意味あるテーマが大幅に拡張され，研究戦略もこれまでになく多様になる。その理由の一つは，歴史的人間学が体系的な人間学ではなく，むしろ差異と可能性の人間学だという点にある。差異と可能性の相互作用のなかで，文化がそこでの中心的な要素となる。文化の「再発見」と再評価によって，歴史的人間学には構想や概念の顕著な多様性が生じる。ヨーロッパの文化人類学への英米圏の研究の受容によって多様性はさらに促進される[249]。こうした歴史的人間学の研究は，学問領域間の境界を越えて文化学（Kulturwissenschaft）を展開しようとする様々な試みの一つと捉えることができる[250]。文化学は今日，精神科学・社会科学における多領域的・学際的・超領域的な研究を指す上位概念として用いられている。この文化学という枠組みのなかでは，歴史的人間学の研究は文化研究となる[251]。

歴史的人間学にとって重要な文化概念の中心的諸次元を詳しく規定する前に，この歴史的人間学という領域における探究の性格を明確にするために，1980年代に「論理と情熱」という表題のもとに行われた文化学的な歴史的人間学のプロジェクトについて手短に述べておこう。12の研究からなるこのプロジェクトの特徴は，現在生じている持続的な文化的変化を出発点として選び，この

---

248) Veeser 1989.
249) Ketzer/Saller 1991; Borneman 1992; Herzfeld 1997; Ingold 1996; Hauschild 1996.
250) Brackert/Werfelmeyer 1990; Frühwald u.a. 1991; Augé 1994; Hansen 1993, 1995; Hartmann/Janich 1996; Böhme/Scherpe 1996; Konersmann 1996; Kramer 1997; Böhme u.a. 2000; Wulf 2009, 2010, 2013b, 2014.
251) Wulf 1997.

変化の生成と意味を探究し，将来の展開への見通しを問うた点にあった。歴史学の領域での歴史的人間学の研究とは異なり，この「歴史的人間学についての国際的・超領域的プロジェクト」は，選び出された人間学的テーマの哲学的な処理と反省がもつ重要性をより強調している。

そこでの探究の出発点には，抽象的な人間学的規範の拘束力が終焉を迎えたことへの洞察と，にもかかわらず人間的なものの現象や構造を研究したいという願望がある。そこでの探究は，歴史学と人文諸科学の間の緊張関係のなかにある。それは，学問分野としての人間学の歴史への寄与にも，人間学に対する歴史からの寄与にも，解消されるものではない。むしろそれは，その視点や方法の歴史性とその対象の歴史性を互いに関連づけようと試みる。ここでの探究は，したがって，人文諸科学の成果も含みもつが，歴史哲学的に根拠づけられた人間学批判からも着想を得ており，パラダイムに関わる新たな種類の問題設定を提示している。そこでなされた探究はヨーロッパ文化圏に焦点を合わせているとはいえ，前提はあくまで，歴史的人間学は原理的に特定の文化圏にも個別的な時代にも限定されない，ということである。むしろ，歴史的人間学による歴史性の省察は，人文諸科学のヨーロッパ中心主義や歴史に対する骨董的興味を克服し，現在と未来の諸問題に優先権を与えるという可能性をもっている。

科学諸領域や哲学の認識論上の成果は認めつつ，「論理と情熱」の諸探究は，「身体」「感覚」「時間」「魂」「愛」「美」「聖なるもの」「世界」「沈黙」といったテーマや問題圏を論じる[252]。それが目指したのは，領域間の境界の克服であり，超領域的な問題設定・考察対象・方法論的通路の構築である。この探究には30を越える領域の研究者が関わり，共同研究による認識の複雑性の増大を目指した。文化学的な知は，その大部分が，歴史的に成長してきた国民的な文化や思考や学問の伝統に結びついている。このことは意識しつつ，そこでの探究が重視したのは，国民的な境界を越え出る持続的な共同作業によって，異質性と差異が受け入れられるようなトランスナショナルな言説を展開することであった。このプロジェクトは，これに続く文化学的探究を多くの精神科学・社会科学の領域で刺激し，教育人間学に対しても後にまで残る影響を与えるこ

---

252) Wulf/Kamper 2002.

とになった。

　この影響は，教育人間学の歴史的教育人間学への転回という形で現れた。こうした展開のなかで，歴史性と複数性，そしてそれとともに文化学的な方向づけが，教育人間学を規定する特徴となる。その過程で，教育と人間形成の基盤となるような数多くの新たな問いやテーマが発見され研究されるようになった[253]。これらの考察様式・研究様式から，教育に関わる基礎概念や制度や実践領域を理解するうえでの新たな視点も生じてくる[254]。これらの研究は，二重の歴史性，複数性，文化学的性格という点で際立っている。「歴史性」と「複数性」の概念についてはすでに幾度となく具体的な説明がなされてきた。しかしこれまでのところ，歴史的教育人間学の文脈での文化概念の厳密化が欠けている。この種の概念規定は，近年になって文化概念がインフレーション的な広がりを見せているだけに，なおさら困難なものとなっている。たとえば，余暇文化，下位文化，文化産業，企業文化，食事文化，恋愛文化，埋葬文化，等々について語られるわけである。こうした展開に直面して，文化概念はその差異化能力を失うという危険に陥っている。歴史的教育人間学の枠内でのその中心的な重要性を考えれば，厳密化に向けての一歩が必要となる。

　サルトルは，次のように書いた時，非常に一般的な文化概念から出発していた。「文化によっては何も，そして誰も救われないし，正当化されることもない。そうだとしても，それは人間の所業のひとつだ。人間はそこに自らを投影

---

[253] 主な著作を挙げれば，『政治的出来事としての魂』(Sonntag 1988)，『他者と言語』(Wimmer 1988)，『エートスと方法としての思考』(Dauk 1988)，『メランコリー・フィクション・歴史性』(Lenzen 1989)，『技術と身体』(Berr 1990)，『身体と性』(Hoppe 1991)，『ミメーシス――文化・芸術・社会』(Gebauer/Wulf 1992)，『永遠なるものの現前――幸運の人間学』(Zirfas 1993)，『実践と美学』(Gebauer/Wulf 1993)，『贈与の理論』(Rost 1994)，『教育人間学と進化』(Uher 1995)，『アイステーシス/エステティック』(Mollenhauer/Wulf 1996)，『文明化された動物――暴力の歴史的人間学』(Wimmer/Wulf/Dieckmann 1996)，『暴力――ナショナリズム・レイシズム・異人嫌い』(Dieckman/Wulf/Wimmer 1997)，『儀礼・遊び・身振り――社会的世界に見られるミメーシス的行為』(Gebauer/Wulf 1998)。

[254] 歴史的人間学の視点や研究様式の教育学における豊穣性を示す例として以下の著作を挙げておこう。『子どもの神話学』，『父親』(Lenzen 1985, 1991)，『自我同一性――フィクションと構成の間で』(Stross 1991)，『教育学における経験概念』(Dieckmann 1993)，『教育学的環境』(Göhlich 1993)，『美的社会化と教育』(Schumacher-Chilla 1995)，『教育と文字』(Sting 1998)，『記憶と人間形成』(Dieckmann/Sting/Zirfas 1998)。

し，投企し，そこに自らの姿を認める。この批判的な鏡だけが彼に自分の姿を与える。」[255] これに対してゲーレンは文化の創造的な側面を強調する。彼の見解では，人間は世界に開かれた可塑的な「欠如存在」として「自己自身やその世界を造出する」ことを強いられており，「これ〔自己自身や世界の造出〕が文化の意味である」。この見解の利点は，「それが行為と思考，「社会」と「文化」のあらゆる存在論的な分離を回避しており，そのような二元論を最終的に過去のものとするような社会理論のカテゴリー上の基礎づけに貢献できる」点にある。「そうなると，あらゆる人間の活動はまさに一体のものとして，つまり，常にすでに道具的かつ実践的・操作的でありつつ，同時に解釈を伴い，必然的に「精神的」であり，まさにそのことによって徹底して「文化的」に形作られているものとして理解される」[256]。文化についてのこの見解は首尾一貫したものではあるが，ゲーレンの著作のなかにその具体化が欠けている点に弱みがある。人間が──生理学的に見てさえ──文化の助けを借りて自らを産出しておりそこに人間の特徴がある，という指摘は妥当なものだが，それで十分というわけではない。

　さらに歩を進めさせてくれるのは文化人類学の視点であり，それは人間の諸文化の間の違いに着目する。この見方からいうと，「人間のなかの自然なもの，普遍的なもの，持続的なものと，習慣的なもの，地方的なもの，変化可能なものとの間に境界線を引くことは極めて困難である。いやそれ以上であって，そのような線引きは，人間の状況を捏造する，あるいは少なくとも誤って解釈する可能性が高いのである」[257]。われわれが人間を見出すのは，その歴史的・文化的刻印の多様性の「背後」にではなく，多様性のただ中においてである。「婚姻」「家族」「交換」をあらゆる文化に共通の普遍項として同定するという試みは，高度の抽象化を含意しており，したがってその成果には限界がある。その種の社会現象を様々に異なる文化のなかで調査すれば，そうした現象の途方もない多様性が明らかとなり，文化と人間存在の多様性が納得される。この見方からすれば，人間という種について説明を与えるのはまさにその歴史的・

---

255) Sartre 1968, S. 144.〔邦訳：203 頁。〕
256) Rehberg 1990, S. 301.
257) Geertz 1992, S. 59.

文化的多様性であり，そうした多様性の研究が歴史的人間学の課題となる。これに対して，「場所ごと，時代ごとに異なるその〔人間の〕行動の共通性を経験科学的に取り出す」ことはあまり問題にならない。

> 「問題となるのはむしろ，人間の生得的な潜在能力の幅広さと未確定性を，人間の実際の遂行能力の狭く限定され高度に特殊化されたレパートリーへと削減するメカニズムである（……）文化のパターン——意味あるシンボルの組織化された体系——による方向づけなしには，人間の行動はほとんど抑制不能であり，目標を欠いた行為と噴出する感情の完全なカオスであり，その経験はほとんど形を欠いているであろう。文化，つまりそのようなパターンを集積したものの総体は，それゆえ単なる装飾的な付属品ではなく——それが人間の特殊性の基盤である以上——人間存在の不可欠の条件なのである。」[258]

サーリンズもまた同じ方向で考えている。彼は文化図式の展開を規定するメカニズムを問題にしているのである。「文化体系が象徴生産の支配的な位置によって種々様々に屈折させられ，この象徴生産が，他の関係や活動の大部分の特有な表現形式を補給している」のだと彼は強調する。この結果サーリンズは，「そこから文化全体におしつけられる類別格子がでてくる，象徴過程の特権的な制度的中枢」について語ることができるわけである。彼によれば，「西洋文化の特殊性は，財の生産のなかに，また財の生産として象徴過程が制度化されているところにある。これと比べると，《未開》世界では，象徴的差異化の中枢は，象徴社会関係，主として親族関係にあり，他の活動分野はこの親族の操作的弁別によって整序されているのである」[259]。

歴史研究や文化人類学研究は，文化の同質性を前提にするのではなく，むしろ文化の多様性を強調し，細分化された文化概念を用いて研究する，という帰結をもたらす。このことは，儀礼，身振り，遊び，祝祭といった具体的文化的実践に研究が取り組む度合いが強ければ強まるほど，いっそうよくあてはまる。この場合，かなり前から文化人類学で唱えられてきたような，様々な文化をテクストとして読むというやり方だけでは不十分である[260]。その先に進ませて

---

258) Geertz 1992, S. 70ff.
259) Sahlins 1981, S. 296.〔邦訳：274 頁。〕
260) Clifford/Marcus 1986; Berg/Fuchs 1993.

くれるような関心として,文化的生産がどのように儀礼の演劇的配置や実践的な儀礼的知のなかに表現され表出されるか,といった文化的生産の遂行的な次元の研究がある[261]。この「遂行的転回(パフォーマティヴ・ターン)」の結果,社会的な上演や演出への新たな関心が生じる。社会的行為の形態としての儀礼的振る舞いの重要性が新たに発見される。テクストや芸術作品のみならず,儀礼やその他の形態の社会的行為も,文化の表出・表現として捉えられるようになる。人間はいかにその生活実践を造形し,それに必要な実践的な知を獲得するのかが,文化学的研究の中心的な問いとなる。そうした文化学的研究にエスノグラフィー的方法を駆使する歴史的人間学は一定の寄与をなすことができる。

歴史的教育人間学に対して,遂行的なものへの文化学的研究の焦点化は新たな展望を開くことになる[262]。それによって,たとえば教育と人間形成の文脈における儀礼的行為の重要性が再発見されることになる。その社会的機能を否定的に評価するような儀礼についての観念――それは1970年代にまで遡る――は短見である。儀礼と儀礼的行為は複雑な社会化機能をもっている。このことは,家族や学校にも,ニューメディアとの儀礼的関わりにも,青年期儀礼にもあてはまる。こうした文脈において,儀礼的行為は,切りつめられた行為であるどころか,それに関与する人々によって上演・演出され,共同体ないし共同生活を表出・表現し,創造・維持し,さらには変容・発展させる,ひとつの複雑な社会的行為なのである。歴史的教育人間学の視野のなかで特に関心が向けられるのは,いかにして儀礼の身体的・演劇的・表出的・社会形成的側面が形作られるのか,いかにして境界による包摂や排除が行われるのか,いかにして全体社会的な権力関係・位階関係が作り出され作り変えられるのか,である。

文化の多様性に対しても,生活状況の造形に文化が果たす中心的役割に対しても感度が高まり,その結果,歴史的人間学の研究における異他的なものの重要性が高まることになる。このことは,その通時的な研究にも共時的な探究にもいえる。別の時代の人間の心性について何事かを見つけ出そうとする試みにとって異他性の経験は不可欠である。これによってはじめて,探究されている

---

261) Bourdieu 1993, 1997; Gebauer/Wulf 1992, 1993, 1998; Paragrana 1998.
262) Wulf/Göhlich/Zirfas 2001; Paragrana 2004, 2007; Wulf/Zirfas 2007.

人間的な現象の独自性を把握することができる。歴史的な研究を行う者は，その成り立ちに影響を与えることのできない史料に研究の過程では依拠しており，この点に困難がある。研究する者に可能なことは，今ある史料を新たな視点で観察し，新たな布置のなかで解釈し，新たな問題設定の下で処理することに尽きる。歴史的に研究する者は，調査対象となっている人々の特別の性格に関心を寄せる。このため，研究する者自身の状況と調査対象となっている人々の歴史的状況の間の差異についての反省的処理は，歴史的再構成の質を決定づけることになる。そうした再構成が自分自身の時代の諸現象に対する「対抗像」を創出し，またそのことによって，現在の諸現象をよりよく視野に捉えることにも寄与できる。フィールドワークで得られた言語的・視覚的データをテクストの形に表現・処理するに際しては一連の問題が生じる。エスノグラフィーの研究者は，その研究の第一段階では，調査対象となった人々と密接に関わり合う。ところが，そのテクストの作成は，調査対象となった人々に対して時間的・空間的な距離を置きながらなされる。観察や聞き取り結果を研究のテクストに変換する際には，研究者の準拠枠や偏愛や能力が決定的な役割を果たす。近年，集中的な方法論的議論が文化人類学において行われたが，この議論が明らかにしたのは，異人の他者性の意識的な把握・観察と，テクストへのこの経験の変換に関する反省が，人間学の研究にとって必要不可欠だということである[263]。

　歴史的教育人間学の領域における文化学的研究の多くは，アクチュアルな問題や問いに帰着する。そのテーマを処理するために，こうした研究は，歴史的な遡及や，場合によっては他文化における類似の布置との比較を，利用することになる。歴史的人間学の研究のなかには，歴史的展開のなかで異他的となってしまったような問題設定や連関を研究するものもある。エスノグラフィー的な視点とそれによって生じる異化作用によって，教育的行為を文化的制約性のなかで新しく見直し，新しく理解しようと試みる研究も見られる[264]。こうした探究にとっては異他的なものの経験が必要不可欠である。ヨーロッパにおける統合の進展に直面して，異他的なものとの複雑な関わりは特別に重要になっている。教育と人間形成は今日多文化的な課題となっており，その枠内で共通

---

263) Jay 1984; Berg/Fuchs 1993; Borneman/Hammoudi 2009.
264) Wulf/Kamper 2002; Wulf 2010; Wulf/Zirfas 2014.

性と差異が新たに規定されることになる[265]。こうした展開は，政治，経済，文化のグローバル化によって加速している。このグローバル化の進展のなかで，グローバルなもの，国家的なもの，地域的なもの，地方的なものの重複や混合が生じ，多様な屈折を内に含んだ文化が生じてくる[266]。こうした状況においては，文化的なものの偶有性のなかに与えられている開放性に，背馳しないようにすることが肝要である。というのも「文化とは（……）可能的なものの守護」であり，「その地平の広がりは偶有性の賜物」[267]なのだから。

4. 超領域性

　精神科学・社会科学の諸領域において，また哲学において「歴史的人間学」への関心が高まり，それとともにテーマ，方法，研究アプローチの幅も広がることで，多領域的・間領域的・超領域的な研究をめざす努力が始まっている[268]。テーマのなかには，それを引き受ける学問領域が存在しないものも多い。身体と感覚，時間と空間，恋愛と暴力といったテーマには，いかなる学問領域が対応するのだろうか。精神科学・社会科学では領域間の越境はしばしば見られるが，歴史的人間学においてもこれは不可欠である。越境はテーマの選択・処理にも，方法と研究手法にも関わってくる。一つの歴史ではなく歴史の多様性を，一つの文化ではなく文化の多様性を，一つの科学ではなく科学の複数性を強調しようとする試みは人間学的複雑性を産出し，この複雑性の要求はしばしば個別科学の可能性を越えてしまう。たしかに，専門諸領域における知の専門化は維持されてきた。しかし，文化学における多くの重要な達成は，知のこうした専門化が乗り越えられたときにはじめて生まれるのである。新たな問題設定や認識は，学問領域の周縁部で，隣接諸科学への架橋において生じることが多い。求められるのは，その超領域的な性格が学問領域内の研究をも新たな問題設定・テーマ・方法へと駆り立てるような，探索と研究の躍動である。このよう

---

265) Wulf 1995, 1998, 2006.
266) Beck 1997; Gupta/Ferguson 1997; Hutchinson/Smith 1996; Featherstone 1995; Appadurai 1996; Goldberg 1994; Alexander/Seidman 1980; Bruner 1996.
267) Konersmann 1996, S. 354.
268) Wulf/Kamper 2002; Wulf 1997, 2010; Wulf/Zirfas 2014.

に見れば，多くの問いや問題は，個別科学の枠内においても，領域を越える形で扱うことができるのである。

　歴史的人間学や歴史的教育人間学は，固定的に画定されたテーマ領域をもたず，また一般的に規定可能な一そろいの研究方法・研究手法を手にしてもいない。問題設定に応じて，歴史的人間学の研究対象は構成される。対象構成には，資料状況や，研究者による資料の選択と利用，特定の研究方法・研究手法の採用が関わってくる。原則として人間に関わる事柄すべてが歴史的人間学の研究の出発点となり資料となりうるため，可能なテーマや方法の幅は開かれている。それぞれの学問分野は確証済みの内容的・方法的質規準をもっており，そうした学問分野の安全な文脈を立ち去ることは批判の余地を作ることになる。しかし，新たな思考・探究・研究の道は，内容的・方法的になじみのある地帯を立ち去ることによってはじめて見出されるのである。異端審問の記録を用いて行われた，上述のギンズブルグによる歴史的伝記研究，ル・ロワ・ラデュリによるモンタイユーの村民の心性に関する研究などはそうした試みの例である。「厚い記述」というクリフォード・ギアーツの方法論的要請や，バリ島の闘鶏の記述・分析におけるこの原理の具体化もまた，民俗誌や社会科学の研究に新たな次元を切り拓いた[269]。こうした方法論的な越境は論争なしには済まなかった。かなりの文学研究者・社会科学研究者が，社会的な諸現象や主観的な感覚・感情を研究するために文学的なテクストを引き合いに出すことに反対した。文学研究者は，テクストの道具的機能化と，そこから生じるテクストの美的質の考慮不足を危惧した。社会科学者は，文学的言明の学問的価値を疑い，量的・質的な経験科学的研究の手放しえない価値を強調した。教育学においても，当初は，教育人間学的な事態の研究に図像資料を用いることの意味と妥当性に対する同様の疑いが存在した。その後，教育的連関の研究のために図像資料を用いることの生産性は異論のないものとなっている[270]。

　さらに歩を進ませてくれるのは，歴史的人間学の研究において共同研究を行

---

269)　さらに先を行こうとしているのがヘイドン・ホワイト（White, 1991, 1994）である。彼は，歴史記述においてフィクションの果たす中心的役割と，それを根拠にした物語と歴史記述との親近性を指摘している。

270)　Mollenhauer 1983, 1986.

う諸科学の間の概念的・方法論的交流である。以下に二つの例を挙げたい。人間一般について言明することを断念し，その代わりに人間文化の時間的・空間的な多様性について研究することで，比較が歴史的人間学における方法論的手続きとして極めて重要となる。歴史学においては，比較研究の豊穣性はすでにマルク・ブロックによって洞察されている[271]。文学研究や文化人類学でも，比較研究の重要性は方法論的観点から同様に高く評価されている。これに対して歴史的教育人間学においては，比較はこれまで従属的な役割しか演じてこなかった。学際的交流の生産性を示す二つ目の例は，文化人類学的視点と文化人類学のフィールドワークである。歴史家や社会学者の多くが，自らの研究にとっての文化人類学的視点の豊穣性を確信している。文化人類学的視点は，なじみのものを異化し，なじみのものとの注意深い関わりを可能にし，そのことによって新たな問題設定と展望を生起させる。ギンズブルグは文化人類学者のように異端審問官を観察する[272]。イザークは文化人類学の基本概念とメタファーを用い，「脱走奴隷」についての歴史的なケース・スタディーを行うために文化人類学的方法を用いている[273]。中心に据えられるのは日常生活の構造であり，「交換」「意味ある他者」「権力と権威」といった概念である。ここでは，作劇法や演出や歴史的アクターの役割が探究される[274]。文化人類学的な問題設定・研究手法の歴史学における受容，そしてそこに表れている領域境界の透過性の受容にちょうど対応するように，文化人類学においても，文化人類学の研究にとっての歴史的次元の重要性が認識され始めている[275]。

　学際的な相互刺激というこれら二つの例を越えるものとして，ポール・ヴェーヌの「包括的歴史」の構想がある。そこに表明されている考えに従えば，社会学や文化人類学が発達したのは，歴史学が不当なやり方で過去の問題に自己

---

271) Bloch 1994.
272) Ginzburg 1994.
273) Isaac 1992.
274) アキコ・モロによる，オーストリアのケルンテンの墓地の調査とその資料に基づいて書かれた家族研究の論文（Moro 1995）も，民族学的な視点の受容なしには困難だったであろう。同様のことが，ベルリン歴史ワークショップによる研究（Berliner Geschichtswerkstatt 1994）にもあてはまる。日常史・地域史についてのその集成は民族学的視点の受容という同様の方向を指向している。
275) Geertz 1980; Sahlins 1985.

4. 超領域性

を限定し，現在をなおざりにしたからにすぎない。そこには二つのしきたりが働いていた。

> 「第一のしきたりは要求していた。歴史と言えば過去しか問題にならないことを。もしその記憶が保存されていなければ，失われたものしか問題にならないわけである。反対に現在についての認識は自明であるかに思われていた。第二のしきたりの要求事項はこうであった。歴史が物語るのは一民族の過去の生活である。その興味の中心は，民族の特異な個性でなければならない。そして歴史の身の落ち着け先は時空連続体である。つまり，ギリシア史，フランス史，16 世紀の歴史というような具合である。」[276]

ヴェーヌが斥けるのは，視野を限定することになる場所と時間の一体性の要請である。それに代わって，今日では分離している学問諸領域がそこへと合流していくような超領域的な対象域・研究域が構想される。これによって，純粋に経験科学的な社会学，異文化の研究のみに向けられた文化人類学，「縮減された」歴史記述，といったものによる切り詰めが回避されることになる。

文化学的な方向性をもった歴史的人間学の領域においては，「論理と情熱」のプロジェクトが間領域性・超領域性の実現に努めた。そこでは，問題設定やテーマは，一つの学問領域では手に負えないようなものが選ばれた。このプロジェクトにおいては，数多くの学問領域から集まった研究者たちが，研究対象となっている歴史的・人間学的諸現象の理解に寄与することを目ざした。特定の学問領域に依然として結びついている研究もあり，そうした研究は当該テーマをめぐる多領域的努力の一端に連なることになる。別の研究は，それ自体が学際的に構想されており，多くの学問領域に由来する問題設定や認識を考慮に入れていた。さらに別の研究は，学問領域の周縁や，それどころか学問領域の間を持ち場としており，超領域的なものであった。

歴史的教育人間学のこれまでの展開において，グムブレヒトとプファイファーの研究や「詩学と解釈学」の文脈からも若干の示唆は与えられた[277]。しか

---

276) Veyne 1990, S. 206f.〔邦訳：515 頁。〕
277) 同じ方向を示す——ただし人間学的な方向性はそれほど持たない——ものとして，グムブレヒトとプファイファーが「スタイル」「コミュニケーションの物質性」「パラドックス・不協和・崩壊」をテーマとして開始した多領域的・間領域的・超領域的な文化学研究がある (Gumbrecht/Pfeiffer 1988, 1989, 1991)。同じことが，「詩学と解釈学」というシリーズ名で刊行された数多くの多領域的・間領域的・超領域的な研究にもいえる。こ

し「論理と情熱」に関する国際的な超領域的プロジェクトと歴史的教育人間学の間には，内容的にも人脈的にも深い関係が存在する．これに加えて，教育学の枠内で研究を行っている生物学者，生態学者，歴史学者，社会学者，心理学者，精神分析学者，文学研究者との共同研究がある．さらに，他の学問領域を代表する人々との今以上の間領域的・超領域的な共同研究を推進することも，教育学における人間学的研究のまだ実現していない課題である．

　歴史的教育人間学のなかには，多領域的・間領域的・超領域的な研究を発展させる上で重要な三つの認識論的課題が生じているように思われる．

（1）　問題設定・テーマ・研究手法の拡張とともに，パラダイム的な観点においても複数性が求められる．このことは，歴史学における歴史的人間学研究にも，文化学における歴史的人間学研究にも，教育人間学における研究にもあてはまる．

（2）　政治・経済・文化のグローバル化とともに，地方的なもの・地域的なもの・国民的なもの・グローバルなものの新たな文化的混淆が生じる．これは，統合へと向うヨーロッパという枠組みのなかで，教育分野においてますます大きな重要性を獲得している．こうした展開の理解と研究のために，教育人間学は重要な貢献をなすことができる．方法論的な観点においては，共時的・通時的な比較がそこでの重要な課題となる．

（3）　教育人間学においては，エスノグラフィー的手法はドイツ語圏でこれまでわずかな役割しか果たしてこなかった．こうした状況が変化し，エスノグラフィーがさらに重要性を獲得することが期待される．歴史的・教育学的な伝記研究に関してはすでにその兆しが見られる．エスノグラフィー的な手法を用いて行われる伝記や教育制度や教育的な身振りと儀礼に関する研究が新たな認

のシリーズは次第に人間学的テーマも扱うようになった．テーマの広がりは以下のような著作に表れている．『模倣と幻想』(Jauss 1969)，『内在性の美学——美的省察』(Iser 1966)，『もはや美しくない芸術』(Jauss 1968)，『テロルとゲーム』(Fuhrmann, 1971)，『歴史——出来事と物語』(Koselleck/Stempel 1973)，『否定性の立場』(Weinrich 1975)，『滑稽なもの』(Preisendanz/Warning 1976)，『同一性』(Marquard/Stierle 1979)，『テクストと適用』(Fuhrmann/Jauss/Pannenberg 1981)，『虚構的なものの機能』(Heinrich/Iser 1983)，『会話』(Stierle und Warning 1984)，『時代の境目と時代意識』(Herzog/Koselleck 1987)，『個体性』(Frank/Haverkamp 1988)，『記憶』(Haverkamp/Lachmann 1993)，『終焉』(Stierle/Warning 1996)．

識をもたらしている。「教育学的エスノグラフィー」[278] や「教育と人間形成の領域における質的研究」[279] は，教育人間学にとって，方法論的な観点から重要な研究アプローチとなっている。

---

278) Jessor/Colby/Shweder 1996.
279) Denzin/Lincon 1994; Bohnsack 2010, Bohnsack u.a. 2013 a 2013b, 2013c; Flick 2012, 2011; Friebertshäuser u.a. 2013.

文献リスト

Adorno, Th. W.: Ästhetische Theorie. Frankfurt/M.: Suhrkamp 1973.〔邦訳：テオドール・W・アドルノ著，大久保健治訳『美の理論』〔新装完全版〕河出書房新社，2007 年。またアドルノ美学研究会の HP にも翻訳がある：http://theodoradorno.blog.shinobi.jp〕

Alexander, J. C./Seidmann, S. (eds.): Culture and Society, New York: Cambridge University Press 1993.

Anderson-Levitt, K. (ed.): Anthropologies of education. A global guide to ethnographic studies of learning and schooling. New York: Berghan 2011.

Appadurai, A.: Modernity at Large: Cultural Dimensions of Globalization, Minneapolis/London: University of Minnesota Press 1996.〔邦訳：アルジュン・アパデュライ著，門田健一訳『さまよえる近代：グローバル化の文化研究』平凡社，2004 年。〕

Arendt, H.: Elemente und Ursprünge totaler Herrschaft, München/Zürich: Piper 1986.〔邦訳：ハナ・アーレント著，大久保和郎，大島かおり訳『全体主義の起原』全3巻，みすず書房，1981 年。〕

Arendt, H.: Macht und Gewalt, München: Piper, 5. Aufl. 1985.〔邦訳：ハナ・アーレント著，高野フミ訳『暴力について』みすず書房，1973 年。〕

Arendt, H.: Vita activa oder Vom tätigen Leben, München/Zürich: Piper 1981.〔邦訳：ハンナ・アレント著，志水速雄訳『人間の条件』筑摩書房（ちくま学芸文庫），1994 年。〕

Ariès, Ph.: Geschichte der Kindheit, München: Hanser 1975.〔邦訳：フィリップ・アリエス著，杉山光信，杉山恵美子訳『〈子供〉の誕生――アンシャン・レジーム期の子供と家族生活』みすず書房，1981 年。〕

Aristoteles, Poetik, hrsg. v. Fuhrmann, M., Stuttgart: Reclam 1984.〔邦訳：アリストテレス著，今道友信訳「詩学」『アリストテレス全集 17』岩波書店，1972 年。〕

Aristoteles: Über die Seele. Aristoteles Werke in deutscher Übersetzung, hrsg. v. Flashar, H., Bd. 13, Darmstadt: Wissenschaftliche Buchgesellschaft 1979.〔邦訳：アリストテレス著，中畑正志訳『魂について』（西洋古典叢書）京都大学学術出版会，2001 年。〕

Auernheimer, G.: Einführung in die Interkulturelle Erziehung, Darmstadt: Wissenschaftliche Buchgesellschaft 1990.

Augé, M.: Le sens des autres. Actualité de l'anthropologie, Paris: Fayard 1994.

Baader, M. S.: Die romantische Idee des Kindes und der Kindheit. Auf der Suche nach der verlorenen Unschuld, Neuwied: Luchterhand 1996.

Bandura, A. (ed.): Self Efficacy in Changing Societies. New York: Cambridge 1995.

Balandier, G.: Le pouvoir sur scène, Paris: Edition Ballands 1992.〔邦訳：ジョルジュ・バランディエ著，渡辺公三訳『舞台の上の権力――政治のドラマトゥルギー』筑摩書房（ちくま学芸文庫），2000 年。〕

Barthes, R.: Die helle Kammer. Bemerkungen zur Photographie, Frankfurt/M.: Suhrkamp 1985.〔邦訳：ロラン・バルト著，花輪光訳『明るい部屋：写真についての覚書』みすず書房，1997 年。原題：La chambre claire: Note sur la photographie.〕

Barthes, R.: Mythen des Alltags, Frankfurt/M.: Suhrkamp 1982.〔邦訳：ロラン・バルト著，篠沢秀夫訳「今日における神話」『神話作用』現代思潮社，1985 年。〕

Bataille, G.: Der heilige Eros. Frankfurt a. M./Berlin/Wien 1974.〔邦訳:ジョルジュ・バタイユ著,酒井健訳『エロティシズム』筑摩書房(ちくま学芸文庫),2004年。原題:L'érotisme.〕
Baudrillard, J.: Das Andere Selbst, Wien: Passagen 1987.
Baudrillard, J.: Der symbolische Tausch und der Tod, München: Matthes und Seitz 1982.〔邦訳:ジャン・ボードリヤール著,今村仁司,塚原史訳『象徴交換と死』筑摩書房(ちくま学芸文庫),1992年。原題:L'Échange symbolique et la mort.〕
Baudrillard, J.: Agonie des Realen; Berlin: Merve 1978.
Baudrillard, J./Guillaume, M.: Figures de l'altérité, Paris: Descartes & Cie 1994.〔邦訳:ジャン・ボードリヤール,マルク・ギヨーム著,塚原史,石田和男訳『世紀末の他者たち』紀伊國屋書店,1995年。〕
Beck, U.: Was ist Globalisierung?, Frankfurt/M.: Suhrkamp 1997.〔邦訳:ウルリッヒ・ベック著,木前利秋,中村健吾監訳『グローバル化の社会学:グローバリズムの誤謬――グローバル化への応答』国文社,2005年。〕
Beck, U./Vossenkuhl, W./Ziegler, E. U.: Eigenes Leben. Ausflüge in die unbekannte Gesellschaft, in der wir leben, München: Beck 1995.
Bell, C.: Ritual Theory, Ritual Practice, New York/Oxford: Oxford University Press 1992.
Belting, H.: Bild und Kult. Die Geschichte des Bildes vor dem Zeitalter der Kunst, München: Beck 1990.
Benjamin, W.: Über den Begriff der Geschichte, Gesammelte Schriften, Bd. I, 2, Frankfurt/M.: Suhrkamp 1978.〔邦訳:ヴァルター・ベンヤミン著,浅井健二郎編訳「歴史の概念について」『ベンヤミン・コレクション1』筑摩書房(ちくま学芸文庫),1995年。〕
Benjamin, W.: Berliner Kindheit um Neunzehnhundert. Gesammelte Schriften, Bd. IV, 1, Frankfurt/M.: Suhrkamp 1980, S. 235-304.〔ヴァルター・ベンヤミン著,小寺昭次郎編集解説『ベルリンの幼年時代』晶文社(ヴァルター・ベンヤミン著作集12),1992年。〕
Benjamin, W.: Das Passagenwerk, Gesammelte Schriften, Bd. V, 1, Frankfurt/M.: Suhrkamp 1982.〔邦訳:ヴァルター・ベンヤミン著,今村仁司,三島憲一ほか訳『パサージュ論』全5巻,岩波書店(岩波現代文庫),2003年。〕
Benner, D.: Wilhelm von Humboldts Bildungstheorie, Weinheim/München: Juventa 1990.
Berg, E./Fuchs, M.: Kultur, soziale Praxis, Text. Die Krise der ethnographischen Repräsentation, Frankfurt/M.: Suhrkamp 1993.urt a.M. 1993.
Berr, M: Technik und Körper, Berlin: Dietrich Reimer 1990.
Bilstein, J./Miller-Kipp, G./Wulf, Ch. (Hrsg.): Transformationen der Zeit. Erziehungswissenschaftliche Forschungen zur Chronotopologie, Weinheim: Deutscher Studien Verlag 1999.
Birdwhistell, R. L.: Kinesics and Context. Essays on Body Motion Communication, Philadelphia: University of Pennsylvania Press 1970.
Birdwhistell, R. L.: Introduction to Kinesics, Louisville: University Press 1954.
Blankertz, H.: Die Geschichte der Pädagogik, Wetzlar: Büchse der Pandora 1982.
Bleidick, U.: Über sonderpädagogische Anthropologie. In: Zeitschrift für Heilpädagogik, 18 (1967), S. 245-263.
Bloch, E.: Pädagogica, Frankfurt/M.: Suhrkamp 1971.
Bloch, E.: Das Prinzip Hoffnung, Frankfurt/M.: Suhrkamp 1967.〔邦訳:エルンスト・ブロッホ著,山下肇,瀬戸鞏吉,片岡啓治,沼崎雅行,石丸昭二,保坂一夫訳『希望の原理』全6

巻，白水社（白水iクラシックス），2012-2013年。〕
Bloch, M.: Für eine vergleichende Geschichtsbetrachtung der europäischen Gesellschaften. In: Middell, M./Sammler, S. (Hrsg.): Alles Gewordene hat Geschichte, Leipzig: Reclam 1994, S. 121-167.
Boehm, G. (Hrsg.): Was ist ein Bild? München: Wilhelm Fink 1994.
Böhme, H. u.a.: Orientierung Kulturwissenschaft, Reinbek: Rowohlt 2000.
Böhme, H./Scherpe, K.: Literatur und Kulturwissenschaften. Positionen, Theorien, Mächte, Reinbek: Rowohlt 1996.
Bollnow, O. F.: Die anthropologische Betrachtungsweise in der Pädagogik. In: Diskussion Pädagogische Anthropologie, hrsg. v. König, E./Ramsenthaler, H., München: Wilhelm Fink 1980, S. 36-54.〔邦訳：O・F・ボルノー著，岡本英明訳『教育学における人間学的見方』玉川大学出版部（玉川教育新書），1977年。〕
Bollnow, O.F.: Das Wesen der Stimmungen. Frankfurt a.M. 1941.〔邦訳：O・F・ボルノウ著，藤縄千艸訳，梅原猛解説『気分の本質』筑摩書房（筑摩叢書200），1985年。〕
Bohnsack, R.: Rekonstruktive Sozialforschung, Stuttgart, 8. Aufl. 2010.
Bohnsack, R./Nentwig-Gesemann, I./Nohl, A.-M. (Hrsg.): Die dokumentarische Methode und ihre Forschungspraxis. Grundlagen qualitativer Sozialforschung. Wiesbaden: VS Springer 2013a.
Bohnsack, R./Michel, B./Przyborski, A. (Hrsg.): Dokumentarische Bildinterpretation: Methodologie und Forschungspraxis. Leverkusen: Barbara Budrich 2013b.
Bohnsack, R,/ Baltruschat, A./Fritzsche, B./Wagner-Willi, M. (Hrsg.): Dokumentarische Video- und Filminterpretation: Methodologie und Forschungspraxis. Leverkusen: Barbara Budrich 2013c.
Borbély, A.: Das Geheimnis des Schlafs, Stuttgart: Deutsche Verlagsanstalt 1984.〔邦訳：アレクサンダー・A・ボルベイ著，井上昌次郎訳『眠りの謎：睡眠研究の新しい方法と成果から』どうぶつ社（自然誌選書），1985年。〕
Borneman, J.: Belonging in the Two Berlins: Kin, State, Nation. Cambridge, Cambridge University Press 1992.
Borneman, J. /Hammoudi, A.: (eds.): Being there. The Fieldwork Encounter and the Making of the Truth. Berkeley and Los Angeles: University of California Press 2009.
Bourdieu, P.: Méditationes pascaliennes, Paris: Seuil 1997.〔邦訳：ブルデュー著，加藤晴久訳『パスカル的省察』藤原書店，2009年。〕
Bourdieu, P.: Le misère du monde, Paris: Seuil 1993.
Bourdieu, P.:Sozialer Sinn, Frankfurt/M.: Suhrkamp 1987.〔邦訳：ピエール・ブルデュ著，今村仁司，港道隆訳『実践感覚』全2巻，みすず書房，2001年。原題：Le sens pratique.〕
Bourdieu, P.: Entwurf einer Theorie der Praxis, Frankfurt/M.: Suhrkamp 1976.〔原題：Esquisse d'une théorie de la pratique.〕
Bourdieu, P./Passeron, J. C.: Grundlagen einer Theorie symbolischer Gewalt, Frankfurt/M.: Suhrkamp 1973.〔邦訳：ピエール・ブルデュー，ジャン゠クロード・パスロン著，宮島喬訳『再生産：教育・社会・文化』藤原書店，1991年。原題：La reproduction: Éléments d'une théorie du système d'enseignement.〕
Brackert, H./Wefelmeyer, F. (Hrsg.): Kultur. Bestimmungen im 20. Jahrhundert, Frankfurt/

M.: Suhrkamp 1990.
Braudel, F./Davis, N. Z./Febvre, L./Ginzbur, C./LeGoff, J./Kosselleck, R./Momigliano, A.: Der Historiker als Menschenfresser. Über den Beruf des Geschichtsschreibers, Berlin: Wagenbach 1990.
Braudel, F.: Das Mittelmeer und die mediterrane Welt in der Epoche Philipp II, 3 Bde. Frankfurt/M.: Suhrkamp 1998. 〔邦訳:フェルナン・ブローデル著, 浜名優美訳『地中海』全5巻, 藤原書店, 1991-1995 年。原題: La Méditerranée et le monde méditerranéen à l'époque de Philippe II.〕
Bremmer, J./Roodenburg, H. (eds.): A Cultural History of Gesture, Ithaca: Cornell University Press 1992.
Brown, D. E.: Human Universals, New York: McGraw-Hill 1991. 〔邦訳:ドナルド・E・ブラウン著, 鈴木光太郎, 中村潔訳『ヒューマン・ユニヴァーサルズ:文化相対主義から普遍性の認識へ』新曜社, 2002 年。〕
Bruner, J.: The Culture of Education; Cambridge, London: Harvard University Press 1996. 〔邦訳:J. S. ブルーナー著, 岡本夏木, 池上貴美子, 岡村佳子訳『教育という文化』岩波書店, 2004 年。〕
Buber, M.: Das dialogische Prinzip, Heidelberg: Schneider, 5. Aufl. 1984. 〔邦訳:マルティン・ブーバー著, 田口義弘, 佐藤吉昭, 佐藤令子訳『対話的原理』全 2 巻 (ブーバー著作集 1, 2), みすず書房, 1968-1970 年。〕
Burke, P.: History and Social Theory, Ithaca/New York: Cornell University Press 1992. 〔邦訳:ピーター・バーク著, 佐藤公彦訳『歴史学と社会理論』慶應義塾大学出版会, 2009 年。〕
Burke, P.: Offene Geschichte. Die Schule der Annales, Berlin: Wagenbach 1991. 〔邦訳:ピーター・バーク著, 大津真作訳『フランス歴史学革命:アナール学派 1929-89 年』岩波書店 (岩波モダンクラシックス), 2005 年。原題: The French Historical Revolution: The Annales School, 1929-1989.〕
Calbris, G.: The Semiotics of French Gestures, Bloomington and Indianapolis: Indiana University Press 1990.
Canetti, E.: Masse und Macht, 2 Bde., München: Hanser, 2. Aufl. 1976. 〔邦訳:エリアス・カネッティ著, 岩田行一訳『群衆と権力』上下巻, 法政大学出版局 (叢書ウニベルシタス 23, 24), 2010 年。〕
Cantwell, R.: Ethnomimesis. Folklife and Representation of Culture, Chapel Hill/London: The University of North Carolina Press 1993.
Cassirer, E.: Philosophie der symbolischen Formen, Darmstadt: Wissenschaftliche Buchgesellschaft 1994. 〔邦訳:カッシーラー著, 生松敬三, 木田元, 村岡晋一訳『シンボル形式の哲学』全 4 巻, 岩波書店 (岩波文庫), 1989-1997 年。〕
Castells, M.: The Rise of the Network Society, Malden/Oxford: Blackwell 1996.
Castoriadis, C.: Gesellschaft als imaginäre Institution, Frankfurt/M.: Suhrkamp 1984. 〔邦訳:コルネリュウス・カストリアディス著, 江口幹訳『社会主義の再生は可能か:マルクス主義と革命理論』三一書房, 1987 年。原題: L'institution imaginaire de la société.〕
Certeau, de, M.: Das Schreiben der Geschichte, Frankfurt/M./New York: Campus 1991. 〔邦訳:ミシェル・ド・セルトー著, 佐藤和生訳『歴史のエクリチュール』法政大学出版局

(叢書ウニベルシタス 538), 1996 年。原題：L'écriture de l'histoire.〕
Chaunu, P./Duby, G.: Leben mit der Geschichte, Frankfurt/M.: Fischer 1989.
Clifford, J./Marcus, G. E.: Writing Culture, Berkeley/Los Angeles: University of California Press 1986.〔邦訳：ジェイムズ・クリフォード, ジョージ・マーカス編, 春日直樹, 足羽與志子, 橋本和也, 多和田裕司, 西川麦子, 和迩悦子訳『文化を書く』紀伊國屋書店（文化人類学叢書), 1996 年。〕
Comenius, J. A.: Orbis Sensualium Pictus, Zürich: Pestalozzianum 1992.〔邦訳：J・A・コメニウス著, 井ノ口淳三訳『世界図絵』平凡社（平凡社ライブラリー), 1995 年。原題：Orbis sensualium pictus.〕
Comenius, J. A.: Große Didaktik, hrsg. v. Flitner, A., Düsseldorf/München: Helmut Küpper, 2. Aufl. 1960.〔邦訳：コメニュウス著, 鈴木秀勇訳『大教授学』全2巻, 明治図書出版（梅根悟, 勝田守一監修『世界教育学選集』24・25), 1986 年。原題：Didactica Magna.〕
Conrad, Ch./Kessel, M. (Hrsg.): Geschichte schreiben in der Postmoderne, Stuttgart: Philipp Reclam 1994.
Costa Lima, L.: Control of the Imaginary. Reason and Imagination in Modern Times, Minneapolis: University of Minnesota Press 1984.
Csiksentimihalyi, M.: Das Flow-Erlebnis, Stuttgart: Klett-Cotta 1985.〔ミハイ・チクセントミハイ著, 今村浩明訳『楽しみの社会学：不安と倦怠を越えて』思索社, 1979 年。原題：Beyond boredem and anxety.〕
Daniel, U.: Kultur und Gesellschaft. Überlegungen zum Gegenstandsbereich der Sozialgeschichte. In: Geschichte und Gesellschaft, 19 (1993), S. 69-99.
Darwin, Ch.: The Expression of the Emotions in Man and Animals, London: Julian Friedman 1979.〔邦訳：ダーウィン著, 浜中浜太郎訳『人及び動物の表情について』岩波書店（岩波文庫), 1991 年。〕
Dauk, E.: Denken als Ethos und Methode, Berlin: Dietrich Reimer 1989.
Dawkins, R.: Das egoistische Gen, Berlin/Heidelberg/New York: Springer 1978.〔邦訳：リチャード・ドーキンス著, 日高敏隆, 岸由二, 羽田節子, 垂水雄二訳『利己的な遺伝子〈増補新装版〉』紀伊國屋書店, 2006 年。原題：The selfish gene.〕
Délory-Momberger, Ch./Gebauer, G./Krüger-Potratz, M./Montandon, Ch./Wulf, Ch. (Hrsg.): Europäische Bürgerschaft in Bewegung. Münster: Waxmann 2011.
Delors, F.J.: Learning: The Treasure within. Report to UNESCO of the International Commission on Education for the Twenty-first Century, Paris: UNESCO 1996.
Denzin, N. K./Lincoln, Y. S. (eds.): Handbook of Qualitative Research, Thousand Oaks: Sage Publications 1994.〔邦訳：ノーマン・K. デンジン, イヴォンナ・S. リンカン編集, 平山満義監訳『質的研究ハンドブック』全3巻, 北大路書房, 2006 年。〕
Derbolav, J.: Pädagogische Anthropologie als Theorie der individuellen Selbstverwirklichung. In: König, E./Ramsenthaler, H. (Hrsg.): Kritische Information - Erziehungswissenschaft: Wilhelm Fink 1980, S. 55-69.
Derrida, J.: Grammatologie, Frankfurt/M.: Suhrkamp 1974.〔邦訳：ジャック・デリダ著, 足立和浩訳『根源の彼方に：グラマトロジーについて』全2巻, 現代思潮新社, 1990 年。原題：De la gramatologie.〕
Dibie, P./Wulf, Ch. (éds.): Ethnosociologie des échanges interculturels, Paris: anthropos 1998;

dt. 1999.
Dieckmann, B.: Der Erfahrungsbegriff in der Pädagogik, Weinheim: Beltz 1993.
Dieckmann, B./Sting, S./Zirfas, J. (Hrsg.): Gedächtnis und Bildung, Weinheim: Deutscher Studien Verlag 1998.
Dieckmann, B./Wulf, Ch./ Wimmer, M. (eds.): Violence. Nationalism, Racism, Xenophobia, Münster/NewYork: Waxmann 1997.
Dinzelbacher, P. (Hrsg.): Europäische Mentalitätsgeschichte, Stuttgart: Kröner 1993.
Döpp-Vorwald, H.: Erziehungswissenschaft und Philosophie der Erziehung, Darmstadt: Wissenschaftliche Buchgesellschaft 1968.
Dressel, G. (Hrsg.): Historische Anthropologie. Eine Einführung, Wien: Böhlau 1996.
Duerr, H. P. :Obszönität und Gewalt. Der Mythos vom Zivilisationsprozeß, Frankfurt/M.: Suhrkamp 1993.〔邦訳：ハンス・ペーター・デュル著，藤代幸一，津山拓也訳『性と暴力の文化史：文明化の過程の神話Ⅲ』法政大学出版局（叢書ウニベルシタス 574），2006 年。〕
Dülmen, R. v.: Historische Anthropologie. Entwicklung, Probleme, Aufgaben, Köln/Weimar/ Wien: Böhlau 2000.
Dumouchel, P. (éd.): Violence et vérité. Autour de René Girard, Paris: Grasset 1985.
Durand, G.: Les structures anthropologiques de l'imaginaire, Paris: Hatier 1994.
Eder, K.: Arbeit. In.: Vom Menschen. Handbuch Historische Anthropologie, hrsg. v. Wulf, Ch., Weinheim: Beltz 1997, S. 718-726.〔邦訳：クラウス・エーダー著，山名淳訳「労働」クリストフ・ヴルフ編，藤川信夫監訳『歴史的人間学事典』第 2 巻，勉誠出版，2005 年，476～487 頁。〕
Eibl-Eibesfeldt, I.: Der Mensch - das riskierte Wesen. Zur Naturgeschichte menschlicher Unvernunft, München: Piper 1988.
Elias, N.: Über den Prozeß der Zivilisation, Frankfurt/M.: Suhrkamp 1976.〔邦訳：ノルベルト・エリアス著，赤井慧爾ほか訳『文明化の過程』上下巻，法政大学出版局（叢書ウニベルシタス 75, 76），2004 年。〕
Else, G. F.: "Imitation" in the 5th Century. In: Classical Philology 53 (1958) 2, S. 73-90.
Erbe, M.: Zur neueren französischen Sozialgeschichtsforschung, Darmstadt.: Wissenschaftliche Buchgesellschaft 1979.
Erdheim, M.: Die Psychoanalyse und das Unbewußte in der Kultur, Frankfurt/M.: Suhrkamp 1988.
Fanon, F.: Die Verdammten dieser Erde, Reinbek: Rowohlt 1969.〔邦訳：フランツ・ファノン著，鈴木道彦，浦野衣子訳『地に呪われたる者』みすず書房（みすずライブラリー），1996 年。原題：Les dammes de la terre.〕
Featherstone, M.: Undoing Culture: Globalization, Postmodernism and Identity. London: Sage Publications 1995.〔邦訳：マイク・フェザーストーン著，西山哲郎，時安邦治訳『ほつれゆく文化：グローバリゼーション，ポストモダニズム，アイデンティティ』法政大学出版局（叢書ウニベルシタス 907），2009 年。〕
Flick, U./Kardorff, E. (Hrsg.): Handbuch qualitative Sozialforschung: Grundlagen, Konzepte, Methoden und Anwendungen, 3. Aufl. Weinheim/Basel 2012.
Flick, U. Triangulation. Eine Einführung. 3. Aufl. Wiesbaden: VS Springer 2011.
Flitner, A.: Wege zur pädagogischen Anthropologie. Versuch einer Zusammenarbeit der Wis-

senschaften vom Menschen, Heidelberg: Quelle & Meyer 1963.
Flügge, J.: Die Entfaltung der Anschauungskraft, Heidelberg: Quelle &Meyer 1963.
Flusser, V.: Gesten. Versuch einer Phänomenologie, Düsseldorf/Bensheim: Bollman 1991
Foucault, M.: Überwachen und Strafen, Frankfurt/M.: Suhrkamp 1977. 〔邦訳：ミシェル・フーコー著，田村俶訳『監獄の誕生：監視と処罰』新潮社，1977 年。原題：Surveiller et punir: Naissance de la prison.〕
Foucault, M.: Die Ordnung der Dinge, Frankfurt/M: Suhrkamp 1974. 〔邦訳：ミシェル・フーコー著，渡辺一民，佐々木明訳『言葉と物：人文科学の考古学』新潮社，1987 年。原題：Les mots et les choses. Une archéologie des sciences humaines.〕
Frank, M.: Was ist Neostrukturalismus? Frankfurt/M.: Suhrkamp 1984.
Frank, M.: Der kommende Gott. Vorlesung über die Neue Mythologie, Frankfurt/M:Suhrkamp 1982.
Frank, M./Haverkamp, A. (Hrsg.): Individualität, München: Wilhelm Fink 1988.
Frazer, J. F.: Der goldene Zweig, Reinbek: Rowohlt 1977. 〔邦訳：J・G・フレーザー著，M・ダグラス監修，S・マコーミック編集，吉岡晶子訳『図説 金枝篇』上下巻，講談社（講談社学術文庫），2011 年。原題：The golden bough.〕
Freud, S.: Die Traumdeutung, Studienausgabe, Bd. II, Frankfurt/M.: Fischer 1972. 〔邦訳：フロイト著，新宮一成訳『夢解釈（Ⅰ・Ⅱ）』新宮一成，鷲田清一，道籏泰三，高田珠樹，須藤訓任編『フロイト全集』第 4 巻・第 5 巻，岩波書店，2007 年・2011 年。〕
Friebertshäuser, B./ Boller, B./Langer, A./Prengel, A. (Hrsg.): Handbuch qualitative Forschungsmethoden in der Erziehungswissenschaft, Weinheim/München: Juventa 1997.
Friedland, R./Boden, D. (eds.): NowHere. Space, Time and Modernity, Los Angeles: University of California Press 1994.
Frühwald, W./Gauß, H. R./Koselleck, R./Steinwachs, B. (Hrsg.): Geisteswissenschaften heute. Ein Denkschrift, Frankfurt/M.: Suhrkamp 1991.
Fuhrmann, M. (Hrsg.): Terror und Spiel. Probleme der Mythenrezeption, München: Wilhelm Fink 1971.
Fuhrmann, M./Jauß, H. R./Pannenberg, W. (Hrsg.): Text und Applikation. Theologie, Jurisprudenz und Literaturwissenschaft im hermeneutischen Gespräch, München: Wilhelm Fink 1981.
Fuhrmann, M.: Nachwort zu Aristoteles: Poetik, Stuttgart: Reclam 1982.
Gadamer, H.G./Vogler, P. (Hrsg.): Neue Anthropologie, 7 Bde, Stuttgart: Georg Thieme 1972/1974. 〔邦訳：ハンス・ゲオルグ・ガダマー，パウル・フォーグラー編，前田嘉明，正井秀夫，茅野良男，徳永恂，森田孝編・監修『講座 現代の人間学』全 7 巻，白水社，1979-1980 年。〕
Gailer, J.E.: Neuer Orbis Pictus für die Jugend, Reutlingen 1835.
Galtung, J.: Gewalt. In: Wulf, Ch. (Hrsg.): Vom Menschen. Handbuch Historische Anthropologie, Weinheim: Beltz 1997, S. 913-919. 〔邦訳：ヨハン・ガルトゥング著，山名淳訳「暴力」クリストフ・ヴルフ編，藤川信夫監訳『歴史的人間学事典』第 3 巻，勉誠出版，2008 年，174-182 頁。〕
Galtung, J.: Gewalt, Frieden und Friedensforschung. Kritische Friedensforschung, hrsg. v. Senghaas, D., Frankfurt/M.: Suhrkamp 1971, S. 55-104. 〔邦訳：「暴力，平和，平和研究」，

ヨハン・ガルトゥング著，高柳先男，塩屋保，酒井由美子訳『構造的暴力と平和』中央大学出版部（中央大学現代政治学双書 12），1991 年所収。〕

Gebauer, G./Kamper, D./Lenzen, D./Mattenklott, G./Wünsche, K./Wulf, Ch.: Historische Anthropologie. Zum Problem der Humanwissenschaften heute oder Versuche einer Neubegründung, Reinbek: Rowohlt 1989.

Gebauer, G./Wulf, Ch.: Mimesis. Kultur-Kunst-Gesellschaft, Reinbek: Rowohlt 1992.

Gebauer, G./Wulf, Ch.: Spiel-Ritual-Geste. Mimetisches Handeln in der sozialen Welt, Reinbek: Rowohlt 1998.

Gebauer, G./Wulf, Ch. (Hrsg.): Praxis und Ästhetik, Frankfurt/M.: Suhrkamp 1993.

Gebauer, G./Wulf, Ch.: Mimetische Weltzugänge : Soziales Handeln - Rituale und Spiele-Ästhetische Produktionen: Stuttgart: Kohlhammer 2003.

Geertz, C.: Kulturbegriff und Menschenbild. In: Habermas, R./Minkmar, N. (Hrsg.): Das Schwein des Häuptlings, Berlin: Wagenbach 1992, S. 56-82.

Geertz, C.: Works and Lives, The Anthropologist as Author, Stanford: Stanford University Press 1988.〔邦訳：クリフォード・ギアーツ著，森泉弘次訳『文化の読み方／書き方』岩波書店（岩波人文書セレクション），2012 年。〕

Geertz, C.: Dichte Beschreibung, Frankfurt/M.: Suhrkamp 1987.〔邦訳：「厚い記述：文化の解釈学的理論をめざして」C・ギアーツ著，吉田禎吾，中牧弘允，柳川啓一，板橋作美訳『文化の解釈学 (1)』岩波書店（岩波現代選書 118），1987 年，第 1 章。〕

Geertz, C.: Local Knowledge. Further Essays in Interpretative Anthropology, New York: Basic Books 1983.〔邦訳：クリフォード・ギアーツ著，梶原景昭，小泉潤二，山下晋司，山下淑美訳『ローカル・ノレッジ：解釈人類学論集』岩波書店（岩波モダンクラシックス），1999 年。〕

Geertz, C.: The Interpretation of Cultures, New York: Basic Books 1973.〔邦訳：C・ギアーツ著，吉田禎吾，中牧弘允，柳川啓一，板橋作美訳『文化の解釈学 (1・2)』，岩波書店（岩波現代選書 118, 119），1987 年。〕

Gehlen, A.: Der Mensch. Seine Natur und seine Stellung in der Welt. 9. Aufl., Wiesbaden: Aula, 1978.〔邦訳：アーノルト・ゲーレン著，池井望訳『人間：その性質と世界の中の位置』世界思想社，2008 年。〕

Gennep, A. v.: Übergangsriten, Frankfurt/M.: Campus 1986.〔邦訳：ファン・ヘネップ著，綾部恒雄，綾部裕子訳『通過儀礼』岩波書店（岩波文庫），2012 年。原題：Les rites de passage.〕

Ginzburg, C.: Der Inquisitor als Anthropologe. In: Conrad, Ch./Kessel, M (Hrsg.): Geschichte schreiben in der Postmoderne, Stuttgart: Philipp Reclam 1994, S. 203-218.

Ginzburg, C.: Der Käse und die Würmer. Die Welt eines Müllers um 1600, Berlin: Wagenbach 1990.〔邦訳：カルロ・ギンズブルグ著，杉山光信訳『チーズとうじ虫：16 世紀の一粉挽屋の世界像』みすず書房，2012 年。原題：Il formaggio e i vermi.〕

Girard, R.: Der Sündenbock, Zürich: Benzinger 1988.〔邦訳：ルネ・ジラール著，織田年和，富永茂樹訳『身代わりの山羊』法政大学出版局（叢書ウニベルシタス 170），2010 年。原題：Le bouc emissaire〕

Girard, R.: Das Heilige und die Gewalt, Zürich: Benzinger 1987.〔邦訳：ルネ・ジラール著，古田幸男訳『暴力と聖なるもの』法政大学出版局（叢書ウニベルシタス 115），2012 年。原

題：La violence et lessacre.〕
Goff, Le, J. (éd.): Histoire et mémoire, Paris: Gallimard 1988.
Goff, Le, J.: Für ein anderes Mittelalter, Weingarten: Drumlin 1987.
Goff, Le, J. (éd.): La Nouvelle Histoire, Paris: Retz 1978.
Goffman, E.: Frame Analysis. An Essay on the Organisation of Experience, New York: Harper and Row 1974, dt. 1996.
Göhlich, M.: Die pädagogische Umgebung, Weinheim: Deutscher Studien Verlag 1993.
Göhlich, M./Wulf, Ch./Zirfas, J. (Hrsg.): Pädagogische Theorien des Lernens. Weinheim/Basel: Beltz 2007.
Goldberg, D. T. (ed.): Multiculturalism, Cambridge: Blackwell 1995.
Goodman, N.: Weisen der Welterzeugung, Frankfurt/M.: Suhrkamp 1984.〔邦訳：ネルソン・グッドマン著，菅野盾樹訳『世界制作の方法』筑摩書房（ちくま学芸文庫），2008年。原題：Ways of worldmaking.〕
Greenblatt, S.: Marvelous Possessions, Oxford: Oxford University Press 1991.〔邦訳：スティーブン・グリーンブラット著，荒木正純訳『驚異と占有：新世界の驚き』みすず書房，1994年。〕
Grimes, R. L. (ed.): Readings in Ritual Studies, Upper Saddle River, New Jersey: Prentice Hall 1996.
Grimes, R. L.: Research in Ritual Studies, Metuchen, New Jersey: Scarecrow Press and the American Theological Library Association 1985.
Gumbrecht, H.U./Pfeiffer, K. L. (Hrsg.): Paradoxien, Dissonanzen, Zusammenbrüche. Situationen offener Epistemologie, Frankfurt/M.: Suhrkamp 1991.
Gumbrecht, H. U./Pfeiffer, K. L. (Hrsg.): Materialität der Kommunikation, Frankfurt/M.: Suhrkamp 1988.
Gumbrecht, H. U./Pfeiffer, K. L. (Hrsg.): Stil. Geschichten und Funktionen eines kulturwissenschaftlichen Diskurselements, Frankfurt/M.: Surhkamp 1986.
Gupta, A./Ferguson, J. (eds.): Culture, Power, Place, Durham/London: Duke University Press 1997.
Guttandin, F./Kamper, D.: Selbstkontrolle. Dokumente zur Geschichte einer Obsession, Marburg/Berlin 1982.
Habermas, J.: Der philosophische Diskurs der Moderne. Zwölf Vorlesungen. Frankfurt/M.: Suhrkamp 1985a.〔邦訳：ユルゲン・ハーバマス著，三島憲一，轡田收，木前利秋，大貫敦子訳『近代の哲学的ディスクルス』Ⅰ・Ⅱ巻，岩波書店（岩波モダンクラシックス），1999年。〕
Habermas, J.: Die Neue Unübersichtlichkeit, Frankfurt/M.: Suhrkamp 1985b.〔邦訳：ユルゲン・ハーバーマス著，上村隆広ほか訳『新たなる不透明性』松籟社，1995年。〕
Habermas, R./Minkmar, N. (Hrsg.): Das Schwein des Häuptlings, Berlin: Wagenbach 1992.
Hall, E. T.: The Silent Language, Garden City: Doubleday 1959.〔邦訳：エドワード・T・ホール著，國弘正雄，長井善見，斎藤美津子訳『沈黙のことば：文化・行動・思考』南雲社，1966年。〕
Hall, S., Jefferson, T.: Resistance through Ritual. Youth subcultures in post-war Britain, London 1993.

Hansen, K. P. (Hrsg.): Kultur und Kulturwissenschaft. Eine Einführung, Tübingen: Francke 1995.
Hansen, K. P. (Hrsg.): Kulturbegriff und Methode. Der stille Paradigmenwechsel in den Geisteswissenschaften. Eine Passauer Ringvorlesung, Tübingen: Narr 1993.
Hartmann, D./Janich, P. (Hrsg.): Methodischer Kulturalismus, Frankfurt/M.: Suhrkamp 1996.
Hauschild, T.: Zur Einführung: Formen Europäischer Ethnologie. In: Nixdorf, H./Hauschild, T. (Hrsg.): Europäische Ethnologie. Theorie-und Methodendiskussion aus ethnologischer und volkskundlicher Sicht, Berlin: Dietrich Reimer 1982, S. 11-26.
Haverkamp, A./Lachmann (Hrsg.): Memoria, München: Wilhelm Fink 1993.
Heidegger, M.: Kant und das Problem der Metaphysik, Bonn: Klostermann 1929.〔邦訳：ハイデッガー著，門脇卓爾，ハルトムート・ブフナー訳『カントと形而上学の問題（ハイデッガー全集 第3巻）』創文社，2003年。〕
Henrich, D./Iser, W. (Hrsg.): Funktionen des Fiktiven, München. Wilhelm Fink 1983.
Herrmann, U.: Vervollkommnung des Unverbesserlichen? Über ein Paradox in der Anthropologie des 18. Jahrhunderts. In: Kamper, D./Wulf, Ch. (Hrsg.): Anthropologie nach dem Tode des Menschen, Frankfurt/M.: Suhrkamp 1994, S. 132-152.
Herzfeld, M.: Cultural Intimacy, New York/London: Routledge 1997.
Herzog, R./Koselleck, R. (Hrsg.): Epochenschwellen und Epochenbewußtsein, München: Wilhelm Fink 1987.
Hess, R./Wulf, Ch. (Hrsg.): Parcours, passages et paradoxes de l'interculturel, Paris: anthropos 1999, dt. 1999.
Heydorn, H. J.: Über den Widerspruch von Bildung und Herrschaft, Frankfurt/M.: Suhrkamp 1970.
Heydorn, H. J.: Zu einer Neufassung des Bildungsbegriffs, Frankfurt/M.: Suhrkamp 1972.
Hildebrand, B./Sting, S. (Hrsg.): Erziehung und interkulturelle Identität, Münster/New York: Waxmann 1995.
Hillery, G. A.: Definitions of Community. Areas of Agreement, Rual Sociology, 20 (1955).
Hirsch, E.: Racismes. L'autre et son visage, Paris: Edition du Cerf 1988.
Hoffmann, H./Kramer, D. (Hrsg.): Arbeit ohne Sinn? Sinn ohne Arbeit?, Weinheim: Athenäum 1994.
Honneth, A.: Kritik der Macht. Reflexionsstufen einer kritischen Gesellschaftstheorie, Frankfurt/M. 1985.〔邦訳：アクセル・ホネット著，河上倫逸監訳『権力の批判：批判的社会理論の新たな地平』法政大学出版局（叢書ウニベルシタス369），1992年。〕
Hoppe, B.: Körper und Geschlecht, Berlin: Dietrich Reimer 1991.
Hörisch, J. (Hrsg.): Ich möchte ein solcher werden wie ..., Frankfurt/M.: Suhrkamp 1979.
Horkheimer, M./Adorno, Th. W.: Dialektik der Aufklärung, Frankfurt: Fischer 1971.〔邦訳：ホルクハイマー，アドルノ著，徳永恂訳『啓蒙の弁証法：哲学的断想』岩波書店（岩波文庫），2007年。〕
Humboldt, W. v.: Werke in fünf Bänden, hrsg. v. Flitner, A./Giel, K., Darmstadt: Wissenschaftliche Buchgesellschaft, 3. Aufl. 1980.〔引用箇所の主な邦訳：フンボルト著，西村貞二訳『世界史の考察：歴史哲学論文集』創元社（哲学叢書22），1949年。W・v・フンボルト著，C.メンツェ編，K.ルーメル，小笠原道雄，江島正子訳『人間形成と言語』以文社，1989

年。〕
Hutchinson, J./Smith, A. D. (eds.): Ethnicity, Oxford/New York: Oxford University Press 1996.
Imai, Y.: Ding und Medium in der Filmpädagogik unter dem Nationalsozialismus. Zeitschrift für Erziehungswissenschaft, Sonderheft 25 (2013), S. 229-252.
Imai, Y./Wulf, Ch. (Hrsg.): Concepts of Aesthetic Education. Münster: Waxmann 2007.
Ingold, T. (ed.): Key Debates in Anthropology, London/New York: Routledge 1996.
Isaak, R.: Der entlaufene Sklave. Zur ethnographischen Methode in der Geschichtsschreibung. In: Habermas, R./Minkmar, N. (Hrsg): Das Schwein des Häuptlings, Berlin: Wagenbach 1992, S. 147-185.
Iser, W. (Hrsg.): Immanente Ästhetik – Ästhetische Reflexion, München: Wilhelm Fink 1996.
Iser, W.: Das Fiktive und das Imaginäre. Perspektiven literarischer Anthropologie, Frankfurt/M.: Suhrkamp 1991.
Jauß, H. R. (Hrsg.): Die nicht mehr schönen Künste. Grenzphänomene des Ästhetischen, München: Wilhelm Fink 1968.
Jauß, H. R. (Hrsg.): Nachahmung und Illusion, München: Wilhelm Fink 1969.
Jay, P.: Being in the Text. London: Cornell University Press 1984.
Jessor, R./Colby, A./Shweder, R. A. (eds.): Ethnography and Human Development, Chicago/London: The University of Chicago Press 1996.
Jockel, R.: Die lebenden Religionen, Berlin 1958.
Jung, C. G.: Psychologische Typen, Zürich: Rascher 1968.〔邦訳：C. G. ユング著，林道義訳『タイプ論』みすず書房，1987年。〕
Kamper, D.: Bild. In: Vom Menschen. Handbuch Historische Anthropologie, hrsg. v. Wulf, Ch., Weinheim: Beltz 1997, S. 589-595.〔邦訳：ディートマー・カンパー著，白銀夏樹訳「図像」クリストフ・ヴルフ編，藤川信夫監訳『歴史的人間学事典』第2巻，勉誠出版，2005年，274-283頁。〕
Kamper, D./Wulf, Ch. (Hrsg.): Anthropologie nach dem Tode des Menschen. Vervollkommnung und Unverbesserlichkeit, Frankfurt/M.: Suhrkamp 1994.
Kamper D./Wulf, Ch. (Hrsg.): Logik und Leidenschaft. 12 transdisziplinäre, internationale Studien zur Historischen Anthropologie 1982-1992.
Kamper D.: Schweigen. Unterbrechung und Grenze der menschlichen Wirklichkeit, Berlin: Dietrich Reimer 1992.
Kamper D.: Rückblick auf das Ende der Welt, München: Boer 1990.
Kamper D.: Transfigurationen des Körpers. Spuren der Gewalt in der Geschichte, Berlin: Dietrich Reimer 1989a.
Kamper D.: Der Schein des Schönen, Göttingen: Steidl 1989b.
Kamper D.: Die erloschene Seele, Berlin: Dietrich Reimer 1988a.
Kamper D.: Das Schicksal der Liebe. Die Wandlungen des Erotischen in der Geschichte, Weinheim: Quadriga 1988b.
Kamper D.: Die sterbende Zeit, Darmstadt/Neuwied: Luchterhand 1987a.
Kamper D.: Das Heilige. Seine Spur in der Moderne, Frankfurt/M.: Athenäum 1987b, 2. Aufl. 1997.
Kamper D.: Lachen-Gelächter-Lächeln. Reflexionen in drei Spiegeln, Frankfurt/M.: Syndikat

1986.
Kamper D.: Das Schwinden der Sinne, Frankfurt/M.: Suhrkamp 1984a.
Kamper D.: Der andere Körper, Berlin: Mensch und Leben 1984b.
Kamper D.: Die Wiederkehr des Körpers, Frankfurt/M.: Suhrkamp 1982.
Kant, I.: Schriften zur Anthropologie, Geschichtsphilosophie, Politik und Pädagogik, 2. Werkausgabe Bd. XII. hrsg. v. W. Weischedel, Frankfurt/M.: Suhrkamp 1982.〔引用部分の邦訳：イマヌエル・カント著，加藤泰史訳「教育学」『カント全集 17』岩波書店，2001 年。〕
Kertzer, D. I.: Ritual, politics and power, New Haven/London: Yale University Press 1988.〔邦訳：D. I. カーツァー著，小池和子訳『儀式・政治・権力』勁草書房，1989 年。〕
Kertzer, D. I./Saller, R. P. (eds.): The Family in Italy, New Haven/London: Yale University Press 1991.
Kloslowski, P.: Überarbeitete und Beschäftigungslose. Sinnenlust der Arbeit durch Übergeschäftigkeit und Unterbeschäftigung. In: Arbeit ohne Sinn? Sinn ohne Arbeit?, hrsg. v. Hoffmann, H./Kramer, D., Weinheim: Athenäum 1994, S. 120-132.
Köhler, O.: Versuch einer Historischen Anthropologie. In: Saeculum. Jahrbuch für Universalgeschichte, 25 1974), S. 129-250.
Koller, H.: Die Mimesis der Antike. Nachahmung, Darstellung, Ausdruck, Bern: Francke 1954.
Konersmann, R. (Hrsg.): Kulturphilosophie, Leipzig: Reclam 1996.
König, E./Ramsenthaler H.: (Hrsg.) Diskussion Pädagogische Anthropologie, München: Wilhelm Fink 1980.
Koselleck, R.: Darstellung, Ereignis und Struktur. In: Braudel, F. u.a.: Historiker als Menschenfresser. Über den Beruf des Geschichtsschreibers, Berlin: Wagenbach 1990, S. 113-125.
Koselleck, R.: Vergangene Zukunft. Zur Semantik geschichtlicher Zeiten, Frankfurt/M.: Suhrkamp 1979.
Koselleck, R./ Stempel, W. D. (Hrsg.): Geschichte – Ereignis und Erzählung, München: Wilhelm Fink 1973.
Kramer, D.: Von der Notwendigkeit der Kulturwissenschaft, Marburg: Jonas 1997.
Kristeva, J.: Fremd sind wir uns selbst, Frankfurt/M.: Suhrkamp 1990.〔邦訳：ジュリア・クリステヴァ著，池田和子訳『外国人：我らの内なるもの』法政大学出版局（叢書ウニベルシタス 313），1990 年。原題：Etrangers à nous-mêmes.〕
Langeveld, M. J.: Studien zur Anthropologie des Kindes, 2. erweiterte Aufl. Tübingen: Niemeyer 1964.
Le Goff, J. (éd.): La Nouvelle Histoire. Paris 1978.
Le Goff, J.: Für ein anderes Mittelalter. Weingarten 1987.〔邦訳：ジャック・ル・ゴフ著，加納修訳『もうひとつの中世のために：西洋における時間，労働，そして文化』白水社，2006 年。原題：Pour un autre moyen âge.〕
Le Goff, J. (éd.): Histoire et mémoire. Paris 1988.〔邦訳：ジャック・ル・ゴフ著，立川孝一訳『歴史と記憶』法政大学出版局（叢書ウニベルシタス 644），1999 年。〕
Lenzen, D.: Bildung und Erziehung für Europa? Zeitschrift für Pädagogik, 32. Beiheft, Weinheim/Basel: Beltz 1994, S. 31-48.
Lenzen, D.: Vaterschaft, Reinbek: Rowohlt 1991.
Lenzen, D.: Melancholie, Fiktion und Historizität. In: Gebauer, G. u. a.: Historische Anthropo-

logie, Reinbek: Rowohlt 1989, S. 13-48.

Lenzen, D.: Mythologie der Kindheit, Reinbek: Rowohlt 1985.

Lepenies, W.: Geschichte und Anthropologie. Zur wissenschaftlichen Einschätzung eines aktuellen Disziplinenkontaktes, In: Geschichte und Gesellschaft, 1 (1975), S. 325-343.

LeRoy Ladurie, E.: Montaillou. Ein Dorf vor dem Inquisitor, Frankfurt/M.: Propyläen 1980. 〔邦訳：エマニュエル・ル・ロワ・ラデュリ著, 井上幸治, 波木居純一, 渡辺昌美訳『モンタイユー：ピレネーの村 1294〜1324』上下巻（刀水歴史全書 26）, 刀水書房, 1990, 1991 年。〕

Lestel, D.: Les origines animales de la culture, Paris: Flammarion 2001.

Lévinas, E.: Entre nous. Essais sur le penser-à-l'autre, Paris: Grasset et Fasquelle 1991. 〔邦訳：エマニュエル・レヴィナス著, 合田正人, 谷口博史訳『われわれのあいだで：〈他者に向けて思考すること〉をめぐる試論』法政大学出版局（叢書ウニベルシタス 415）, 1993 年。〕

Liebau, E./Schumacher-Chilla, D./Wulf, Ch. (Hrsg.): Anthropologie pädagogischer Institution. Weinheim: Deutscher Studien Verlag 2001.

Liebau, E./Miller-Kipp, G./Wulf, Ch. (Hrsg.): Metamorphosen des Raums. Erziehungswissenschaftliche Forschungen zur Chronotopologie, Weinheim: Deutscher Studien Verlag 1999.

Liebau, E./Wulf, Ch. (Hrsg.): Generation, Weinheim: Deutscher Studien Verlag 1996.

Liedtke, M.: Pädagogische Anthropologie als anthropologische Fundierung der Erziehung. In: König, E./Ramsenthaler, H. (Hrsg.), Kritische Information - Erziehungswissenschaft, München: Wilhelm Fink 1980, S. 175-190.

Litt, Th.: Das Bildungsideal der deutschen Klassik und die moderne Arbeitswelt, Bonn: Bundeszentrale für Heimatdienst, 4. Aufl. 1957. 〔邦訳：テオドール・リット著, 荒井武, 前田幹訳『現代社会と教育の理念』福村出版, 1988 年。〕

Loch, W.: Der Mensch im Modus des Könnens. Anthropologische Fragen pädagogischen Denkens. In: König, E./Ramsenthaler, H (Hrsg.): Kritische Information-Erziehungswissenschaft, München: Wilhelm Fink 1980, S. 191-225.

Loch, W.: Enkulturation als anthropologischer Grundbegriff der Pädagogik. In: Bildung und Erziehung 21 (1968) 3, S. 161-178.

Loch, W.: Die anthropologische Dimension der Pädagogik, Essen: Neue Bemühungen 1963.

Lüdtke, A./Kuchenbuch, L. (Hrsg.): Historische Anthropologie. Kultur. Gesellschaft. Alltag, Köln/Weimar/Wien: Böhlau 1995.

Luhmann, N.: Soziale Systeme. Grundriß einer allgemeinen Theorie, Frankfurt/M.: Suhrkamp 1984. 〔邦訳：ニクラス・ルーマン著, 佐藤勉監訳『社会システム理論』上下巻, 恒星社厚生閣, 1993-1995 年。〕

Lüth, Ch./Wulf, Ch. (Hrsg.): Vervollkommnung durch Arbeit und Bildung? Weinheim: Deutscher Studien Verlag 1997.

Lyotard, J.-F.: Das postmoderne Wissen, Bremen: Impuls und Assoziation 1982. 〔邦訳：ジャン＝フランソワ・リオタール著, 小林康夫訳『ポスト・モダンの条件：知・社会・言語ゲーム（叢書言語の政治 (1)）』水声社, 1994 年。原題：La condition postmoderne.〕

Makropoulos, M.: Europa, amphibisch. In: Paragrana 3 (1994) 2, S. 276-283.

Malinowski, B.: Argonauten des westlichen Pazifik. Ein Bericht über Unternehmungen und Abenteuer der Eingeborenen in den Inselwelten von Melanesich-Neuguinea, hrsg. v.

Kramer, F., Frankfurt/M.: Syndikat 1979.〔邦訳：B. マリノフスキ著，増田義郎訳『西太平洋の遠洋航海者：メラネシアのニュー・ギニア諸島における，住民たちの事業と冒険の報告』講談社（講談社学術文庫 1985），2010 年。原題：Argonauts of the Western Pacific: An Account of Native Enterprise and Adventure in the Archipelagoes of Melanesian New Guinea.〕

Marin, L.: Des pouvoirs de l'image, Paris: Seuil 1993.

Markus, G. E. (ed.): Rereading Cultural Anthropology, Durham/London: Duke University Press 1992.

Marquard, O./Stierle, K. (Hrsg.): Identität, München: Wilhelm Fink 1979.

Martin, J.: Der Wandel des Beständigen. Überlegungen zu einer historischen Anthropologie. In: Freiburger Universitätsblätter, H. 126, 1994, S. 35-46.

Martin, L. H./Gutman, H./Hutton, P. H. (Hrsg.): Technologien des Selbst, Frankfurt: Fischer 1993.

Masschelein, J./Wimmer, M.: Alterität. Pluralität. Gerechtigkeit, Sankt Augustin: Academia/Leuven University Press 1996.

Matthes, J. (Hrsg.): Krise der Arbeitsgesellschaft? Verhandlungen des 21. Deutschen Soziologentages in Bamberg 1982, Frankfurt/M. 1983.

Mattig, R.: Wilhelm von Humboldts „Die Vasken". Zeitschrift für Erziehungswissenschaft. Band 15, Heft 4, S. 807-827

Medick, H.: Missionare im Ruderboot? Ethnologische Erkenntnisweisen als Herausforderung an die Sozialgeschichte. In: Alf Lüdtke (Hrsg.): Alltagsgeschichte. Zur Rekonstruktion historischer Erfahrungen und Lebensweisen, Frankfurt/M./New York: Campus 1989, S. 48-84.

Meier, H. (Hrsg.): Die Herausforderung der Evolutionsbiologie, München: Piper 1988.

Menze, C./Bunk, G. P./Ofenbach, B. (Hrsg.): Menschenbilder, Frankfurt/Berlin/Bern: Lang 1993.

Menze, C.: Wilhelm von Humboldts Lehre und Bild vom Menschen, Ratingen: Henn 1965.

Merleau-Ponty, M.: Le Visible et l'Invisible. Texte établi par C. Lefort., Paris: Gallimard 1964, dt. 1994.〔邦訳：M. メルロ＝ポンティ著，クロード・ルフォール編，中島盛夫監訳，伊藤泰雄，岩見徳夫，重野豊隆訳『見えるものと見えざるもの』法政大学出版局（叢書・ウニベルシタス 426），1994 年。〕

Michaels, A./Wulf, Ch. (eds.): Images of the Body in India. London/New York/New Delhi: Routledge 2010.

Michaels, A./Wulf, Ch. (eds.): Emotions in Rituals and Performances. London/New York/New Delhi: Routledge 2012

Michaels, A./Wulf, Ch. (eds.): Exploring the Senses. London/New York/New Delhi: Routledge 2014.

Middell, M.: Alles Gewordene hat Geschichte, Leipzig: Reclam 1994.

Mollenhauer, K.: Umwege, Weinheim/München: Juventa 1986.〔邦訳：クラウス・モレンハウアー著，眞壁宏幹，今井康雄，野平慎二訳『回り道：文化と教育の陶冶論的考察』玉川大学出版部，2012 年。〕

Mollenhauer, K.: Vergessene Zusammenhänge, München: Juventa 1983.〔邦訳：クラウス・モ

レンハウアー著，今井康雄訳『忘れられた連関：〈教える―学ぶ〉とは何か』みすず書房，1987年。〕
Mollenhauer, K./Wulf, Ch. (Hrsg.): Aisthesis/Asthetik. Zwischen Wahrnehmung und Bewußtsein, Weinheim: Deutscher Studien Verlag 1996.
Moore, S. F./Myerhoff, B. G. (eds.): Secular Ritual, Assen: Van Gorcum 1977.
Mori, M.: Die "Dramaturgie" im Klassenzimmer. Münster: Waxmann 2010〔森みどり『教室のドラマトゥルギー』，北樹出版，2014年。〕
Morin, E.: La complexité humaine, Paris: Flammarion 1994.
Moro, A.: Grab, Epitaph und Friedhof. Neue Zugänge ethnologischer Familienforschung am Beispiel einer Kärntner Landgemeinde. In: Historische Anthropologie, 3 (1995), S. 112-124.
Morris, D./Collett, P./Marsh, P./Saughnessy, M.: Gestures. Their Origins and Distribution, London: Jonathan Cape Ltd. 1979.〔邦訳：デズモンド・モリス他著，多田道太郎，奥野卓司訳『ジェスチュア：しぐさの西洋文化』筑摩書房（ちくま学芸文庫），2004年。〕
Müller, K. E./Rüsen, J. (Hrsg.): Historische Sinnbildung, Reinbek: Rowohlt. 1997.
Nandy, A.: The intimate Enemy. Loss and Recovery of Self under Colonialism, Delhi: Oxford University Press 1983.
Negt, O.: Lebendige Arbeit, enteignete Zeit: Politische und kulturelle Dimensionen des Kampfes um die Arbeitszeit, Frankfurt/New York: Campus 1984.
Nelson, B.: Der Ursprung der Moderne, Frankfurt/M.: Suhrkamp 1984.
Nietzsche, F.: Sämtliche Werke in 15 Bänden, hrsg. von G. Colli/M. Montinari, Berlin/New York: de Gruyter 1988.〔邦訳：吉沢伝三郎編『ニーチェ全集』全15巻，筑摩書房（ちくま学芸文庫），1993-1994年。〕
Nohl, H.: Pädagogische Menschenkunde. In: Nohl, H./Pallat, L. (Hrsg.), Handbuch der Pädagogik. 2. Bd. Langensalza, Beltz 1929, S. 51-75.
Novalis: Heinrich von Ofterdingen. In: Band I, Dichtungen, Heidelberg: Lambert Schneider 1953.〔邦訳：ノヴァーリス著，青山隆夫訳『青い花』岩波書店（岩波文庫），1989年。〕
Otto, R.: Das Heilige. Über das Irrationale in der Idee des Göttlichen und sein Verhältnis zum Rationalen München: Beck 1963.〔邦訳：オットー著，久松英二訳『聖なるもの』岩波書店（岩波文庫），2010年。〕
Paragrana, Internationale Zeitschrift für Historische Anthropologie, 3 (1994) 2: Europa-Raumschiff oder Zeitenfloß, Berlin 1994.
Paragrana, Internationale Zeitschrift für Historische Anthropologie, 4 (1995) 1, Thema: Aisthesis; 4 (1995) 2, Thema: Mimesis-Poiesis-Autopoiesis.
Paragrana, Internationale Zeitschrift für Historische Anthropologie, 5 (1996) 2, Thema: Leben als Arbeit?
Paragrana, Interationale Zeitschrift für Historische Anthropologie, 6 (1997) 1, Thema: Selbstfremdheit.
Paragrana, Internationale Zeitschrift für Historische Anthropologie, 7 (1998) 1, Thema: Kulturen des Performativen.
Paragrana, Internationale Zeitschrift für Historische Anthropologie. Rituelle Welten. Band 12, Heft 1 und 2 (2003), hrsg. v. Wulf, Ch./Zirfas, J.
Paragrana, Internationale Zeitschrift für Historische Anthropologie, 18 (2009) 2: Handlung und

Leidenschaft, hrsg. von K.-P. Köpping/ B. Schnepel/Ch. Wulf.
Paragrana, Internationale Zeitschrift für Historische Anthropologie, 19 (2010a) 1: Emotion, Bewegung, Körper, hrsg. v. G. Gebauer und Ch. Wulf.
Paragrana, Internationale Zeitschrift für Historische Anthropologie, 19 (2010b) 2: Kontaktzonen, hrsg. v. Ch. Wulf.
Paragrana, Internationale Zeitschrift für Historische Anthropologie, 20 (2011a) 1: Töten, hrsg. v. Ch. Wulf und J. Zirfas.
Paragrana, Internationale Zeitschrift für Historische Anthropologie, 20 (2011b) 2: Emotionen in einer transkulturellen Welt, hrsg. v. Ch. Wulf, J. Poulain, F. Triki.
Paragrana, Internationale Zeitschrift für Historische Anthropologie, 22 (2013a) 1: Well-being, hrsg. von. S. Klien und Ch, Wulf.
Paragrana, Internationale Zeitschrift für Historische Anthropologie, 22 (2013b) 1: Meditation in Religion, Therapie, Ästhetik, Bildung, hrsg. v. B.A. Renger und Ch, Wulf.
Pinker, S.: Gewalt : eine neue Geschichte der Menschheit. Frankfurt/M.: Fischer 2013.
Platon: Sämtliche Werke, Reinbek: Rowohlt 1958〔邦訳：プラトン著，田中美知太郎，藤沢令夫編『プラトン全集』全15巻，別巻1，岩波書店，1974～1987年。〕
Plessner, H.: Conditio humana, Gesammelte Schriften, Bd. 8, Frankfurt/M.: Suhrkamp 1983.〔引用箇所の邦訳：プレスナー著，新田義弘訳「隠れたる人間」ボルノウ/プレスナー著，藤田健治他訳『現代の哲学的人間学』白水社，2002年。〕
Plessner, H.: Lachen und Weinen. Eine Untersuchung der Grenzen menschlichen Verhaltens. Gesammelte Schriften, Bd. 7, Frankfurt/M.: Suhrkamp 1982, S. 201-387.〔邦訳：ヘルムート・プレスナー著，滝浦静雄訳『笑いと泣きの人間学』紀伊國屋書店，1984年。〕
Plessner, H.: Die Stufen des Organischen und der Mensch, Berlin: de Gruyter 1928.
Raulff, U. (Hrsg.) : Mentalitäten-Geschichte, Berlin: Wagenbach, 1989.
Rehberg, K.S.: Zurück zur Kultur? Arnold Gehlens anthropologische Grundlegung der Kulturwissenschaften. In: Brackert, H./Wefelmeyer, F. (Hrsg.): Kultur. Bestimmungen im 20. Jahrhundert, Frankfurt: Suhrkamp 1990, S. 276-316.
Ricœur, P.: Soi-même comme un autre, Paris: Seuil 1990.〔邦訳：ポール・リクール著，久米博訳『他者のような自己自身』法政大学出版局（叢書ウニベルシタス530)，2010年。〕
Rivère, C.: Les rites profanes, Paris: Presses Universitaires de France 1995.
Rost, F.: Theorien des Schenkens, Essen: Blaue Eule 1994.
Roth, H.: Pädagogische Anthropologie, Bd. 2: Entwicklung und Erziehung, Hannover: Schroedel 1971.〔邦訳：ハインリヒ・ロート著，平野正久訳『発達教育学』（海外名著選69)，明治図書出版，1976年。〕
Roth, H.: Pädagogische Anthropologie, Bd 1: Bildsamkeit und Bestimmung, Hannover: Schroedel 1966.
Rousseau, J.J.: Emile oder Über die Erziehung, Paderborn: Schöningh 1981.〔引用箇所の邦訳：ルソー著，今野一雄訳『エミール（上)』岩波書店（岩波文庫)，2007年。原題：Emile ou de l'éducation.〕
Rousseau, J. J.: Rousseau judge de Jean Jacques. Dialogues. In : Œuvres complètes, éditions publiées sous la direction de Bernard Gagnebin et Marcel Raymond, Tome I., Paris: Bibliothèque de la Pléiade 1959.〔邦訳：ジャン・ジャック・ルソー著，小西嘉幸訳「ルソ

一，ジャン゠ジャックを裁く——対話」小林善彦，樋口謹一監修『ルソー全集』第 3 巻，白水社，1979 年，9-374 頁。〕
Rürup, B.: Arbeit der Zukunft - Zukunft der Arbeit. In: Arbeit ohne Sinn? Sinn ohne Arbeit?, hrsg. v. Hoffmann, H./Kramer, D., Weinheim: Athenäum 1994, S. 35-50.
Rüsen, J.: Lebendige Geschichte, Göttingen: Vandenhoeck & Ruprecht 1989.
Rutschky, K.: Schwarze Pädagogik, Frankfurt/Berlin/Wien: Ullstein 1977.
Sahlins, M.: Islands of History, Chicago: Chicago University Press 1985.〔邦訳：マーシャル・サーリンズ著，山内昶訳『人類学と文化記号論：文化と実践理性』法政大学出版局（叢書ウニベルシタス 201），1987 年。原題：Culture and practical reason.〕
Said, E. W.: Orientalism, New York: Pantheon 1978.〔邦訳：エドワード・W. サイード著，今沢紀子訳『オリエンタリズム』上下巻，平凡社（平凡社ライブラリー），1993 年。〕
Sartre, J.-P.: Die Wörter. Autobiographische Schriften. Reinbek: Rowohlt 1968.〔邦訳：J・P・サルトル著，澤田直訳・解説『言葉』人文書院，2006 年。原題：Les mots.〕
Schäfer, G./Wulf, Ch. (Hrsg.): Bild - Bilder - Bildung. Weinheim: Deutscher Studien Verlag 1999.
Schaller, K.: Die Pädagogik des Johann Amos Comenius und die Anfänge des pädagogischen Realismus im 17. Jahrhundert, Heidelberg: Quelle und Meyer 1962.
Schechner, R.: Between Theater and Anthropology, Philadelphia: University of Pennsylvania Press 1985.
Scheler, M.: Zur Idee des Menschen. Gesammelte Werke, Bd. 3, Bern: Francke 1955.〔邦訳：マックス・シェーラー著，林田新二，新畑耕作訳「人間の理念について」『価値の転倒（シェーラー著作集 4）』白水社，2002 年。〕
Scheler, M.: Die Stellung des Menschen im Kosmos. Gesammelte Werke, Bd. 9, Bonn: Bouvier 1988.〔邦訳：マックス・シェーラー著，亀井裕，山本達，安西和博訳『宇宙における人間の地位；哲学的世界観（シェーラー著作集 13）』白水社，2002 年。〕
Schelling, F. W. J. v.: Ausgewählte Schriften. 6 Bände. Frankfurt/M.: Suhrkamp 1985. Bd. I, Schriften 1784-1800.
Schleiermacher, F.: Pädagogische Schriften I, hrsg. v. Weniger, E., Schulze, Th., Frankfurt-Berlin-Wien: Ulstein 1983.〔邦訳：フリードリッヒ・シュライエルマッハー著，長井和雄，西村晧訳『教育学講義（西洋の教育思想）』玉川大学出版部，1999 年。〕
Schlegel, F.: Kritische und theoretische Schriften. Stuttgart: Reclam 1977.〔引用箇所の邦訳：フリードリヒ・シュレーゲル著，大久保健治訳「詩についての談話」篠田一士，川村二郎，菅野昭正，清水徹，丸谷才一編『世界批評体系 1：近代批評の成立』筑摩書房，1974 年，111-155 頁。〕
Schilling, H.: Grundlagen der Religionspädagogik. Zum Verhältnis von Theologie und Erziehungswissenschaft. Düsseldorf 1970.
Schmitt, J.C.: La raison des gestes dans l'occident médiéval, Paris: Gallimard 1990.〔邦訳：ジャン゠クロード・シュミット著，松村剛訳『中世の身ぶり』みすず書房，1996 年。〕
Schneider, M.: Die erkaltete Herzensschrift. Der autobiographische Text im 20. Jahrhundert, München: Hanser 1986.
Schuhmacher-Chilla, D.: Ästhetische Sozialisation und Erziehung, Berlin: Dietrich Reimer 1995.
Seringe, Pr. Ph.: Les symboles dans l'art, dans les religions et dans la vie de tous les jours,

Genève: Helois 1985.
Simmel, G.: Der Fremde. Das individuelle Gesetz. Philosophische Exkurse, Frankfurt/M.: Suhrkamp 1987.
Soeffner, H.G.: Die Ordnung der Rituale, Frankfurt/M: Suhrkamp 1995.
Sofsky, W.: Traktat über die Gewalt, Frankfurt/M.: Fischer 1996.
Sonntag, M.: Die Seele als Politikum. Psychologie und die Produktion des Individuums, Berlin: Dietrich Reimer 1988.
Spranger, E.: Wilhelm von Humboldt und die Humanitätsidee, Berlin: Reuther Reichard 1909.
Stieglitz, H.: Soziologie und Erziehungswissenschaft. Wissenschaftstheoretische Grundzüge ihrer Erkenntnisstruktur und Zusammenarbeit, Stuttgart: Enke 1970.
Stierle, K./Warning, R. (Hrsg.): Das Ende, München: Wilhelm Fink 1996.
Stierle, K./Warning, R. (Hrsg.): Das Gespräch, München: Wilhelm Fink 1984.
Sting, S.: Schrift, Bildung und Selbst. Eine pädagogische Geschichte der Schriftlichkeit, Weinheim: Deutscher Studien Verlag 1998.
Sting, S./Wulf, Ch. (eds.): Education in a Period of Social Upheaval. Münster/New York: Waxmann 1994.
Stross, A.: Ich-Identität. Zwischen Fiktion und Konstruktion, Berlin: Dietrich Reimer 1991.
Süssmuth, H. (Hrsg.): Historische Anthropologie. Der Mensch in der Geschichte, Göttingen: Vandenhoeck & Ruprecht 1984.
Suzuki, Shoko: Takt in Modern Education. Münster: Waxmann 2010.
Suzuki, S./Wulf, Ch. (Hrsg.): Mimesis, Poiesis, and Performativity in Education. Münster: Waxmann 2007.
Taussig, M.: Mimesis and Alterity. A Particular History of the Senses, New York: Routledge 1993.
Taylor, Ch.: The Politics of Recognition. Princeton: Princeton University Press 1992.〔邦訳：チャールズ・テイラー「承認をめぐる政治」チャールズ・テイラー他著，A. ガットマン編，佐々木毅，辻康夫，向山恭一訳『マルチカルチュラリズム』岩波書店（岩波モダンクラシックス），2007年。〕
Todorov, T.: Abenteuer des Zusammenlebens, Berlin: Wagenbach 1996.〔邦訳：ツヴェタン・トドロフ著，大谷尚文訳『共同生活：一般人類学的考察』法政大学出版局（叢書ウニベルシタス 629），1999年。原題：La Vie commune: Essai d'anthropologie générale.〕
Todorov, T.: Nous et les autres, Paris: Seuil 1989.〔邦訳：ツヴェタン・トドロフ著，小野潮，江口修訳『われわれと他者：フランス思想における他者像』法政大学出版局（叢書ウニベルシタス 707），2001年。〕
Todorov, T.: La conquête de l'Amérique. La question de l'autre, Paris: Seuil 1982.〔邦訳：ツヴェタン・トドロフ著，及川馥，大谷尚文，菊地良夫訳『他者の記号学：アメリカ大陸の征服』法政大学出版局（叢書ウニベルシタス 199），1986年。〕
Tomasello, Michael: Zur Evolution der Kognition. Frankfurt/M.: Suhrkamp 2002.
Trabant, J.: Traditionen Humboldts, Frankfurt/M.: Suhrkamp 1990.
Trabant, J.: Apeliotes oder Der Sinn der Sprache, München: Wilhelm Fink 1986.〔邦訳：ユルゲン・トラバント著，村井則夫訳『フンボルトの言語思想』平凡社（テオリア叢書），2001年。〕

Turner, V.: From Ritual to Theatre. The Human Seriousness of Play, New York: PAJ Publications 1982.
Turner, V.: The Ritual Process. Structure and Anti-Structure, New York: Aldine Publishing Company 1969.〔邦訳：ヴィクター・W. ターナー著，富倉光雄訳『儀礼の過程』新思索社，1996 年。〕
Uher, J. (Hrsg.): Pädagogische Anthropologie und Evolution, Erlangen: Erlanger Forschungen 1995.
Veeser, H. A. (ed): The New Historicism, New York/London: Routledge 1989.〔邦訳：H. アラム・ヴィーザー編，伊藤詔子，稲田勝彦，中村裕英，要田圭治訳『ニュー・ヒストリシズム：文化とテクストの新歴史性を求めて』英潮社，1992 年。〕
Vernant, J. P: Der Prometheus-Mythos bei Hesiod. In: Ders.: Mythos und Gesellschaft im alten Griechenland, Frankfurt/M: Suhrkamp 1987.〔邦訳：ジャン＝ピエール・ヴェルナン著，上村くにこ，ディディエ・シッシュ，饗庭千代子訳『ギリシア人の神話と思想：歴史心理学研究』国文社，2012 年。原題：Mythe et pensée chez les Grecs.〕
Veyne, P.: Geschichtsschreibung. Und was sie nicht ist, Frankfurt/M.: Suhrkamp 1990.〔邦訳：ポール・ヴェーヌ著，大津真作訳『歴史をどう書くか：歴史認識論についての試論』法政大学出版局（叢書ウニベルシタス 116），1982 年。原題：Comment on écrit l'histoire: essai d'épistémologie.〕
Waal, Frans de: Der Affe und der Sushimeister. Das kulturelle Leben der Tiere, München: Hanser 2001.
Wagner, H.-J.: Die Aktualität der strukturalen Bildungstheorie Humboldts: Weinheim: Deutscher Studien Verlag 1995.
Waldenfels, B.: Der Stachel des Fremden, Frankfurt/M.: Suhrkamp 1990.
Weber, M.: Die protestantische Ethik und der Geist des Kapitalismus. Altenmünster: Jazzybee 2012.〔邦訳：マックス・ヴェーバー著，中山元訳『プロテスタンティズムの倫理と資本主義の精神』日経 BP 社（日経 BP クラシックス），2010 年。〕
Weinrich, H. (Hrsg.): Positionen der Negativität, München: Wilhelm Fink 1975.
Welsch, W.: Transkulturalität. Lebensformen nach der Auflösung der Kulturen. In: Information Philosophie, 2 (1992), S. 5-20.
Weniger, E.: Die Eigenständigkeit der Erziehung in Theorie und Praxis, Weinheim: Beltz 1957.
White, H.: Der historische Text als literarisches Kunstwerk. In: Conrad, Ch./Kessel, M. (Hrsg.) Geschichte schreiben in der Postmoderne, Stuttgart: Philipp Reclam 1994, S. 123-157.
White, H.: Metahistory, Frankfurt/M.: Fischer 1991.
Wimmer, M.: Der Fremde. In: Vom Menschen. Handbuch Historische Anthropologie, hrsg. v. Wulf, Ch., Weinheim: Beltz 1997, S. 1066-1078.〔邦訳：ミヒャエル・ヴィマー著，杉田浩崇訳「異なるもの」クリストフ・ヴルフ編，藤川信夫監訳『歴史的人間学事典』第 3 巻，勉誠出版，2008 年，400-420 頁。〕
Wimmer, M.: Der Andere und die Sprache. Vernunftkritik und Verantwortung, Berlin: Dietrich Reimer 1988.
Wimmer, M./Wulf, Ch./Dieckmann, B. (Hrsg.): Das zivilisierte Tier. Zur historischen Anthropologie der Gewalt, Frankfurt/M.: Fischer 1996.
Wuketits, F. M.: Gene, Kultur und Moral. Soziobiologie - pro und contra, Darmstadt: Wissen-

schaftliche Buchgesellschaft 1990.

Wulf, Ch. (Hrsg.): Kritische Friedenserziehung. Frankfurt/M.: Suhrkamp 1973.

Wulf, Ch.: Mimesis. In: Gebauer u.a. 1989a, S. 83-125.

Wulf, Ch. (Hrsg.): Das anthropologische Denken in der Erziehung 1750-1850, Weinheim: Deutscher Studien Verlag 1996a.

Wulf, Ch.: Aisthesis, soziale Mimesis, Ritual. In: Mollenhauer, K./Wulf, Ch. (Hrsg.): Aisthesis/Ästhetik. Zwischen Wahrnehmung und Bewußtsein, Weinheim: Deutscher Studien Verlag 1996b, S. 168-179.

Wulf, Ch. (Hrsg.): Einführung in die pädagogische Anthropologie, Weinheim/Basel: Beltz 1994. 〔邦訳：クリストフ・ヴルフ編著, 高橋勝監訳『教育人間学入門』玉川大学出版部, 2001年。〕

Wulf, Ch. (ed.): Education in Europe. An Intercultural Task, Münster/New York: Waxmann 1995.

Wulf, Ch. (ed.): Education for the 21st. Century: Commonalities and Diversities, Münster/New York: Waxmann 1998.

Wulf, Ch.: Mimesis und Ästhetik. Zur Entstehung der Ästhetik bei Platon und Aristoteles. In: Denkzettel Antike, hrsg. v. Treusch-Dieter, G.u. a., Berlin: Dietrich Reimer 1989b, S. 192-200.

Wulf, Ch.: Zur Genese des Sozialen. Mimesis, Performativität, Ritual. Bielfeld:transcript 2005.

Wulf, Ch.: Anthropologie kultureller Vielfalt. Bielefeld: transcript 2006.

Wulf, Ch.: Anthropologie. Geschichte. Kultur, Philosophie. Köln: Anaconda 2009; (1. Aufl. Reinbek: Rowohlt 2004).

Wulf, Ch. (Hrsg.): Der Mensch und seine Kultur: Hundert Beiträge zur Geschichte, Gegenwart und Zukunft des menschlichen Lebens. Köln: Anaconda 2011. (2. Aufl. von Wulf, Ch. (Hrsg.): Vom Menschen. Handbuch Historische Anthropologie, Weinheim/Basel: Beltz 1997.) 〔邦訳：クリストフ・ヴルフ編, 藤川信夫監訳『歴史的人間学事典』全3巻, 勉誠出版, 2005-2008年。〕

Wulf, Ch.: Anthropology. A Continental Perspective. Chicago: The University of Chicago Press 2013a.

Wulf, Ch.: Das Rätsel des Humanen. München: Wilhelm Finck 2013b.

Wulf, Ch.: Die Bilder in uns. Imaginäre und performative Grundlagen der Kultur. 2014.

Wulf, Ch./Althans, B./Audehm K./Bausch C./Jörissen B./Göhlich, M./Sting, S./Tervooren, A./Wagner-Willi M./Zirfas, J.: Das Soziale als Rituale. Zur performativen Bildung von Gemeinschaften, Opladen 2001

Wulf, Ch./Althans, B./Audehm K./Bausch C./Jörissen B./Göhlich, M./Mattig R./Tervooren, A./Wagner-Willi M./Zirfas, J.: Bildung im Ritual: Schule, Familie, Jugend, Medien. Wiesbaden: Verlag für Sozialwissenschaften 2004.

Wulf, Ch./Althans B./Blaschke, G./Ferrin, N./Göhlich, M./Jörissen, B./Mattig, R./Nentwig-Gesemann, I./Schinkel, S., Tervooren, A./Wagner-Willi, M./ Zirfas, J.: Lernkulturen im Umbruch. Rituelle Praktiken in Schule, Medien, Familie und Jugend. Wiesbaden: Verlag für Sozialwissenschaften 2007.

Wulf, Ch./Althans, B./Audehm, K./Bausch, C./Göhlich, M./Sting. S./Tervooren, A./Wagner-

Willi, M./Zirfas, J.: Ritual and Identity. The Staging and Performing of Rituals in the Lives of Young People. London: Tufnell Press. 2010.
Wulf, Ch./Althans B./ Audehm, K./ Blaschke, G./ Ferrin, N./ Kellermann, I./ Mattig, R./ Schinkel, S.: Die Geste in Erziehung, Bildung und Sozialisation. Ethnografische Fallstudien. Wiesbaden: Verlag für Sozialwissenschaften 2011.
Wulf, Ch./Bittner, M./Clemens, I./Kellermann, I.:Unpacking recognition and esteem in school pedagogies, issues 1, 2011, S. 59-75.
Wulf, Ch./Fischer-Lichte, E. (Hrsg.): Gesten: Inszenierung, Aufführung, Praxis. München: Wilhelm Fink, 2010.
Wulf, Ch./Göhlich, M./Zirfas, J. (Hrsg.): Theorien des Performativen, Weinheim/München 2001.
Wulf, Ch./Kamper, D. (Hrsg.): Logik und Leidenschaft. Erträge Historischer Anthropologie. Berlin: Reimer 2002.
Wulf, Ch./Kamper, D./Gumbrecht, H. (Hrsg.): Ethik der Ästhetik, Berlin: Akademie 1994.
Wulf, Ch./Merkel, Ch. (Hrsg.): Globalisierung als Herausforderung der Erziehung. Münster: Waxmann. 2002.
Wulf, Ch./Poulain, J./Triki, F. (Hrsg.): Religion und Gewalt. Europäische und islamisch geprägte Länder im Dialog. Berlin: Akademie 2006.
Wulf, Ch./Schöfthaler, T. (Hrsg.): Im Schatten des Fortschritts. Gemeinsame Probleme im Bildungsbereich in Industrienationen und Ländern der Dritten Welt, Saarbrücken/Fort Lauderdale: Breitenbach 1985.
Wulf, Ch./Suzuki, S./Zirfas, J./Kellermann, I./Inoue, Y./Ono, F./Takenaka, N.: Das Glück der Familie: Ethnografische Studien in Deutschland und Japan. Wiesbaden: Verlag für Sozialwissenschaften, 2001.〔日本語版：鈴木晶子，クリストフ・ヴルフ編『幸福の人類学：クリスマスのドイツ・正月の日本』（シリーズ 汎いのち学：Paragrana 1）ナカニシヤ出版, 2013年。〕
Wulf, Ch./Weigand, G.: Der Mensch in der globalisierten Welt. Anthropologische Reflexionen zum Verständnis unserer Zeit. Münster: Waxmann 2011.
Wulf, Ch./Zirfas, J. (Hrsg.): Theorien und Konzepte der pädagogischen Anthropologie, Donauwörth: Ludwig Auer 1994.
Wulf, Ch./Zirfas J. (Hrsg.): Die Kultur des Rituals: Inszenierungen, Praktiken, Symbole. München: Wilhelm Fink 2004.
Wulf, Ch./Zirfas, J. (Hrsg.): Die Pädagogik des Performativen. Weinheim/Basel: Beltz 2007.
Wulf, Ch./Zirfas, J. (Hrsg.): Handbuch Pädagogische Anthropologie. Wiesbaden: Springer VS 2014.
Zdarzil, H.: Pädagogische Anthropologie: empirische Theorie und philosophische Kategorialanalyse. In: König, E./Ramsenthaler, H. (Hrsg.): Kritische Information-Erziehungswissenschaft, München: Wilhelm Fink 1980, S. 267-287.
Zeitschrift für Erziehungswissenschaft. Innovation und Ritual. Sonderheft 2 (2004), hrsg. v. Ch. Wulf, und J. Zirfas.
Zeitschrift für Erziehungswissenschaft. Biowissenschaft und Erziehungswissenschaft. Beiheft 5 (2006), hrsg. von A. Scheunpflug und Ch. Wulf.

Zeitschrift für Erziehungswissenschaft. Die Bildung der Gefühle. Sonderheft 16 (2012), hrsg. v. U. Frevert und Ch. Wulf.

Zeitschrift für Erziehungswissenschaft. Mensch und Ding. Die Materialität pädagogischer Prozesse. Sonderheft 25 (2013), hrsg. v. A.-M. Nohl und Ch. Wulf.

Zirfas, J.: Präsenz und Ewigkeit. Eine Anthropologie des Glücks, Berlin: Dietrich Reimer, 1993.

Zirfas, J.: Die Lehre der Ethik. Weinheim: Beltz 1999.

Zuckerkandl, Viktor: Mimesis. Merkur, 12 (1958), S. 225-240.

訳者解説

　本書は，Christoph Wulf: *Einführung in die Anthropologie der Erziehung* (Beltz Verlag 2001) の全訳である。ただし著者の指示によって多少叙述を変更した部分があることをお断りしておきたい。

＊

クリストフ・ヴルフの多面的な顔——導入にかえて　　　　　　　　（今井康雄）

　本書の著者クリストフ・ヴルフは，現代のドイツ教育学において最も生産的・創造的に研究活動を展開してきた一人といえるだろう。長くベルリン自由大学で教え，2013 年に定年——といっても伝統的なドイツの大学教授職における義務免除(エメリティールング)であり，講義や大学行政に関わる職務義務からの解放を意味するにすぎない——を迎えた後も，大学に研究室を持ち精力的に研究・教育を続けている。彼が関係する著作はこれまでに以下の 3 冊が邦訳・出版されている。

　クリストフ・ヴルフ編著，高橋勝監訳『教育人間学入門』玉川大学出版部，
　　2001 年。
　クリストフ・ヴルフ編著，藤川信夫監訳『歴史的人間学事典』全 3 巻，勉誠
　　出版，2005～2008 年。
　鈴木晶子/クリストフ・ヴルフ編著『幸福の人類学——クリスマスのドイ
　　ツ・正月の日本』ナカニシヤ出版，2013 年。

　邦訳されたこの 3 冊は，ヴルフの研究の多方面への展開をよく示すものになっている。彼は，新しいタイプの教育人間学の開拓者であり（『教育人間学入門』），教育学の枠をこえた学際的な研究のオーガナイザーであり（『歴史的人間学事典』），国際的な研究ネットワークの結節点であるとともに理論的な展望をもった経験的研究の推進者であり（『幸福の人類学』）……という多面的な顔をもつ。上の 3 冊には，学際的であり，国際的であり，（理論指向でありつつ）経験的である，というヴルフの研究方法の特質がよく表れている。しかしそれらはいずれも編著書である。彼の研究活動の広がりを示す輪郭線は浮かび上がってくるものの，

その輪郭線を生みだしているヴルフ独自の理論構想は、これまで十分紹介されてきたとはいいがたい。本書『教育人間学へのいざない』はその欠を補い、ヴルフ理論への格好の入門書として役立つだろう。本書は、彼の多面的な研究の核であり原動力ともなっている教育人間学の構想を、コンパクトかつ体系的に提示するものだからである。

　ドイツ教育学に関心をもつ研究者の間では、ヴルフは『教育科学の理論と構想』(1977年)[1]の著者として比較的よく知られた存在であった。これは1975年に受理された彼の教授資格請求論文でもあり、同時代のドイツ教育学の動向を「精神科学的」「経験的」「批判的」という三つの流派に分類して見通しよく提示している。ヴルフの名は、『教育科学の主潮流』(1973年)[2]のディートリッヒ・ベンナーと並んで、少なくとも筆者(今井)には、生粋の理論家としてイメージされていた。それだけに、その後筆者が直接の研究交流の機会を得たとき、彼が偉大なコミュニケーターかつオーガナイザーとして数々の学際的・国際的・経験的なプロジェクトを率いているのを見て意外の感に襲われたものである。

　1970年代以降、ドイツ教育学にも経験的な方法が浸透し、特に90年代以降は、個人が行う従来の手仕事的な研究手法に代わって、多額の資金と多数の人員を投入して行うプロジェクト型の研究が主流になっていった。ヴルフは、こうしたドイツ教育学における学問経営上の転換を先導しつつ、なおかつその流れ——会議につぐ会議、そしてほとんど読まれることのない大量の報告書の洪水——にのまれることなく、プロジェクト型の研究と自らの理論構築を有機的にリンクさせることのできた数少ない研究者の一人だったといえる。

　プロジェクト型の研究に対するこうした程良い距離感の背景には、生粋の理論家という筆者の思いこみとは多少違って、彼がもともと経験的な研究や実践的なテーマに親しんでいたという事情があるかもしれない。ベルリン自由大学で修士号を取得してすぐの1969年に、ヴルフは1年間のアメリカ留学の機会を得ている。1944年の生まれであるから彼が25歳のときということになる。

---

[1] Wulf, Christoph.: *Theorien und Konzepte der Erziehungswissenschaft*, München: Juventa 1977.

[2] Benner, Dietrich.: *Hauptströmungen der Erziehungswissenschaft*, München: List 1973.

彼は数多くの研究者と交流してアメリカの開かれた学問風土に感銘を受けるとともに，ドイツでは当時ほとんど知られていなかった評価研究を集中的に調査する[3]。その成果は1972年に『評価——授業，カリキュラム，学校実験の記述と評定』[4] として刊行されている。フランクフルトの国際教育研究所の研究員を務めつつ教授資格請求論文を準備していたこの時期（1970～75年）[5]，ヴルフはもう一つ，平和教育の領域でも先駆的な仕事を残している。同じ1973年に刊行された『平和教育をめぐる議論』『批判的平和教育』[6] の2冊がそれである。

当初から見られた理論的な研究と経験的な研究のリンクは，ジーゲン大学（1975～80年）を経て生まれ故郷のベルリンに戻り，1980年にベルリン自由大学に教授職を得た後，1990年頃から爆発的といってよいほどの拡大と充実を見せることになる。本書『教育人間学へのいざない』に結実しているような理論的考察は，ヴルフが国際的・学際的・経験的な共同研究を精力的に推進するなかで，それとの深い関係のなかで育まれたものである。以下では，ヴルフの学際的研究と経験的研究を概観した後，それをふまえて本書『教育人間学へのいざない』の特質と意義について述べることにしたい。

クリストフ・ヴルフの学際的研究　　　　　　　　　　　　　　　（藤川信夫）

ヴルフにとって，教育人間学は，単一の学問分野における研究を指し示すものではなく，歴史的人間学という，より大きな学際的・学科横断的研究の枠組みの一部として位置づけられる。そこで以下では，ヴルフの編による論文集

---

3) Wulf, Christoph/Weigand, Gabriele.: *Der Mensch in der glabelisierten Welt. Anthropologische Reflexionen zum Verständnis unserer Zeit. Christoph Wulf im Gespräch mit Gabriele Weigand*, Münster et al.: Waxmann 2011, p. 134 f.

4) Wulf, Christoph (ed.): *Evaluation. Beschreibung und Bewertung von Unterricht, Curricula und Schulversuchen*, München: Piper 1972.

5) 論文はマールブルク大学のヴォルフガング・クラフキのもとに提出された。当初は母校のベルリン自由大学に提出する予定であったが，当時学生運動にコミットしていたヴルフに対して指導教授が「学生運動をとるかアカデミズムをとるか」と迫り，ベルリン自由大学に見切りをつけたヴルフに親切に手を差し伸べたのがクラフキだったという（Wulf/Weigand 2011, p. 132 f.）。

6) Wulf, Christoph (ed.): *Friedenserziehung in der Diskussion*, München: Piper 1973; Wulf, Christoph (ed.): *Kritische Friedenserziehung*, Frankfurt/M.: Suhrkamp 1973.

『人間について―歴史的人間学ハンドブック―』[7] (1998年) の邦訳版『歴史的人間学事典』(2005～2008年) のために同書の編者であるヴルフによって執筆された解説「歴史的人間学の基本的特徴と観点――哲学，歴史，文化」(2008年)[8]，および，ヴルフ著の『人間学――歴史・文化・哲学』(2004年)[9] の英訳版『人間学――コンチネンタル・パースペクティヴ』(2013年)[10] の序文をもとに，歴史的人間学の特徴について簡単に述べておきたい。

今日人間学は，かつての生物学や哲学的人間学のように，「人間とは何か」「ヒトとは何か」という問いに対し包括的・普遍的な回答を見出すことはもはやできない。むしろ，今日人間学は，個別学問分野やそれを包摂するパラダイムの違い，そしてそれを育んできた歴史や文化の違いから帰結する，人間学的知識の多様性の増大を目指す「歴史的人間学」として，あるいは上記の『人間学――コンチネンタル・パースペクティヴ』のなかでそうよばれているように「歴史的・文化的人間学」として再定義される。したがって，それは，単一の閉じた学問分野ではなく，むしろ，絶えず未来に開かれた，多様な学問諸分野間での相互作用の暫定的成果とみなすことができる[11]。

こうした歴史的人間学の試みの前提となるのが「二重の歴史性・文化性」[12]の観点である。これは，研究対象および研究方法の歴史性・文化性を意味している。すなわち，個々の研究で取り上げられる人間に関する諸事象が特定の歴史的時期や文化の刻印を帯びていることはいうまでもないが，それとともに，研究者自身もまた特定の歴史や文化のなかで研究活動を営む限りにおいて，研究の観点や方法もまた歴史的・文化的な制約を免れることができないということである。歴史的人間学の研究は，この二重の歴史性・文化性を明瞭に自覚し

---

7) Wulf, Christoph (ed.): *Vom Menschen: Handbuch Historische Anthropologie*, Weinheim et. al.: Beltz Verlag 1997.

8) クリストフ・ヴルフ「歴史的人間学の基本的特徴と観点――哲学，歴史，文化」，クリストフ・ヴルフ編，藤川信夫監訳『歴史的人間学事典3』勉誠出版，2008年，497-510頁。

9) Wulf, Christoph: *Anthropologie: Geschichte Kultur Philosophie*, Hamburg: Rowohlt Verlag 2004.

10) Wulf, Christoph: *Anthropology: A Continental Perspective*, Chicago et. al.: The University of Chicago Press 2013.

11) Wulf 2013, p. 3.

12) Wulf 2013, p. xii.

たうえで行われる[13]。ただし、歴史的人間学は、人間学的知識の多様性の増大を目指すものだとしても、人間に関するイメージの拡散を目指しているわけではない。むしろ、ヴルフは、歴史的人間学を、人間に関する普遍的言明と歴史的・文化的多様性を強調する言明との間の緊張領域に位置づけ、多様な個別学問分野の成果をまとめ上げる〈unitas multiplex〉として、したがって「脱中心的、多中心的」[14]性格をもった学問として定義している。

こうした性格をもつ歴史的人間学において参照されるパラダイムとして、ヴルフは以下の四つを挙げている（この四つのパラダイムについては本書の「日本語版への序」でも簡単に触れられている）。まず第一に、進化論と人類発生史である。イギリスのCh. ダーウィンに起源を有し、現生人類にまで至る発生プロセスを解明してきたこのパラダイムにおいて、ヒト（とくにその身体）は、生態系、遺伝、大脳、社会、文化といった諸要因間の相互作用から生まれた多次元的形態発生の結果とみなされる。第二に、ドイツの哲学的人間学である。ここでは、主に人間と動物の身体の比較によって、世界開放性（M. シェーラー）、脱中心的位置性（H. プレスナー）、欠如存在（A. ゲーレン）といった人間の条件が示された。第三に、フランスのアナール学派の心性史（M. ブロック、L. フェーヴル）を起点とし、構造史（F. ブローデル）を経て、フランスのポスト・アナール学派の文化史（E. ル・ロワ・ラデュリ）をはじめ、ドイツやイタリアなどの新たな歴史学へと展開していった歴史人類学である。このパラダイムにおいては、歴史的な条件のなかに置かれた人間の姿が、通時的比較研究の観点から、解釈学的・テクスト批判的方法によって解明されてきた。そして第四に、アメリカとヨーロッパにおける文化人類学と民族学である。文化人類学は、様々な異文化を研究するなかで、本来大きな変動の幅をもっているはずの人間の生得的能力が狭く限定された特殊な行為レパートリーへと縮減されていくメカニズムを解明してきた（C. ギアーツ）。文化人類学における異文化研究は、さらに民族学研究に対しても、差異化されたまなざしで自文化に向き合う態度をもたらした。このパラダイムにおいては、文化ごとに異なる生活条件のなかに置かれた人間の姿が、共時的比較研究の観点から、質的・量的方法を用いたフィールド研究によって

---

13) ヴルフ 2008, 498-499 頁。
14) Wulf 2013, p. x f.

解明されてきた[15]。これらのうち,第一および第二パラダイムは,どちらかといえば,人間に関する普遍的言明を目指す傾向にあり,他方,第三および第四のパラダイムは,通時的比較あるいは共時的比較によって明らかになる人間の歴史的・文化的多様性を強調する傾向にある。そして,〈unitas multiplex〉としての歴史的人間学は,これらのパラダイムに属する多様な研究成果や研究方法を参照しつつ,第五のパラダイムとして,多様な人間学的知識の間の「類似性と差異性」[16]の解明を目指すのである。

その際,歴史的人間学は,その脱中心的,多中心的性格によって,個別学問分野においては扱うことが困難なテーマに関する学科横断的な学際的研究としても,個別学問分野を起点とする学際的研究としても組織されうる。ヴルフは,前者の実例として,文学,社会学,哲学などの多分野の研究者たちの連携によって,魂,聖なるもの,美,愛,時間,沈黙などのトピックを扱った論文集『論理と情熱』(2002年)[17]や,パフォーマンス文化を取り上げた雑誌 *Paragrana* の二つの特集号[18]を挙げている。また,後者の実例としては,精神科学(P. ブルケ,G. ドゥレッセル,R. v. デュルメン)[19]や文学(H.-J. シングス,D. バッハマン=メディック)[20]における学際的研究と並んで,教育科学における自らの試み[21]を挙げている[22]。いうまでもなく,本書もまた,この後者の試みの一つに数えられる。

なお,歴史的人間学は,以上のように学際的,学科横断的性格を有するが,

---

15) ヴルフ 2008, 502-508 頁; Wulf 2013, pp. 4.
16) Wulf 2013, p. xiii.
17) Wulf, Christoph/Kamper, Dietmar (eds.): *Logik und Leidenschaft*, Berlin: Reimer 2002.
18) *Paragrana. Internationale Zeitschrift für Historische Anthropologie*, Bd. 10, H. 1, Schwerpunkt: Theorien des Performativen 2001; *Paragrana. Internationale Zeitschrift für Historische Anthropologie*, Bd. 13, H. 1, Schwerpunkt: Praktiken des Performativen 2004.
19) Burke, Peter: *Offene Geschichte. Die Schule der ‚Annales'*, Berlin: Wagenbach 1991; Dressel, Gert (ed.): *Historische Anthropologie. Eine Einführung*, Wien: Böhlau 1996; Dülmen, Richard van: *Historische Anthropologie. Entwicklung, Probleme, Aufgaben*, Köln et. al.: UTB 2000.
20) Schings, Hans-Jürgen (ed.): *Der ganze Mensch. Anthropologie und Literatur im 18. Jahrhundert*, Stuttgart: Metzler 1994; Bachmann-Medick, Doris (ed.): *Kultur als Text. Die anthropologische Wende in der Literaturwissenschaft*, Frankfurt/M.: UTB 1996.
21) Wulf, Christoph: *Anthropology of Education*, Münster et al.: LIT-Verlag 2002.
22) ヴルフ 2008, 499-500 頁。

それと同時に，当初から国際的，国家横断的性格をも有していた[23]。こうした方向での歴史的人間学の発展は，すでにドイツと他のヨーロッパ諸国，日本，インド，あるいはイスラム諸国との間で行われた国際共同研究の成果[24]となって表れているが，ヨーロッパにおける政治的発展やグローバル化を背景として，今後ますます促されていくことは間違いない。

クリストフ・ヴルフの経験的研究　　　　　　　　　　　　　（高松みどり）

以下では，クリストフ・ヴルフの膨大な経験的研究のうち，二つの研究領域——儀礼研究と幸福（感）研究——を紹介する。（他にも，誕生についての研究プロジェクト[25]などがあるが，ここでは紙幅に制限があり，詳述することができない。）

① 儀礼研究について

まずヴルフの儀礼研究から見ていきたい。ヴルフは，1990年代終わりからベルリン自由大学において研究メンバーと儀礼研究プロジェクトを立ち上げ，2001年[26]，2004年[27]，2007年[28]にその成果を発表している。ここでは，参

---

23) ヴルフ 2008, 501-502 頁。
24) Wulf, Christoph (ed.): *Education in Europe. An Intercultural Task*, Münster et. al: Waxmann 1995; Wulf, Christoph/Merkel, Christine (eds.): *Globalisierung als Herausforderung der Erziehung. Theorien, Grundlagen, Fallstudien*. Münster et. al.: Waxmann 2002; Wulf, Christoph: *Anthropologie kultureller Vielfalt. Interkulturelle Bildung in Zeiten der Globalisierung*, Bielefeld: transcript 2006; Wulf, Christoph/Poulain, Jacques/ Triki, Fathi (eds.): *Europäische und islamisch geprägte Länder im Dialog. Gewalt, Religion und interkulturelle Verständigung*. Berlin: Akademie Verlag 2006; Imai, Yasuo/Wulf, Christoph (eds.): *Concepts of Aesthetic Education. Japanese and European Perspective*, Münster et al.: Waxmann 2007; Michaels, Axel/Wulf, Christoph (eds.): *Images of the Body in India*, London: Routledge 2011; Wulf, Christoph et al.: *Das Glück der Familie: Ethnographische Studien in Deutschland und Japan*, Wiesbaden: Verlag Sozialwissenschaften 2011（鈴木晶子／クリストフ・ヴルフ編『幸福の人類学——クリスマスのドイツ・正月の日本』ナカニシヤ出版，2013年); Michaels, Axel/Wulf, Christoph (eds.): *Emotions in Rituals and Performance*, London: Routledge 2012; Michaels, Axel/Wulf, Christoph (eds.): *Exploring the Senses: Emotions, Performativity, and Ritual*, London: Routledge 2013.
25) Wulf, Christoph et al.: *Geburt in Familie, Klinik und Medien. Eine qualitative Untersuchung*, Opladen und Farmington Hills: Barbara Budrich 2008.
26) Wulf, Christoph et al.: *Das Soziale als Ritual. Zur performativen Bildung von Gemeinschaften*, Opladen: Leske & Budrich 2001.
27) Wulf, Christoph et al.: *Bildung im Ritual. Schule, Familie, Jugend, Medien*, Wiesbaden:

与観察・ビデオ記録・インタビュー・グループディスカッション・写真・エスノグラフィーといった様々な社会学的質的方法を併用する研究方法（Triangulation）が用いられる。

次にヴルフの儀礼概念についてであるが，ヴルフによれば，ある相互行為が特定の時間に特定の場所で反復され，特定の型をもつようになる時，またそれが相互行為メンバーの社会化を促す時，それを「儀礼（Ritual）」という。さらに，いまだ特定の型を有していないものの，儀礼になりつつある相互行為のことをヴルフは「儀礼化（Ritualisierung）」とよぶ。

では，なぜヴルフは儀礼という対象を取り上げるに至ったのだろうか。彼によれば，「（文化的・社会的事象を対象とし，人間の存在を歴史的に作られたものとして理解する）15年間にわたる歴史的人間学研究の後，1990年代の終わりから今世紀10年にかけて，それまで用いていた通時的視点に加え，共時的視点を展開しようと試みた」という[29]。儀礼とは，いわば「異文化への洞察を可能にする」「窓」であり，そこには，「社会的行為の諸価値・諸規範・イメージが結晶化するため，それは文化を研究するのに適合している」[30] という。

こうした儀礼研究の根底にある問題意識は，「どういった儀礼（反復される相互行為の型）を契機として，相互行為グループのメンバーたちが社会化していくのか」，また「どのようにメンバーがジェンダーや，儀礼に必要な実践知を身体化していくか」というものである。英米圏およびドイツ語圏の文化人類学や社会学に見られる従来の儀礼研究の多くとヴルフの儀礼研究が袂を分かつのは，前者が儀礼に見られる象徴分析に重きを置いてきたのに対し，後者は象徴の用いられるプロセスに着目する点においてである。共同研究メンバーの一人，ツィルファスが筆者の滞在時にベルリン自由大学で講義を行った際に挙げた例によれば，たとえ家庭でのクリスマス会の際に，最も重要とされるシンボルであるクリスマスツリーが燃えたとしても，家族のメンバーが協力してその火を消せば，（家族の社会化を促すという意味での）儀礼は行われているのである。

   VS Verlag 2004.
28) Wulf, Christoph et al: *Lernkulturen im Umbruch, Rituelle Praktiken in Schule, Medien, Familie und Jugend*, Wiesbaden: VS Verlag 2007.
29) Wulf/Weigand 2011, p. 51.
30) Ibid.

とりわけドイツの学校儀礼研究の伝統では，儀礼の機能に着目することが多かったのに対し，ヴルフらが問題としたのは，儀礼がどのような社会的機能を有するかというよりは，どのように儀礼が参加者によってその都度生み出されているか，である。このように，従来の儀礼の象徴分析や機能分析とは異なり，儀礼のパフォーマンスプロセスが考察される点に，ヴルフの儀礼研究の斬新さを見てとることができる。

クリスマスツリーが燃えた場合の家族の共同作業の例にも，家族が即興演技を行う姿が見られたが，ヴルフらのいう儀礼パフォーマンスという言葉には「即興演技」のニュアンスも含まれているように思われる。ターナーによれば，儀礼には，反復される相互行為の型（「岸」）が存在しなければ，儀礼参加者が依拠する行為の枠組みが存在しないため，儀礼を存続させることは難しい[31]。とはいえ儀礼が毎回同一の形式の反復に留まれば，参加者にとって単なるルーチンワークとなってしまう。こうして儀礼には時として「岸」をも削る「川」の流れ（形式に留まらない突発的な演技）が，必要となる瞬間がある。これにより，参加者は新鮮さを得，儀礼を存続させることが可能となるという。

さて，すでに今井は導入部でヴルフが渡米を機に英米圏から思想的に影響を受けたことを指摘したが，パフォーマンスという視点に関しても，同様のことが指摘できるかもしれない。たとえば，ヴルフらが儀礼研究の理論的基盤として著した著作には，フーコーやデリダといった西洋思想家と並んで，ターナーの「社会劇（social drama）」，ゴッフマンによるドラマトゥルギー（人間の行為を演技として捉える視点）や「相互行為儀礼」，バトラーのパフォーマンス概念なども紹介されている[32]。この点については，今後，いっそうの検討が必要であろう。

② 幸福（感）研究について

儀礼研究の後に，ヴルフが取り上げたテーマは，社会関係のなかで生み出さ

---

[31] Turner, Victor: *From Ritual to Theatre, The Human Seriousness of Play*, New York: PAJ Publications, 1982.

[32] Wulf, Christoph/Göhlich, Michael/Zirfas, Jörg (eds.): *Grundlagen des Performativen. Eine Einführung in die Zusammenhänge von Sprache, Macht und Handeln*, Weinheim und München: Juventa 2001.

れる「幸福(感)」についてである。鈴木晶子率いる京都大学の研究者たちとともに行ってきた日独幸福感共同調査の成果は,まず2011年にドイツ語で出版され,続いて2013年に日本語で出版されている[33]。調査対象となったのは,正月を祝う三つの日本人家庭とクリスマスを祝う三つのドイツ人家庭である。

　この研究の基盤にあるのは,日本の正月やドイツのクリスマスという家族儀礼を機に,どのように家族が幸福感をともに創り出しているのか,という問題意識である。ヴルフの言葉を借りれば,「我々は何が幸福であるかを考察するのではなく,より慎重にどのように家族が幸福を生み出しているのかを問うのである」[34]。ここに見られるのも,幸福感を生み出す儀礼のパフォーマンスに着目する彼の視点である。儀礼研究との共通点がここに見られる。

　第二の共通点は,幸福感研究においても,参与観察・ビデオ録画・インタビュー・グループディスカッション・写真・エスノグラフィーといった社会学的質的方法のうち,共同研究者のねらいに即して複数の手法が併用して用いられる点である(ここにも英米圏の社会学・文化人類学の影響を見てとることができるかもしれない)。ただ,ここで両者に異なるのは,幸福感研究の場合,ドイツ人研究者と日本人研究者からなる小グループを複数編成し,グループごとに日本あるいはドイツの各家庭を訪問している点である。つまり,フィールドになじみのある研究者と,フィールドにとっての「他者」とを混ぜることで,そこで生じる現象をより多面的に解釈できるような工夫が凝らされているのである。

　さらに儀礼研究と幸福感研究に共通するのは,本訳書でもヴルフが取り上げているミメーシス概念がそれらの基盤に据えられるということである。まず儀礼の場合,新たに共同体に加わる者は,すでに実践知を身に付けたメンバーの身振りや表情を模倣し,ともに表現するなかで実践知を継承する必要がある。逆にいえば,メンバーがミメーシスにより実践知を継承できていなければ,儀礼は機能しなくなってしまうのである。幸福感を生み出す儀礼の場合も同様である。

　ここで重要なのは,ヴルフがミメーシス概念を,単なる行為のコピーとしては捉えていないということである。というのも儀礼の際の相互行為の型は,反

---

33) Wulf, Christoph et al. 2011; ヴルフ/鈴木編 2013.
34) Wulf, Christoph et al. 2011, p. 7.

復される要素も多いものの，ときにアクシデントにさらされ，新たにアレンジされながら維持されるものである。さらに重要なことは，儀礼に見られるこうした「反復」の要素（上述のターナーによる「岸」）と「変容」の要素（「川」）が，ヴルフのミメーシス概念に見られる一定のモデルの模倣と創造にパラフレーズされている点である。以上のように，二つの研究プロジェクトに共通するのは，パフォーマンスという視点，社会学的質的研究方法，ミメーシス概念をその基軸とする点である。

本書『教育人間学へのいざない』について　　　　　　　（今井康雄）

　以上のようなヴルフの学際的・経験的研究を背景として浮かび上がってくる，本書『教育人間学へのいざない』の特質と意義について，最後に述べておこう。

　本書は第一に，従来の「教育人間学」のイメージを塗り変える著作といえる。教育人間学は，哲学的な方法をとるにせよ経験科学的な方法をとるにせよ，教育という視点から見た人間あるいは人間関係の，不変の「本質」の究明へと向かう営みだと一般に考えられている。この背景には，教育人間学が哲学的人間学——ヴルフのいう人間学の四つのパラダイムのうちのひとつである——の強い影響を受けて展開されてきたという事情がある。この事情は，京都学派の影響が強い日本の教育人間学にも十分あてはまる。ドイツ教育学において，人間の「本質」へと向かうような人間学的な見方は「ポストモダン」思想の台頭によっていったん影響力を失った。しかし1990年代以降，まさにその「ポストモダン」思想の洗礼を受けて，対象（人間なるもの）と方法（人間学的見方）の双方の歴史性・文化拘束性——上に述べた「二重の歴史性・文化性」——を前提にしたうえで人間の置かれた教育的状況を解明しようとする新たな教育人間学が台頭し活発に展開されてきた。この新たな教育人間学を主導してきたのが本書の著者ヴルフである。このヴルフの試みは，冒頭でも述べた通り，これまでにも部分的にはわが国にも紹介されてはきたが，その全貌は日本の読者にとって未知のものにとどまっている。本書はヴルフの試みの成果とそこから得られる展望を体系的かつコンパクトに提示するものである。最近では，わが国においても，従来の「教育人間学」の枠組みを超え出るような，教育についての人間学的探究の試みが見られる[35]。本書はこうした試みの参照枠あるいは座

標軸としても役立つであろう。

　第二に，ミメーシス概念を軸にしたヴルフの教育学構想をも，本書は体系的かつコンパクトに提示している。自律性や反省性を教育の目標として前提するのが一般的なドイツ教育学のなかで，ヴルフの教育学構想はミメーシスに代表されるような身体性・遂行性のレベルに定位している点で異端的ともいえる。本書のⅠ章はコメニウス，ルソー，フンボルトなどを扱い，一見オーソドックスな近代教育思想史に見えるが，ヴルフが強調するのは近代教育思想の「悪夢」的な側面であり，これに対する対案として，フンボルトの思想が内包する異他的なものへのミメーシス的接近の契機が取り出される。Ⅱ章では，ミメーシス論の射程が身振り，儀礼，労働，イメージといった対象に即して具体的に描き出される。労働の未来に関する著者の展望は，「キャリア教育」に草木もなびき，労働と人間的成熟を一体化するかのような現代日本の議論の傾向を考え直すうえでも，示唆に富むものであろう。Ⅲ章では，グローバル化された世界のなかでの多文化教育の必要性と可能性が論じられるが，ここでも議論の立脚点はミメーシス論である。ミメーシスがもつ，一方における暴力の亢進，他方における他者への非暴力的接近という，この双方の可能性を見据えての考察は，著者ならではのものである。最後にⅣ章で，これまでの議論の方法論的な基盤となっている著者の「歴史的教育人間学」の構想について手短に論じて本書は閉じられる。教育人間学をめぐる，思想史的整理（Ⅰ），理論的分析（Ⅱ），現状分析と将来展望（Ⅲ），方法論的反省（Ⅳ）がバランスよく配置された一書となっている。

　第三に，本書は，グローバル化された世界における教育の現状分析と将来展望を一貫した観点から示している点で際立っている。グローバリズムとナショナリズム，富の増大と貧困化がそれぞれ同時に亢進していく現代的状況のなかで，教育はどのような役割をもち，何をなすべきなのか——これは多くの人が暗中模索している問いであろう。この問いに本書は，他者へのミメーシス的接近の構想を基軸として，一貫した分析と，単なるグローバル化への順応に終わ

---

35) たとえば以下を参照。矢野智司『贈与と交換の教育学——漱石，賢治と純粋贈与のレッスン』東京大学出版会，2008年，田中毎実編『教育人間学——臨床と超越』東京大学出版会，2012年。

らない批判的な展望を示している。リアルな現状分析と長期的な展望を併せ持った著者の議論は，著者の国際的な研究活動——EUの教育プロジェクトやユネスコへの積極的関与，EU諸国はもとより，合衆国，ブラジル，日本，インドなど世界各国の研究者との活発な共同研究や研究交流——の経験を下敷きにしており，ナショナルな枠組みに閉ざされがちな教育論の限界を突破する深い洞察を示している。

*

　本書の翻訳は，ヴルフ教授のもとで長く学んだ高松がまず全体を訳し，その訳文に今井が修正を加えるという形で行われた（この「訳者解説」には，訳者2人の他，ヴルフ教授と長年にわたって研究交流を続けてきた藤川が加わることになった）。訳文の検討段階では東京大学アライアンス・海洋教育促進研究センターの田口康大氏にも有益な助言をいただいたことを付言しておきたい。

　ヴルフ教授の文体は，アカデミックな文章にありがちな晦渋なものとはおよそ対照的で，短い文を重ねていくキビキビしたものである。読んでわかりやすく，しかも含蓄が深い。そうした原文のもつスピード感や明解さ，そして行間の思想を，少しでも日本語に移し替えようと試みたが，それがどの程度成就したかは読者諸賢の批評に委ねる他はない。

　著者のヴルフ教授は，折に触れてわれわれの翻訳作業や出版交渉を支援されただけでなく，日本語版への序文を，という最終段階でわれわれが持ち出した求めにも快く応じて下さった。ベルリンを訪ねるたびに感じるその絶妙のホスピタリティを，われわれは今回の翻訳作業でも存分に感じることになった。記して謝意を表したい。

　インターネットで簡単に海外の情報が入手できる時代である。しかし，咀嚼するまでもなくすぐに飲み込める「情報」とは違って，歯ごたえのある「テクスト」の世界を取り込んで栄養にしようとすれば，翻訳が果たす役割は依然として大きい。国境を越えてお手軽な情報が行き交う時代だからこそ，翻訳という仕事はますます重要になっているといえるだろう。東京大学出版会の後藤健介氏は，出版事情の厳しいなか本書の意義を見抜いて出版への道筋をつけ，その後の諸雑務にも敏速に対応していただいた。心より感謝したい。

索　引

あ　行

アイデンティティ　41, 83, 91, 128
厚い記述　146, 148, 187
アドルノ，T.　40, 125, 142, 174
アナール学派　5, 176／219
アリストテレス　50, 65, 74, 106, 118, 130
アレント，H.　89, 105
イザーク，R.　188
意志幻想　117
異種混淆性　139, 161
異人　135, 145, 146, 153, 161, 162, 185
異他性　135, 136, 137, 138, 139, 141, 152, 158, 160, 161, 162, 184
一般的人間形成（一般教養）　23, 24, 38, 39, 40, 45, 52
イデオロギー批判　18
今井康雄　120
イメージ　4, 11, 12, 15, 56, 64, 66, 105, 106, 107, 108, 110, 111, 114, 115, 116, 117, 119, 120, 138, 143, 146, 161／226
ヴィトゲンシュタイン，L.　64, 82
ヴェーニガー，E.　28
ヴェーヌ，P.　188, 189
ウェーバー，M.　101
ヴルフ，C.　174／215, 216, 217, 219, 220, 221, 222, 223, 224, 225, 226, 227
エネルゲイア　55
『エミール』　19, 20, 22, 25
エリアス，N.　103, 130, 142

か　行

解釈学　146, 147, 148
改善不可能性　3, 62, 104, 170
開発政策　165
学習社会　164, 166
カストリアディス，C.　108, 109
カスパー・ハウザー　9
可塑性（人間の）　119
カルヴァン，J.　100
ガルトゥング，J.　124
完結不可能性（人間形成の）　58
カント，I.　170
カンパー，D.　110
カンペ　26, 170
願望イメージ　117
ギアーツ，C.　73, 79, 148, 149, 174, 187／219
記憶イメージ　117, 118
記号（論）　33, 44, 67
犠牲　127, 129, 130
基礎教育　164, 166
擬態　74, 132
キブツ　84
教育学　2, 16, 25, 28, 31, 33, 34, 41, 42, 43, 106
教育学的エスノグラフィー　191
教育学的人間学　172
教育現実　27, 28
教育システム　29
教育的意図　15, 16, 32, 33
教育人間学　2, 5, 46, 170, 172, 174, 175, 180, 181, 187／217, 225
教育の悪夢　25, 26, 30
教育の夢　3, 8, 11, 12, 18, 21, 25, 26, 27, 30
教師　167
驚嘆　143, 144
共同体（の創出と変容）　4, 82, 83, 86, 88
規律化　35, 101
規律訓練社会　22, 104
儀礼　3, 4, 64, 65, 67, 69, 77, 78, 79, 80, 81, 84, 85, 86, 87, 88, 94, 96, 102, 103, 123, 126, 183, 184, 190／221, 222, 223, 226
禁止　126

ギンズブルグ，C.　187, 188
近代の教育学的ディスクルス　3, 8, 31
勤勉　19
勤労学校運動　19
偶有性　50, 51, 140, 141, 152, 186
供犠　129
グローカリズム　159
グローバル化　3, 5, 117, 122, 136, 138, 154, 155, 156, 157, 159, 162, 165, 168, 186, 190／226
グローバルな教育　160
クロノクラシー（時間の支配）　103
群衆　128
敬虔主義教育学　19
形成可能性　3, 12, 16, 30, 47, 102, 170, 174
ゲーレン，A.　2, 10, 12, 47, 109, 182／219
元型　118
言語　59, 60, 61, 62
権力構造　2
構想力　106, 119
幸福研究　／223, 224
合理性（原理）　32, 34, 35
国際協力　167
国民国家　31, 156, 157, 158
個人（の発見）　52, 53, 54, 134
国家権力　52
ゴッフマン，E.　／223
コムニタス　82, 83, 84, 85
コメニウス，J.　8, 13, 14, 15, 16, 17, 18, 23, 24, 27, 28, 31, 32, 34, 35／226
コロンブス，C.　143

さ 行

サーリンズ，M.　79, 183
差異　135, 136, 140, 146, 160, 179／220
サルトル，J.-P.　181
参与観察　146
自慰　26
ジイド，A.　139
シェーラー，M.　2, 12, 46, 172／219
シェリング，F.　40, 41
自我中心主義　141, 142, 145
時間のエコノミー　104

自己意識　53
自己解釈　2
自己管理　35
自己理解　145
失業　89, 90, 156
シミュラークル　114, 115, 116, 130
シミュレーション　30, 33, 110, 113, 115, 116, 130
自民族中心主義　141, 142, 145
社会的ミメーシス　3, 64, 65, 86
縮減　141, 142／219
呪術　110, 111, 150
主体　36, 37, 38, 39, 41, 43, 44, 80, 142, 149
シュライアマハー，F.　27, 28, 29, 170, 171
シュレーゲル，F.　40
上演　64, 70, 71, 72, 73, 77, 78, 84, 85, 95, 184
生涯学習　24, 164, 166, 167
ショーペンハウアー，A.　122
処罰（のファンタジー）　27
ジラール，R.　125, 127
心性史　5, 72, 177, 178／219
身体（性）　64, 66, 67, 69, 77, 84, 86, 94, 103, 107, 146
シンボル体系　148
遂行性　170, 184／226
スケープゴート　127, 128
世界開放性　95, 174／219
『世界図絵』　14, 15, 32, 33
創造力　106

た 行

ダーウィン，Ch.　67, 69, 70, 219
ターナー，V.　79, 82／223, 225
大学　166, 167
大量殺戮　123, 124
多元性，多元主義　1, 170
他者，他者性　4, 78, 131, 134, 135, 141, 142, 143, 144, 145, 146, 147, 148, 149, 150, 151, 154, 185／224
脱中心性（人間の）　119／219
多文化性，多文化的　3, 5, 170, 185／226
多様性　49, 52, 54, 182, 184, 186

索　引　　231

チクセントミハイ，M.　　85
中間性（中間の形象）　　152
中・高等教育　　164, 166, 167
超領域性　　5, 170, 180, 189, 190
通過儀礼　　80
ディルタイ，W.　　27
ディンツェルバッハー，P.　　177, 178
デカルト，R.　　36
哲学的人間学　　5, 46
デップ゠フォアヴァルト，H.　　171
デュラン，G.　　111
デュルケム，E.　　78, 129
デリダ，J.　　174／223
ドラマトゥルギー　　／223

な　行

ニーチェ，F.　　12, 23, 36, 39, 41, 122, 123,
　　142, 173
二重の歴史性　　174, 175／218, 225
ニューメディア　　108, 136, 157, 184
人間学的教育学　　172, 173
ノヴァーリス　　9
ノール，H.　　171

は　行

ハイデガー，M.　　28
バセドウ，J. B.　　22
ハビトゥス（的知）　　37, 38, 53, 87, 94, 103,
　　178
パラロジー的な知（パラドックス）　　42
バルト，R.　　18
汎愛主義　　22
比較研究　　188
比較人間学　　47, 49, 51
表象　　15, 33, 34, 44, 66, 110, 111, 133, 144,
　　148, 150, 151, 152
表情　　69, 70, 71
貧困　　90
ファンタジー　　4, 11, 26, 64, 77, 106, 107,
　　113, 120, 152
ファン・ヘネップ，A.　　80
フィヒテ，J. G.　　53
フーコー，M.　　15, 22, 33, 72, 103, 142, 174,
　　223
ブーバー，M.　　174
フォイアーバハ，A.　　9
複雑性　　2, 49, 161, 186
複数性　　174, 181
普遍性（原理）　　31, 32, 34, 37, 104
プラトン　　57, 106, 111, 112, 118, 130
フリットナー，A.　　171, 173
フルッサー，V.　　95
ブルデュー，P.　　72, 124
ポルトマン，A.　　12
フレーザー，J.　　78, 128, 150
プレスナー，H.　　2, 12, 28, 47, 172／219
フロイト，S.　　10, 122, 123, 142
ブローデル，F.　　176／219
ブロック，M.　　188／219
ブロッホ，E.　　10
プロテスタンティズム　　36
文化人類学　　5, 47, 51, 146, 147, 150, 161, 182,
　　185, 188／219
文化性　　170, 179
分業　　35, 96
フンボルト，W.　　3, 8, 23, 24, 25, 27, 28, 38,
　　39, 45, 46, 47, 48, 50, 51, 52, 53, 54, 55, 57,
　　58, 59, 60, 61, 62, 170, 171／226
ヘーゲル，G. W. F.　　17, 41, 101
ヘシオドス　　96, 97
ペスタロッチ，J.　　17, 170
ベック，U.　　142
ベルティング，H.　　110
ヘルバルト，J.　　32, 170
ベンナー，D.　　／216
ベンヤミン，W.　　22, 30, 34, 40
包括的歴史　　188
暴力　　4, 122, 123, 124, 125, 126, 127, 128, 129,
　　130, 131, 153, 162
ホルクハイマー，M.　　125
ボルノウ，O.-F.　　171, 172, 173
ホワイト，H.　　187

ま　行

マイノリティ（少数者）　　78, 122, 165
マクルーハン，M.　　114

マリノフスキー, B.　147, 149
マルクス, K.　17, 101, 102
身振り　3, 4, 64, 65, 66, 67, 68, 69, 70, 71, 72, 73, 74, 75, 76, 93, 94, 95, 95, 96, 103, 141, 183, 190／226
ミメーシス　3, 4, 45, 49, 55, 56, 57, 58, 59, 64, 65, 66, 67, 69, 70, 71, 72, 73, 74, 75, 76, 77, 78, 80, 84, 85, 86, 87, 106, 110, 111, 113, 114, 116, 124, 125, 126, 127, 128, 130, 131, 132, 133, 134, 150, 151, 152, 153, 154／224, 225, 226
ミメーシス的イメージ　118
メディア　61
メルロ゠ポンティ, M.　107
モレンハウアー, K.　174

や　行

遊戯　85
ユートピア　11, 16, 17, 25, 29
夢　8, 9, 10, 12, 143
ユング, C. G.　118
抑圧　141

ら　行

ラカン, J.　107, 108

ランゲフェルト, M. J.　171, 174
ランボー, A.　137
理性　142
ルーマン, N.　29
ルソー, J.-J.　19, 20, 21, 22, 23, 24, 25, 27, 28, 133, 170, 171／226
ルター, M.　99, 100
レヴィ・ストロース, C.　77
レヴィナス, E.　174
歴史, 歴史性　34, 170, 174, 175, 176, 181
歴史的教育人間学　1, 2, 5, 175, 176, 179, 184, 185, 187, 189／218, 219, 220, 221, 226
歴史的人間学　1, 46, 47, 48, 51, 89, 176, 180, 184, 186, 187, 188
労働　4, 64, 88, 89, 90, 91, 92, 93, 94, 95, 96, 97, 98, 99, 100, 101, 102, 103, 104, 105, 155, 165／226
ロート, H.　171, 173
ロゴス中心主義　141, 142, 145
ロッホ, W.　171, 172, 173
ロバートソン, R.　159
「論理と情熱」　179, 180, 189, 190／220

訳者紹介

＊原著者の紹介は訳者解説を参照のこと

今井康雄（いまい・やすお）［翻訳・解説］
広島大学，東京学芸大学，東京都立大学，東京大学を経て，現在，日本女子大学人間社会学部教授．主要著書に『ヴァルター・ベンヤミンの教育思想——メディアのなかの教育』（世織書房，1998 年），『メディアの教育学——「教育」の再定義のために』（東京大学出版会，2004 年），『教育思想史』（編著，有斐閣，2009 年），ほか．

高松みどり（たかまつ・みどり）［翻訳・解説］
ベルリン自由大学にてヴルフ教授の下で博士論文を執筆，大阪国際大学短期大学部（ライフデザイン総合学科）講師，滋賀短期大学（幼児教育保育学科）准教授を経て，現在，大阪教育大学第二部准教授．主要著書・論文に，『教室のドラマトゥルギー』（森（高松）みどり名，北樹出版，2014 年／原著は Mori, M.: Die "Dramaturgie" im Klassenzimmer, Münster: Waxmann, 2010），「ゴッフマンのドラマトゥルギーから見たチャレのパフォーマンス——ドキュメンタリー方法によるビデオ分析」（『The Jornal of Korean Education Idea（教育思想研究）』28 巻 1 号，2014 年），「教室のドラマトゥルギー——儀礼としての『朝の会』」（『国際研究論叢』25 巻 1 号，2011 年），ほか．

藤川信夫（ふじかわ・のぶお）［解説］
大阪大学大学院人間科学研究科教授．主要著書に『教育学における優生思想の展開』（編著，勉誠出版，2008 年），『歴史的人間学事典』（ヴルフ編著，全 3 巻，監訳，勉誠出版，2008 年），『教育／福祉という舞台——動的ドラマトゥルギーの試み』（編著，大阪大学出版会，2014 年），ほか．

教育人間学へのいざない

2015 年 4 月 17 日　初　版

［検印廃止］

著　者　クリストフ・ヴルフ
訳　者　今井康雄／高松みどり
発行所　一般財団法人　東京大学出版会
　　　　代表者　古田元夫
　　　　153-0041 東京都目黒区駒場4-5-29
　　　　http://www.utp.or.jp/
　　　　電話 03-6407-1069　Fax 03-6407-1991
　　　　振替 00160-6-59964
組　版　有限会社プログレス
印刷所　株式会社ヒライ
製本所　牧製本印刷株式会社

©2015 Y. Imai & M. Takamatsu, Translators
ISBN 978-4-13-051328-9　Printed in Japan

JCOPY 〈(社)出版者著作権管理機構　委託出版物〉
本書の無断複写は著作権法上での例外を除き禁じられています．複写される場合は，そのつど事前に，(社)出版者著作権管理機構（電話 03-3513-6969, FAX 03-3513-6979, e-mail: info@jcopy.or.jp）の許諾を得てください．

今井康雄著	メディアの教育学 ──「教育」の再定義のために	A5・5000円
佐藤　学編 今井康雄	子どもたちの想像力を育む ──アート教育の思想と実践	A5・5000円
田中智志著 橋本美保	プロジェクト活動 ──知と生を結ぶ学び	A5・3800円
田中智志編 今井康雄	キーワード 現代の教育学	A5・2800円
矢野智司著	贈与と交換の教育学 ──漱石、賢治と純粋贈与のレッスン	A5・5400円
西平　直著	世阿弥の稽古哲学	46・3000円
西平　直著	教育人間学のために	46・2600円
田中毎実編	教育人間学 ──臨床と超越	A5・4200円

ここに表示された価格は本体価格です．御購入の際には消費税が加算されますのでご了承下さい．